LAS CRISIS ECONÓMICAS Y LA INDUSTRIA ARGENTINA

LAS CRISIS ECONÓMICAS Y LA INDUSTRIA ARGENTINA

De la crisis de 1890 al Rodrigazo

Claudio Belini
(editor)

teseo

Las crisis económicas y la industria argentina: de la crisis de 1890 al Rodrigazo / Claudio Fabián Belini [et al.]; Editado por Claudio Fabián Belini. – 1a ed. – Ciudad Autónoma de Buenos Aires: Teseo, 2024. 264 p.; 20 x 13 cm.
ISBN 978-987-723-432-9
1. Historia Económica Argentina. 2. Crisis. 3. Industrialización. I. Belini, Claudio Fabián II. Belini, Claudio Fabián, ed.
CDD 300

Buenos Aires, Argentina
Editorial Teseo
Hecho el depósito que previene la ley 11.723
Para sugerencias o comentarios acerca del contenido de esta obra, escríbanos a: **info@editorialteseo.com**
www.editorialteseo.com

DOI: 10.55778/ts877234329

Imagen de tapa: Archivo General de la Nación, "Algodonera Argentina, Temperley, Provincia de Buenos Aires, 1936".

EBOOK

TeseoPress Design (www.teseopress.com)

Índice

Introducción

Sobre las crisis económicas y la industria en la crisis argentina

Claudio Belini

Las relaciones entre las crisis económicas y el desempeño de la industria en la Argentina han sido tradicionalmente objeto de atención de la historia económica. Una primera interpretación del origen y expansión del sector manufacturero en nuestro país sostuvo que este proceso se inició en el marco de las crisis que afectaron a la economía nacional en 1873, 1890, 1914 y la Gran Depresión de los años treinta, momentos en que las dificultades para la colocación de los productos primarios, tanto en volumen como en valor, habrían estimulado la sustitución local de algunos productos manufacturados. En este sentido, un conjunto de estudios clásicos analizó dichas coyunturas críticas en el marco de la inserción de la economía argentina en el mercado mundial, focalizándose en el surgimiento de movimientos proteccionistas que abarcaban a amplios sectores de las clases propietarias, incluyendo a los terratenientes pampeanos (Chiaramonte, 1970; Dorfman, 1970; Panettieri, 1983). Esta primera interpretación, que vinculó el origen de la industrialización argentina con las coyunturas de crisis en el mercado internacional, fue superada hacia la década de 1970 por otra que, bajo influjo de la escuela neoclásica y de la teoría del bien primario exportable, sostuvo que el surgimiento de la industria argentina se dio precisamente como resultado de la gran expansión agroexportadora y del incremento del ingreso nacional derivado de esa exitosa inserción, lo que habría creado las condiciones para el aumento de la demanda interna de manufacturas (Díaz Alejandro, 1975).

A fines del siglo XX, un conjunto de estudios renovaron la mirada sobre el crecimiento industrial anterior a 1914.[1] Asimismo, nuevas investigaciones indagaron las etapas posteriores de la industrialización argentina, poniendo el énfasis en las políticas estatales y en las complejas relaciones entre el Estado y los empresarios. El campo de la historia industrial se renovó a partir del análisis de esas y otras dimensiones y, en diálogo con la historia de las empresas, ofreció una imagen más compleja del proceso, abandonando los relatos solo basados en datos agregados, especialmente las estadísticas sobre la evolución del producto bruto interno (PBI) y su composición y los censos industriales.[2]

Por otra parte, el mal desempeño de la economía argentina en las últimas décadas del siglo XX dio lugar a un intenso debate, desde distintas tradiciones teóricas, en torno a sus factores determinantes y los momentos de ruptura. Entre las causas, los analistas identificaron el comportamiento de las clases propietarias (los terratenientes, el empresario industrial o la clase dominante), que se habría caracterizado por estrategias de inversión que buscaban la maximización de las ganancias a corto plazo, inhibiendo, por tanto, el desarrollo de capacidades competitivas basadas en la adopción y mejora tecnológica; la fuerte dependencia del país derivada de su inserción el comercio mundial como exportador de materias primas y demandante de capitales extranjeros; la debilidad de las instituciones, que habrían convertido al Estado en un ámbito de disputa entre los

---

1 Para estudios críticos de la bibliografía sobre la industria, véase Korol y Sabato (1990), Barbero (1998), Belini (2006) y Regalsky (2010). La renovación provino tanto de los estudios sobre las agroindustrias regionales (la vitivinicultura y la producción azucarera) como del análisis del sector industrial a partir de nuevas perspectivas centradas en la formación del mercado doméstico y la historia de empresas (Rocchi, 2006).

2 Para un análisis de largo plazo sobre la historia industrial argentina, véase Belini (2017) y Rougier (2020).

sectores; el fallido intento de alentar una industrialización integrada; las políticas de redistribución del ingreso que se habrían llevado adelante a costa de la formación del capital (políticas que para ciertos autores conforman el "populismo económico"), entre otras.[3] En relación con la identificación de los momentos del declive, a partir de los sesenta, historiadores y economistas señalaron distintas temporalidades: la década de 1930, el peronismo, los años setenta —especialmente la última dictadura militar—, la década menemista o bien los años del kirchnerismo, que algunos autores identifican con la vuelta a un modelo económico semicerrado e inflacionario.

No es objeto de esta introducción estudiar estos debates. No obstante, buscamos plantear algunas cuestiones que se vinculan con nuestro análisis de las crisis económicas y el sector industrial. La historia económica argentina a partir del último tercio del siglo XIX y durante el siglo XX reconoce diversas rupturas. Por supuesto, algunas de las principales han estado asociadas en primer término a la integración de la economía argentina a la economía internacional, cuyos ciclos de crecimiento y depresión fueron objeto de abundante análisis económico e histórico. Crisis económicas, financieras, cambiarias, inflacionarias, para mencionar las más destacadas, tuvieron (y continúan teniendo) un impacto mayor sobre las economías periféricas o "emergentes" (Reinhart y Rogoff, 2012). Por otra parte, el caso argentino muestra además momentos de rupturas, pero originadas en factores internos.

Asimismo, el mal desempeño económico en el último medio siglo ha conducido a los analistas a proponer quiebres más profundos, que habrían apartado a la economía local del crecimiento durante periodos más o menos prolongados, o bien rupturas cualitativas que modificaron las bases del propio crecimiento económico. En ese sentido, es claro que si el devenir argentino se asemejaba al de las

3 Para un análisis de esas interpretaciones y sus autores, véase Míguez (2005).

economías industrializadas en términos del PBI per cápita hacia 1913, la ampliación de la brecha con esas naciones reconoce diferentes momentos entre los cuales se destacan, por ejemplo, la crisis internacional de 1929, que clausuró el comercio multilateral que había sido fundamental para una economía abierta como la argentina, y el inicio de la Segunda Guerra Mundial (1939-1945), que aisló al país del mercado y obligó a un proceso de industrialización basado en la capacidad instalada existente. En los años cincuenta, la economía encontró otros obstáculos, como la crisis crónica del sector externo (lo que hoy se conoce como "restricción externa"), a la que se sumaron los efectos del deterioro de las capacidades del Estado para intervenir sobre la esfera económica y moderar los conflictos distributivos. En ese plano, el derrocamiento del peronismo en 1955 parece haber abierto una etapa donde la politización de las entidades empresariales y obreras y el incremento de la conflictividad social convirtieron al Estado en un espacio de disputa. Por fin, los años setenta, particularmente con la crisis del Rodrigazo y las políticas de la dictadura, inauguraron una era de estancamiento de casi veinte años, en un arco temporal que antecedió a la crisis de la deuda latinoamericana de 1982 y se prolongó hasta comienzos de los años noventa.[4]

Más cerca en el tiempo, hubo dos momentos en que la economía argentina pareció encontrar una fórmula para superar el lento crecimiento de su producto, y que

---

4 La literatura sobre la historia económica argentina es muy abundante e imposible de citar aquí. Solo para mencionar estudios que ponen el acento en diferentes momentos de ruptura, véase, entre otros, el volumen compilado por Della Paolera y Taylor (2003), que ubica el inicio de la declinación en la Primera Guerra Mundial. Cortés Conde (2005), retomando la tesis de Díaz Alejandro (1975), propone el primer peronismo como el momento de la declinación. Por su parte, desde diversas tradiciones teóricas, Basualdo (2006), Peralta Ramos (2007) y Ferrer (2012) se inclinan por la última dictadura cívico-militar. Con Juan Carlos Korol (2020) hemos estudiado el periodo 1914-2020, ponderando las etapas de la economía argentina y el quiebre de los años setenta. Para un análisis de las políticas económicas del siglo XX que identifican diversos momentos de rupturas, véase Llach y Gerchunoff (2020) y Gerchunoff, Heymann y Jáuregui (2022).

ilusionaron a la ciudadanía y a los analistas por igual, que fueron los años de auge del régimen de la convertibilidad, entre 1991 y 1997, y el período de bonanza del sector externo durante los gobiernos kirchneristas, entre 2003 y 2011 (Belini y Korol, 2020). La convertibilidad permitió derrotar el régimen de alta inflación (D'Amato y Katz, 2018) y alentó un conjunto de transformaciones productivas que reactivaron la economía hasta 1997, momento en que la volatilidad de los mercados financieros internacionales, el fuerte endeudamiento local y la rigidez de su sistema monetario provocaron una recesión profunda. La etapa abierta a comienzos del siglo XXI, marcada por el auge de los precios internacionales de las *commodities*, entre ellas la soja, ilusionó a muchos analistas en torno de la idea de que el país iniciaría un periodo de crecimiento prolongado asociado al ascenso de China.[5] No obstante ello, ambos ciclos de crecimiento, que se produjeron bajo enfoques de políticas económicas muy diferentes —uno centrado en las reformas promercado y la apertura económica, y la segunda etapa caracterizada por el retorno de las políticas estatales— culminaron en severas crisis como las de 1998-2002 y el estancamiento económico posterior a 2011. Como han argumentado Albrieu y Fanelli (2008), en las últimas décadas, la economía argentina parecía mostrar capacidad para recuperarse de esas crisis, pero no para inaugurar una etapa de crecimiento sostenido. Según esta interpretación, una de las claves explicativas de este comportamiento estaría en la dimensión institucional y las presiones de los actores sobre

---

5 Sobre las expectativas abiertas por las reformas menemistas, basta recordar el libro del historiador Paul Lewis (1993), quien sostuvo que dichas reformas parecían abrir una nueva etapa luego de la crisis originada por el intervencionismo peronista. Para las valoraciones diversas del periodo kirchnerista, podemos citar nuevamente otro volumen de Lewis (2009), en el que postulaba "la agonía del capitalismo argentino". Desde una perspectiva opuesta, algunos autores percibieron que el ciclo de auge de las *commodities* había derrumbado las trabas al crecimiento. Véase Porta y Fernández Bugna (2011).

el Estado para torcer políticas económicas sustentables ("el conflicto distributivo").

Cuando Cristina Fernández de Kirchner terminó su segundo mandato, en diciembre de 2015, la economía argentina se encontraba transitando un periodo de estancamiento con importantes dificultades en el sector externo, que obligaban al control de cambios. El gobierno de Mauricio Macri implementó diferentes políticas de corte promercado que desencadenaron una gran depreciación monetaria del orden del 40 % en el 2018 y una nueva pérdida del valor del peso del 38 % al año siguiente. La Argentina solicitó y obtuvo un préstamo extraordinario del Fondo Monetario Internacional, del cual se desembolsaron unos 44.000 millones de dólares, que debido a las políticas económicas terminaron fugándose hacia el exterior o fuera del sistema bancario. El PBI se contrajo un 2,6 % en 2018 y un 2,1 % al año siguiente, en tanto que la inflación anual se aceleró, trepando del 25,5 % en 2017 al 53 % en 2019. Por su parte, la deuda pública bruta sobre el PBI pasó de representar el 56,6 % en 2017 hasta alcanzar un 89,4 % del PBI en 2019, y el riesgo país se disparó (CEPAL, 2020).

A partir de 2020, las políticas adoptadas por el gobierno de Alberto Fernández frente a la pandemia del COVID-19 generaron una aguda contracción del PBI (similar a la de 2001-2002), el incremento del déficit fiscal y una aceleración inflacionaria que alcanzó al 95 % interanual hacia diciembre de 2022. Al año siguiente, el deterioro económico se profundizó: en diciembre, la tasa de inflación alcanzó el 213 % interanual, la proporción de la deuda pública sobre el PBI fue del 158 %, el déficit fiscal primario fue de 2,7 % del PBI y se derrumbaron las reservas internacionales hasta niveles negativos. El encadenamiento y la profundización de las crisis durante la última década adquirieron un signo dramático para la sociedad argentina y abrieron paso a una nueva experiencia política. Las medidas de ajuste del gobierno de Javier Milei están provocando un derrumbe de la actividad económica que parece no encontrar un piso en los meses que van de su mandato presidencial, todo lo cual actualiza el debate sobre las causas del mal desempeño económico argentino. Claro que esa evolución negativa más reciente se está produciendo en una etapa particularmente compleja de la economía internacional, en la que existen menores márgenes de acción por parte de los países latinoamericanos, que registran un crecimiento menor desde hace una década. Basta recordar los efectos de la pandemia por COVID-19, la desaceleración de las tasas de crecimiento del comercio mundial y del producto de los Estados Unidos y China (las dos potencias con las que la región está estrechamente asociada), el aumento de la inflación de las principales economías, el debilitamiento de los flujos de inversión extranjera, la volatilidad financiera internacional, la vulnerabilidad de la posición externa latinoamericana y las dificultades de la región para la generación de empleos formales. De cualquier forma, la evolución de la economía argentina es considerablemente inferior a la de las más grandes de la región. Las permanentes dificultades de la Argentina para enfrentar los pagos de los intereses de su deuda soberana y el ritmo de incremento de los precios, que ubica al país junto con Haití, Surinam y la República Bolivariana de Venezuela en la categoría de economías con inflación crónica (CEPAL, 2024), abre nuevamente el interrogante sobre la particularidad argentina en el escenario latinoamericano.

Ahora bien, si el mal desempeño de la economía nacional ha suscitado renovados debates y análisis de la historia económica de largo plazo, menos atención se ha prestado a los episodios de crisis y su impacto sobre los sectores productivos. Este libro se propone aportar nuevas miradas y evidencia empírica sobre las crisis y el comportamiento industrial argentino. El interés por este último sector está vinculado a una perspectiva que sostiene que el fallido desenvolvimiento de la industria argentina constituye una de las claves para pensar el pobre desempeño económico del país. De hecho, del conjunto de naciones que iniciaron el sendero de la industrialización en el siglo XX, entre los que se ubicaron la Argentina, Brasil, México, China, India, Taiwán, Corea del Sur y Turquía, nuestro país constituyó el único caso en que ese proceso resultó fallido (Amsden, 2001).

La perspectiva histórica de los estudios aquí reunidos se expresa en un interés por el análisis de las coyunturas, los procesos y los actores. La selección de los episodios se basa en dos criterios. Partimos de una definición amplia de crisis económica, incorporando las rupturas de tendencias del crecimiento (originadas en el salto del tipo de cambio, la inflación o el *default* de la deuda externa o interna) como a los episodios de recesión, caídas del producto, de la inversión y del empleo que se producen por periodos más acotados de meses.[6] Por otra parte, seleccionamos los episodios que ya han sido identificados por la historiografía como coyunturas de cambio.[7] El libro se propone, entonces, aportar al conocimiento de las complejas relaciones entre las crisis y la dinámica del sector industrial, en un arco temporal que se extiende desde la crisis de 1890 hasta el impacto del Rodrigazo de junio-julio de 1975, que abrió una coyuntura clave para la reversión del proceso de industrialización.

Los trabajos se focalizan sobre seis momentos claves en los que las crisis económicas repercutieron sobre el sector industrial en el corto y mediano plazo, configurando nuevos escenarios de oportunidades y constricciones para el desenvolvimiento industrial. Tomando distancia de las interpretaciones heredadas, las investigaciones aquí reunidas muestran que las relaciones entre crisis y comportamiento industrial estuvieron lejos de ser lineales a lo largo del tiempo. En ocasiones, las crisis económicas afectaron profundamente al sector industrial, deprimiendo el nivel de

---

6 Para un análisis de la historia del concepto de crisis, véase Koselleck (2007).

7 Quedan aparte los episodios más recientes de crisis económicas, que fueron acompañados invariablemente de agudas contracciones en la industria manufacturera. Sobre el sector industrial en el periodo 1976-2010, puede verse Schorr (2004) y Azpiazu y Schorr (2010).

actividad, la inversión y el empleo. En otras coyunturas, los efectos de las crisis y de las políticas económicas con las que los gobiernos intentaron enfrentarlas crearon expectativas en los sectores empresariales, abrieron nuevas oportunidades de negocios o abonaron diagnósticos sobre posibles senderos de desarrollo vinculados al mercado interno o al externo. Diversos factores permiten explicar los comportamientos disímiles: la profundidad de las crisis internacionales y sus repercusiones locales, las dinámicas de las crisis económicas e institucionales, el grado de desarrollo del tejido industrial argentino, las expectativas de los actores económicos y los estímulos ofrecidos por las políticas estatales, entre otros. En suma, las crisis fueron momentos de inflexión pero también de oportunidades y replanteos.

El capítulo de Agustina Rayes y Patricia Olguín se propone analizar el impacto de la crisis de 1890 sobre la industria vitivinícola. Dicha crisis, que fue el único episodio en que la cesación de pagos del gobierno argentino tuvo repercusiones de importancia en otras economías latinoamericanas y en el mercado de capitales británico, ha sido analizada profusamente por historiadores y economistas, quienes han sostenido interpretaciones contrapuestas sobre los factores que estuvieron en su origen. No obstante, conocemos muy poco sobre los efectos de la crisis sobre la economía real, especialmente sobre las economías regionales. Por otra parte, la historiografía sobre las economías vitivinícolas y azucareras ha presentado una imagen de su desenvolvimiento que pone énfasis en las transformaciones productivas previas a la llegada del ferrocarril y en el proteccionismo aduanero de la década de 1870. Y, por lo tanto, se ha prestado menos atención a los efectos de la crisis de Baring. En este capítulo, Rayes y Olguín presentan nueva evidencia empírica que permite ponderar el impacto decisivo de los cambios en el entorno macroeconómico producidos como consecuencia de la cesación de pagos y del complejo reordenamiento de las relaciones entre el Estado nacional y las provincias. Luego de examinar los cambios producidos en la agroindustria durante la década de 1880, el artículo estudia el impacto de la depreciación monetaria, las reformas arancelarias y fiscales de los Estados nacional y provincial sobre la producción vitivinícola; de esta forma, presentan nuevos datos sobre la evolución fiscal de la provincia y las transformaciones productivas, el nivel de protección efectiva y la creciente participación de la producción doméstica en el consumo doméstico. Las autoras muestran que, como resultado de las nuevas condiciones económicas y de las complejas relaciones entre los actores económicos y políticos, la agroindustria vitivinícola logró un mayor nivel de protección efectiva (el más alto alcanzado en los países productores y exportadores de vino), lo que le permitió al sector ganar el mercado doméstico. En este sentido, la crisis aceleró el proceso de transformaciones en la estructura productiva mendocina. El capítulo muestra cómo los estudios sobre sectores específicos pueden contribuir a complejizar la mirada sobre el papel de las crisis en el desempeño industrial.

El siguiente capítulo, escrito por Claudio Belini, estudia algunas dimensiones del impacto de la Gran Guerra (1914-1918) en la industria argentina. Luego de una breve caracterización de la expansión económica iniciada a finales del siglo XIX, el estudio se focaliza en dos dimensiones: por un lado, las respuestas que los gobiernos de Victorino de la Plaza e Hipólito Yrigoyen dieron frente a la crisis de 1913-1917. Como se sabe, esta crisis fue la más profunda y duradera del periodo primario exportador, incluyendo la Gran Depresión. Se caracterizan los límites de los instrumentos y de las políticas económicas aplicadas en esos años, así como sus efectos sobre el empleo y los salarios urbanos, fundamentalmente de Capital Federal. Por otro lado, el trabajo estudia el impacto de la Gran Crisis sobre algunas de las principales actividades industriales. Si bien la Argentina poseía entonces el sector manufacturero más importante de las naciones latinoamericanas medido en términos de su participación en el PBI per cápita, se trataba de un sector poco diversificado, considerando por ejemplo la casi total ausencia de una industria textil, orientado al mercado doméstico y dependiente de las importaciones de insumos y equipos. La crisis afectó de diversas formas a los sectores industriales, permitiendo el progreso de algunas grandes empresas gracias a las oportunidades abiertas por la demanda europea y latinoamericana de algunos productos, en un proceso que distó de ser general ni duradero. Tomando distancia de la interpretación que sostiene que durante ese periodo hubo una primera sustitución de importaciones, presentamos algunas trayectorias sectoriales dando cuenta de las dificultades de la coyuntura.

El capítulo de Hernán González Bollo y Esteban Vila estudia el periodo marcado por la breve recesión de 1937-1938 y el impacto económico de los primeros años de la Segunda Guerra Mundial. El análisis se focaliza en el distrito industrial más importante del país, conformado por la ciudad de Buenos Aires y sus suburbios, fundamentalmente los partidos de Avellaneda, Lanús y Quilmes. Los autores sostienen que esos espacios fueron los que lideraron las transformaciones económicas y sociales asociadas a una industrialización acelerada y de alguna manera promovida por el efecto combinado del entorno macroeconómico y las primeras medidas estatales de fomento sectorial. La investigación se articula en tres dimensiones analíticas complementarias; en primer lugar, el análisis de las políticas estatales y las innovaciones institucionales que los gobiernos de Roberto Ortiz y Ramón Castillo fueron ensayando antes del ascenso del nacionalismo económico a ultranza a partir de la dictadura de 1943. Entre ellas, los autores destacan la Comisión Interministerial Permanente de Política Económica, el Comité de Exportación y Estímulo Comercial y la Corporación para la Promoción del Intercambio, esta última una sociedad anónima creada por impulso del Banco Central con el objetivo inicial de intensificar el intercambio con Estados Unidos. En segundo lugar, las transformaciones que se produjeron en el tejido industrial de esos territorios entre 1937 y 1943, con el incremento del número de establecimientos, obreros y empleados, así como una tímida pero evidente diversificación de la producción manufacturera. Por último, una tercera dimensión se focaliza sobre el impulso que tomaron las sociedades anónimas industriales, así como el papel de la inversión extranjera en un contexto expansivo. Los autores argumentan que durante esos años finales del régimen impuesto en 1932 bajo la hegemonía de la Concordancia las nuevas condiciones internacionales aceleraron los procesos de conformación de un distrito industrial vinculado a cubrir la demanda de manufacturas que ya no podían importarse, y, al mismo tiempo, a encarar la exportación de productos manufacturados a los mercados limítrofes que, en las condiciones creadas por el retiro de la oferta europea, comenzaban a cubrirse con productos locales.

El siguiente capítulo aborda otra coyuntura crítica, pero a diferencia de los dos estudios previos, esta tiene su origen en factores endógenos. María Helena Garibotti analiza la crisis de la industria textil entre finales de la década de 1940 y comienzos de los años cincuenta. Se trata del final del periodo de auge del sector manufacturero que había liderado la sustitución de importaciones. Más importante aún, la recesión industrial de 1950-1953 constituye en gran medida el final del ciclo expansivo abierto por la breve recesión de 1937-1938. Al mismo tiempo, es una crisis de nuevo tipo ya que es la primera manifestación de la nueva etapa de la economía local marcada por una estructura productiva en la que la industria crecía a tasas más altas que ningún otro sector, pero la continuidad de su expansión estaba limitada por la oferta estancada de divisas generada por el sector agrario pampeano. El capítulo analiza, en primer lugar, los principales rasgos de la crisis, con la caída de la demanda interna de textiles debido a la erosión de los salarios reales causada por una inflación de origen local, la evolución del número de plantas, el empleo y la productividad. En segundo lugar, Garibotti reconstruye cómo fue percibida la crisis por ese conjunto heterogéneo que conformaba el empresariado textil en el periodo peronista y, al mismo tiempo, analiza las complejas relaciones entre ese mundo empresarial y el peronismo en un periodo particularmente crítico y en el que la disputa por el poder político estaba en juego. La investigación aborda los dilemas que una industria fundamental como la textil enfrentaba tanto de cara al mercado doméstico como frente a las posibilidades, finalmente fallidas, de inserción en el comercio regional.

Los siguientes dos artículos abordan el impacto de las crisis económicas e industriales en el periodo de oro de la sustitución de importaciones y los dorados años sesenta del capitalismo industrial de posguerra.

El capítulo escrito por Aníbal Jáuregui analiza cómo el desarrollismo, en tanto nuevo clima de ideas y de propuestas de aliento al cambio económico y social latinoamericano, impactó en las políticas económicas y en el desempeño argentino en un periodo de dieciocho años. El arco temporal definido por el autor abarca desde el golpe de Estado de 1955 hasta el retorno del peronismo al poder en 1973. Jáuregui comienza por discutir las diferentes definiciones del desarrollismo en la Argentina y emplea el concepto de variaciones del desarrollismo a la hora de estudiar y caracterizar los enfoques de política económica y del desarrollo que los gobiernos argentinos siguieron en ese periodo. Si la definición de su periodo de análisis toma en consideración la "cuestión peronista", es decir, el complejo dilema de cómo integrar o aislar al peronismo como fenómeno sociopolítico, es porque la dimensión institucional ocupa un lugar central para el autor a la hora de explicar el fracaso en encontrar una fórmula de convivencia entre el objetivo de alcanzar un régimen macroeconómico estable y al mismo tiempo desenvolver un sector industrial integrado. El autor nos muestra que ello no sucedió y por lo tanto los gobiernos argentinos debieron enfrentar los dilemas macroeconómicos heredados del periodo peronista con enfoques de política económica que en ocasiones acentuarían el conflicto.

La economía argentina creció en esos años, aunque sus frutos resultaron ser insatisfactorios para los principales actores económicos y políticos. Para el autor, la inestabilidad institucional del posperonismo se tradujo en inestabilidad económica y en políticas de corto plazo que impidieron alcanzar las metas propuestas por los desarrollistas. En ese sentido, el análisis de las crisis de balanza de pagos de 1959 y 1962-1963 y los enfoques de políticas económicas de los gobiernos de turno permiten al autor mostrar las dificultades para el desarrollo industrial, en un contexto internacional favorable, cuyo deterioro hacia 1971 reduciría los márgenes de acción locales.

El último capítulo que integra el libro, escrito por Lucas Terranova, se focaliza sobre esa coyuntura crítica que marcaría el ocaso de los desarrollismos. El autor analiza cómo las transformaciones de la economía mundial, iniciadas a fines de los años sesenta con la pérdida de competitividad de los Estados Unidos frente a las nuevas potencias industriales, el quiebre del orden monetario nacido en Bretton Woods y la crisis de recursos que condujo a la estanflación en las economías centrales, se tradujeron en nuevos desafíos para el desempeño económico e industrial argentino. Luego de analizar la trayectoria de la etapa compleja de la sustitución de importaciones y matizar la interpretación que sostiene la superación de los principales problemas de la ISI, Terranova aborda los nuevos desafíos vinculados con la crisis en las economías centrales y la incipiente nueva división internacional del trabajo. Por otra parte, analiza cómo los enfoques de política económica implementados durante el tercer gobierno peronista introdujeron mayores rigideces6 y contradicciones para un desempeño económico que permitiera apaciguar las rupturas en términos del desenvolvimiento de un sector industrial complejo. La investigación se detiene en el análisis de los objetivos de las políticas económicas y los diagnósticos que los hacedores de políticas realizaban de los cambios en la economía internacional. A propósito de ello, el trabajo reflexiona sobre las condiciones de posibilidad de ese modelo industrial en una nueva economía internacional.

Agradecimientos

En la realización de estas investigaciones acumulamos varias deudas. La primera de ellas es con la universidad pública y el sistema científico tecnológico. Este libro es el resultado de un proyecto de investigación PIP 67283 "Las crisis económicas y el desempeño de la industria argentina, 1890-1982", que un grupo de investigadores presentamos y resultó financiado por el Consejo Nacional de Investigaciones Científicas y Tecnológicas (CONICET). El proyecto tuvo sede en el Instituto de Historia Argentina y Americana Dr. Emilio Ravignani, una unidad ejecutora de doble pertenencia del CONICET y la Facultad de Filosofía y Letras de la Universidad de Buenos Aires. Nuestro equipo está integrado por investigadores de otras instituciones en las que trabajamos. A lo largo de estos tres años, los y las integrantes de este proyecto nos reunimos en diversas ocasiones en las ciudades de Buenos Aires y Mendoza para discutir en torno a los problemas de las fuentes y los repositorios disponibles para avanzar en las diversas líneas de investigación, los enfoques y las interpretaciones de la historiografía, las preguntas e hipótesis que formulamos, los avances de investigación y finalmente los resultados finales. Un agradecimiento especial debemos a Patricia Olguín, que, como integrante de este proyecto, nos recibió en la ciudad de Mendoza y obtuvo el apoyo del Instituto de Ciencias Humanas, Sociales y Ambientales (INCIHUSA-CONICET) y de la Universidad Nacional de Cuyo para la realización de una reunión. Por otra parte, Milagros Rodríguez participó activamente de estos encuentros y su intervención fue importante en varios sentidos para el avance del proyecto.

Finalmente, quisiéramos recordar que los estudios aquí presentados constituyen el resultado de nuestra labor como investigadores y docentes en las universidades públicas y el sistema científico y tecnológico nacional, instituciones que hoy se encuentran amenazadas por las políticas de ajuste, en el contexto de una nueva y profunda crisis económica.

Bibliografía citada

Albrieu, Ramiro y Fanelli, José María (2008). "¿Stop and go o go-and-fail? Sobre aceleraciones, crisis e instituciones en la Argentina", *Desarrollo Económico,* vol. 48, n.° 190-191, julio-diciembre, pp. 235-268.

Amsden, Alice (2001). *The Rise of 'The Rest'. Challenges to the West from Late-Industrializing Economies,* Oxford, Oxford University Press.

Azpiazu, Daniel y Schorr, Martín (2010). *Hecho en la Argentina, 1976-2007,* Buenos Aires, Siglo XXI.

Basualdo, Eduardo (2006). *Estudios de historia económica argentina,* Buenos Aires, Siglo XXI-FLACSO.

Barbero, María Inés (1998). "El proceso de industrialización: nuevas y viejas controversias", *Anuario IEHS,* n.° 13, pp. 131-144.

Barbero, María Inés (2015). "Actores y estrategias en los orígenes de la industrialización argentina", tesis doctoral inédita, Universidad Complutense de Madrid.

Belini, Claudio (2006). "La historia industrial argentina, 1870-1976: entre la crisis y la renovación", *Nuevo Topo. Revista de historia y pensamiento crítico,* n.° 3, pp. 5-26.

Belini, Claudio (2017). *Historia de la industria en la Argentina. De la independencia a la crisis del 2001,* Buenos Aires, Sudamericana.

Belini Claudio y Korol, Juan Carlos (2020). *Historia económica de la Argentina en los siglos XX y XXI,* Buenos Aires, Siglo XXI.

CEPAL (2020). *Estudio económico de América Latina, 2020. Dinámica y desafíos de la inversión para impulsar una recuperación sostenible e inclusiva*, Santiago de Chile.

CEPAL (2024). *Estudio económico de América Latina, 2024. Trampa de bajo crecimiento, cambio climático y dinámica de empleo*, Santiago de Chile.

Chiaramonte, José Carlos (1970). *Nacionalismo y liberalismo económicos en la Argentina, 1860-1880*, Buenos Aires, Solar.

Cortés Conde, Roberto (2005). *La economía política de la Argentina en el siglo XX*, Buenos Aires, Edhasa.

D'Amato, Laura y Katz, Sebastián (2018). "Una constante en la evolución macroeconómica argentina: dinero, deuda y crisis (1945-2015)", en Cortés Conde, Roberto y Della Paolera, Gerardo (comp.), *Nueva Historia Económica de la Argentina*, Buenos Aires, Edhasa, pp. 141-176.

Della Paolera, Gerardo y Taylor Alan (2003). *A New Economic History of Argentina*, Cambridge, Cambridge University Press.

Díaz Alejandro, Carlos (1975). *Ensayos sobre la historia económica argentina*, Buenos Aires, Amorrortu, 1983.

Dorfman, Adolfo (1970). *Historia de la industria argentina*, Buenos Aires, Solar.

Ferrer, Aldo (con la colaboración de Rougier, Marcelo) (2012), *La economía argentina. Desde sus orígenes hasta principios del siglo XXI*, Buenos Aires, Fondo de Cultura Económica.

Gerchunoff Pablo y Llach, Lucas (2021). *El ciclo de la ilusión y el desencanto*, Buenos Aires, Ariel.

Gerchunoff, Pablo, Heymann, Daniel y Jáuregui, Aníbal (Compiladores) (2022). *Medio siglo entre tormentas. Fluctuaciones, crisis y políticas macroeconómicas en la Argentina, 1948-2002*, Buenos Aires, Eudeba.

Korol, Juan Carlos y Sabato, Hilda (1990). "Incomplete Industrialization: An Argentine Obsession", *Latin American Research Review*, vol. 25, n.° 1, pp.7-30.

Korol, Juan Carlos (1992). "El desarrollo argentino y la historia comparada", *Boletín del Instituto de Historia Argentina y Americana Dr. Emilio Ravignani*, n.° 5, pp. 113-125.

Koselleck, Reinhart (2007). "Crisis", en *Crítica y Crisis*, Madrid, Trotta.

Lewis, Paul (1993). *La crisis del capitalismo argentino*, Buenos Aires, Fondo de Cultura Económica.

Lewis, Paul (2009). *The Agony of Argentine Capitalism. From Menem to the Kirchners*, Praeger.

Míguez, Eduardo (2005). "'El fracaso argentino' interpretando la evolución económica en el 'corto siglo XX'", *Desarrollo Económico*, vol. 44, n.° 176, enero-marzo, pp. 483-514.

Panettieri, José (1984). *Proteccionismo, liberalismo y desarrollo industrial*, Buenos Aires, Centro Editor de América Latina.

Peralta Ramos, Mónica (2007). *La economía política argentina. Poder y clases sociales (1930-2006)*, Buenos Aires, Fondo de Cultura Económica.

Pineda, Yovanna (2009). *Industrial Development in a Frontier Economy. The Industrialization of Argentina, 1890-1930*, Stanford, Stanford University Press.

Porta, Fernando y Fernández Bugna, Cecilia (2011). "La industria manufacturera: trayectoria reciente y cambios estructurales", en Mercado, Rubén, Kosacoff, Bernardo y Porta, Fernando, *La Argentina del largo plazo: crecimiento, fluctuaciones y cambio estructural*, Buenos Aires, PNUD, pp. 85-124.

Reinhart, Carmen y Rogoff, Kenneth (2012). *Esta vez es distinto. Ocho siglos de necedad financiera*, México, Fondo de Cultura Económica.

Regalsky, Andrés (2010). "Los comienzos de la industrialización en Argentina, 1880-1930. Una aproximación historiográfica", *Anuario de la Escuela de Historia*, n.° 23, pp. 75-106.

Rocchi, Fernando (2006). *Chimneys in the Desert. Industrialization in Argentine during the Export Boom Years, 1870-1930,* Stanford, Stanford University Press.

Rougier, Marcelo (coord.) (2020). *La industria argentina en su tercer siglo. Una historia multidisciplinar, 1810-2020,* Ministerio de Desarrollo Productivo.

Schorr, Martín (2004). *Industria y nación,* Buenos Aires, Edhasa.

Penurias y no tanto...[1]

La crisis de 1890 en la transformación de la vitivinicultura mendocina

Agustina Rayes[2] y Patricia Olguín[3]

Finalmente, si al presente divisamos sombras de agobiante tristeza, que oscurecen el gran cuadro general de todos los negocios de la Provincia, hasta proyectarse sobre el movimiento normal de la renta pública, causando los trastornos consiguientes, podemos, empero, afirmar con satisfacción orgullosa que la potencia financiera de la Provincia saldrá en breve triunfante de estas pertinaces y rudas pruebas, trayendo el mejoramiento de su malestar económico, que decaerá quizás con rapidez, tan pronto como realicemos fuera de acá la exuberante cosecha de nuestros viñedos (Provincia de Mendoza. Mensaje del gobernador de la Provincia al abrir el primer período de sesiones ordinarias de la Honorable Cámara Legislativa en 27 de abril de 1891. Mendoza: Tipografía del Eco de Mendoza, 1891, pp. 11-12).

---

1 Las autoras agradecen la lectura y los comentarios de diversas versiones de este capítulo no solo al director y a los y las integrantes del PIP sino también a Andrés Regalsky, Beatriz Bragoni, Eduardo Míguez y Fernando Rocchi. Desde luego, estos no tienen responsabilidad por los errores, las omisiones y las opiniones vertidas en el texto.

2 Instituto de Investigaciones Políticas (Universidad Nacional de San Martín/ CONICET).

3 Instituto de Ciencias Humanas, Sociales y Ambientales (Universidad Nacional de Cuyo/CONICET).

Introducción

El colapso de 1890 provocó una crisis tan profunda que dio lugar a un nuevo orden económico. Desde entonces, la relación entre la nación y las provincias adquirió una dinámica distinta, que derivó en un "federalismo económicamente menos inestable" (Gerchunoff, Rocchi y Rossi, 2008) y financieramente más centralizado (Alonso, 2010; Marichal Salinas, 2010). A las disputas por el reparto de los recursos que, desde décadas anteriores, venían librando las dirigencias porteñas y las de las provincias más pobres, se sumaron las negociaciones por la distribución de los costos de la crisis. Nuevos acuerdos permitieron diseñar una reforma institucional enfocada en la reinserción de la economía pampeana en el mercado internacional y en el desarrollo de las regiones alejadas del puerto de Buenos Aires en torno a manufacturas y otros productos orientados al mercado interno. Así, algunas actividades económicas tradicionales como la producción de vino en Mendoza o la de azúcar en Tucumán, que venían siendo estimuladas por políticas públicas de modernización, promoción y protección desde la década de 1870, otorgaron fuentes adicionales de riqueza a los Estados provinciales.

Si bien las causas, los mecanismos de transmisión a la economía real y las consecuencias de la crisis nacional han sido largamente debatidos en la bibliografía especializada (Cortés Conde, 1989; Della Paollera y Taylor, 2003; Gerchunoff, Rocchi y Rossi, 2008), sus efectos en las provincias son menos conocidos. La experiencia tucumana ha sido posiblemente la más explorada, en particular su relación con el despegue posterior de la industria azucarera, su capacidad para generar recursos fiscales y la distribución de los beneficios obtenidos (Sánchez Román, 2005). En el caso de Mendoza, las contribuciones se han ocupado de describir la situación fiscal y el endeudamiento público y de analizar su vínculo con el devenir de la crisis en la provincia (Varo, 1986), de examinar el funcionamiento y el rol del Banco Provincia de Mendoza en la transformación vitivinícola (Suplee, 1988; Mateu, 1995) e indagar en los problemas en la producción y el comercio de vinos, así como en los cambios en el trabajo y en las condiciones de vida de las familias (Prieto y Chorén, 1990; Fernández, 2001; Richard Jorba, 2012; Olguín y Bragoni, 2020). Recientemente, se han estudiado los resultados de las políticas proteccionistas a la industria naciente mediante el cálculo de la tasa de protección efectiva al vino (Olguín y Rayes, 2023). Sin embargo, estos avances solo han explicado parcialmente la dinámica de la crisis económica en Mendoza, los mecanismos de contagio a la economía real y sus efectos positivos en el despegue vitivinícola.

Este capítulo se propone estudiar, entonces, el impacto de la crisis de 1890 en la agroindustria vitivinícola mendocina, colocando el foco no solo en los resultados negativos en el nivel de producción, empleo y recaudación fiscal, sino también en las ventajas surgidas por el orden institucional que emergió a partir de la reorganización de los factores que la habían precipitado (sobreendeudamiento público, sobreexpansión del crédito, insuficiencia de la recaudación fiscal, estructura económica en transformación). Sobre la base de un conjunto variado de fuentes, integrado por estadísticas comerciales, vitivinícolas y acerca de la economía de Mendoza, leyes aduaneras, informes de la Comisión Revisora de Avalúos y Aranceles de 1894, documentación de ministerios y mensajes de gobernadores de Mendoza, se han construido indicadores económicos y financieros.

El trabajo se organiza en cuatro secciones. La primera aborda brevemente los principales rasgos de la crisis nacional. La segunda describe la situación de la agroindustria del vino en los momentos previos a la crisis y examina el impacto de la coyuntura crítica en la economía provincial. Por último, la tercera analiza las respuestas que dieron los Estados nacional y provincial.

La crisis de 1890 en la economía argentina

La crisis financiera que se inició en 1890 tuvo un fuerte elemento político en su desarrollo, tal como ocurrió con otras grandes crisis de la economía argentina en el siglo XX (Míguez, 2011, p. 264). Sobreendeudamiento, crisis fiscal y bancaria y depreciación monetaria fueron los rasgos principales de aquella coyuntura, que finalmente conllevó transformaciones productivas internas que alentaron las perspectivas generales de crecimiento en las décadas siguientes (Cortés Conde, 1989; Della Paolera y Taylor, 2003; Regalsky, 2011a, p. 291).

Cuando Miguel Juárez Celman asumió la presidencia de la Nación en 1886, existía internamente un clima de optimismo acompañado por un contexto internacional de recuperación de las inversiones, fundamentalmente británicas, que llegaban crecientemente a la Argentina, frente a las expectativas de crecimiento económico que auguraba la integración de la economía nacional a los mercados exteriores como proveedora de productos primarios. Caracterizado como un desarrollista antes de que existiera siquiera la definición en la literatura (Duncan, 1983; Gerchunoff, Rocchi y Rossi, 2008, p. 81), aquel abrazó el expansionismo estatal acumulando problemas monetarios y financieros, entre los que sobresalieron la Ley de Bancos Garantidos de 1887 y la frenética expansión del tendido ferroviario, además de la emisión de cédulas hipotecarias. Lo primero implicó la autorización a entidades financieras públicas o privadas a emitir billetes toda vez que estuvieran respaldados con bonos nominados en oro con garantía de la Nación, multiplicando la emisión de dinero y los créditos en el interior del país. Anunciado como un paso previo al regreso a la convertibilidad suspendida en 1885 mientras crecieran los depósitos en oro, en rigor generó mayor masa monetaria inconvertible, presionando al alza el premio del oro. Este fenómeno ha sido interpretado como un experimento de descentralización política que dio a las provincias autonomía política y financiera (Alonso, 2010). Lo segundo significó la emisión a gran escala —o desmedida— de títulos que se colocaron en mercados europeos.

En el marco de la caída de precios de los productos exportables y del aumento de la tasa de descuento del Banco de Inglaterra, se complicó el estado de la balanza de pagos del país. En efecto, la cuenta comercial, que era deficitaria desde 1883 (Rayes, 2018, p. 45), no pudo equilibrarse inmediatamente porque las importaciones se mantuvieron firmes debido al rezago en el ajuste de ingresos y a las emisiones de moneda para postergar el ajuste de cuentas (Ford, 1969, p. 160). La desaceleración en el flujo de préstamos hacia la Argentina incrementó la prima del oro desde 1889, cuando las entradas de capitales extranjeros disminuyeron ante la desconfianza de los mercados internacionales sobre el devenir de la economía nacional (Regalsky, 2011b, p. 183), encareciendo el pago de los servicios de deuda (puesto que estaban fijados en oro y se mantuvieron constantes) y dificultando, a la vez, la venta y colocación de nuevos valores argentinos en Londres, lo que afectó especialmente a la casa Baring.

El colapso financiero profundizó una crisis política latente que terminó con un levantamiento revolucionario y la posterior renuncia de Juárez Celman y su reemplazo por el vicepresidente, Carlos Pellegrini. Al mando de los destinos de la nación, este se inclinó por políticas económicas menos expansivas. Sin embargo, cuando en noviembre de 1890 la casa Baring Brothers, que tenía una cartera llena de títulos argentinos invendibles, tuvo que ser salvada por un consorcio de bancos fomentado por el Tesoro y el Banco de Inglaterra (Ferns, 1992), se aceleró la depreciación monetaria. Fue la evidencia de que aquella entidad no socorrería las finanzas argentinas y que era más bien el Estado argentino el que debía salvar a Baring, lo que desató una ola de venta de valores en la bolsa de Buenos Aires, el derrumbe de sus cotizaciones y también del precio de las propiedades. Si hasta entonces predominaba la fuga hacia el oro, empezó una fuga hacia el dinero líquido en general y el retiro masivo de depósitos. Durante todo el proceso de la crisis de los noventa, el peso moneda nacional perdió casi dos tercios de su valor (Álvarez, 1929, p. 122). Ello tuvo efectos en el sistema bancario, monetario, impositivo y, naturalmente, en los sectores productivos y en la distribución del ingreso.

Primero, la depreciación del peso afectó a las principales entidades bancarias. El retiro de depósitos impactó inicialmente en las grandes entidades oficiales de Buenos Aires y terminó por extenderse a la banca provincial y a casi toda la banca privada, con muy pocas excepciones. El Banco de la Provincia de Buenos Aires ingresó en cesación de pagos y se le declaró una serie de moratorias que lo dejaron fuera de juego hasta los primeros años del siglo xx. Tras intentos de salvataje, el Banco Nacional —que había sido fundado por Sarmiento en 1874— fue finalmente liquidado, mientras que la arquitectura financiera fue reorganizada a partir de la creación del Banco de la Nación Argentina en 1891, sobre las ruinas de las dos entidades mencionadas (Moyano, 2023: 18). Algunos bancos provinciales fueron reorganizados y convertidos en agentes financieros de los estados locales, los cuales los utilizaron para financiar sus déficits públicos a través de la emisión de letras de tesorería y para otorgar préstamos a las actividades económicas regionales que promovían, como la agroindustria vitivinícola (Suplee, 1988; Mateu, 1995).

Un efecto de largo plazo fue el fin de una corta experiencia de "federalismo financiero", a partir de la cual en el futuro las provincias vieron enormemente limitada la posibilidad de endeudarse en el exterior para financiar sus planes de desarrollo (Marichal Salinas, 2010).

Segundo, el gobierno de Pellegrini no solo canceló el esquema de bancos garantidos, sino que lo reemplazó por la Caja de Conversión, un organismo estatal que en los primeros años solo pudo emitir sin respaldo. No obstante, como la caída del sistema bancario esterilizó una gran masa de depósitos que quedaron indisponibles, hubo una fuerte contracción monetaria y crediticia que frenó la depreciación cambiaria (Cortés Conde, 1989). Fue recién hacia 1895, con la mejora en la balanza de pagos y la renegociación de los compromisos con los acreedores externos (Rocchi, 2011), que pudo descender paulatinamente el tipo de cambio.

Tercero, los impuestos al comercio exterior —especialmente a las importaciones de bienes— continuaron siendo la principal fuente de recaudación del Estado nacional (Rayes, 2021a: 129). Además, es importante recordar que la recaudación de los aranceles al intercambio de bienes, que venía siendo cobrada en pesos moneda nacional, desde 1891 se exigió que la mitad fuese pagada en pesos oro y a partir de 1892 se estableció completamente en pesos oro. Se restituyeron los impuestos a las exportaciones, que habían estado vigentes hasta 1886 y afectaban principalmente a las provincias del litoral. Se crearon gravámenes internos sobre los alcoholes, cervezas y tabacos, cuyas industrias se encontraban en expansión gracias a las limitaciones que las leyes aduaneras infligían a sus similares importados. Incluso, existieron controversias con los gobiernos provinciales, como las que se dieron con el de Mendoza frente al incremento del impuesto interno nacional a los alcoholes, al mismo tiempo que las autoridades locales colocaban impuestos específicos al vino (Coria y Ferrari, 2002).

Finalmente, en cuanto a las distintas actividades económicas, evidentemente la depreciación del peso argentino favoreció a los sectores exportador y sustitutivo de importaciones. Por su parte, las ramas manufactureras, que venían creciendo desde la década de 1880 y luego de una caída inicial por la contracción monetaria y salida de migrantes, lejos de estancarse con la crisis del noventa, se aceleraron. La pérdida de valor de la moneda, sumada al aumento de las barreras arancelarias, fueron posiblemente los factores principales que promovieron una industria que se expandió a un ritmo sostenido durante el último decenio decimonónico (Hora, 2010: 225). Cabe también mencionar que la maduración de las inversiones realizadas en la década previa a la crisis, junto con la caída de precios internos y de los salarios reales y la restitución de los mecanismos de ajuste de la balanza de pagos del patrón oro, contribuyeron a este crecimiento (Míguez, 2008: 237-240).

El sector vitivinícola y el impacto de la crisis

En 1890, la agroindustria vitivinícola de Mendoza se encontraba en la etapa inicial de un proceso de transformación que habían encarado sus dirigencias políticas en busca de fuentes alternativas de riqueza, una vez que la organización del Estado nacional y el cambio en las condiciones del mercado chileno terminaron por eclipsar los modestos beneficios que habían ofrecido la producción de vino artesanal de variedades criollas y, sobre todo, la ganadería comercial y la actividad cerealera.[4] En las dos décadas previas, se puso en marcha un conjunto de políticas para lograr la plantación de nuevos cultivos y la construcción de bodegas con técnicas modernas de fabricación a fin de competir con los vinos importados de Europa. Brevemente, se apostó por el asesoramiento agronómico y enológico, exenciones impositivas, subsidios a las plantaciones y regulación del recurso hídrico. Igualmente, los agentes políticos

4 El ganado procedente de Córdoba, San Luis y Santa Fe, luego de ser criado y engordado en los alfalfares mendocinos, era exportado a Chile, mientras que el trigo, el maíz, y otros productos, como vino, aguardiente y frutas secas, eran enviados de manera discontinuada y por caminos inadecuados a las mencionadas provincias. La imposibilidad de abastecer regularmente a las plazas del litoral, por deficientes sistemas de cultivo e irrigación y el deterioro sufrido en largas travesías, y de competir con los productos europeos, había reducido el alcance del vino al mercado local. Así, la superficie cultivada en 1872 se concentraba en alfalfa (94 %), seguida muy a lo lejos por trigo (2,8 %) y viñedos (1,8 %) (Richard Jorba, 2000, p. 281). A su vez, Mendoza atravesaba una situación de penuria fiscal. Según el gobernador Arístides Villanueva, los principales ingresos públicos provenían del derecho de invernada, el cual se había reducido en un 30 % (cfr. Provincia de Mendoza, 1873, p. 18).

mendocinos ejercieron fuertes presiones en el Congreso Nacional para lograr el establecimiento de aranceles a los vinos importados y buscaron conectar a la provincia a la red ferroviaria nacional; en efecto, la llegada del ferrocarril a Mendoza en 1885 facilitó el traslado de los vinos a las principales ciudades y centros poblados del país y redujo significativamente el costo del flete interno, el tiempo y las condiciones de transporte, si se los compara con los correspondientes a los carros tirados por animales (Supplee, 1988; Coria e Iñones, 1994; Coria y Ferrari, 2002). Las autoridades nacionales también promovieron la "industria naciente" por su potencialidad para contribuir al ahorro de divisas mediante la sustitución de importaciones; de hecho, así lo expresó el propio presidente Julio Argentino Roca al inaugurar la exposición interprovincial en Mendoza en 1885. No obstante, los beneficios que surgirían de la confluencia de estos elementos tardaron en materializarse. En 1888, el gobernador Tiburcio Benegas informó sobre el avance de las plantaciones de viñas, el aumento de la producción de vinos y la decadencia de la exportación de ganado y la producción de cereales, pero la recaudación impositiva todavía dependía de estas últimas actividades. Ese mismo año, se concretó la creación del Banco de la Provincia de Mendoza con el anhelo de que proveyera el crédito necesario para el desarrollo vitivinícola.[5]

Inicialmente, la crisis financiera nacional golpeó al Banco de la Provincia de Mendoza, que había sido creado en 1888 en el marco de la ley de bancos garantidos y los beneficios de una ley provincial que otorgaba desgravaciones impositivas, a partir de un empréstito que había sido contratado en 1888 con la casa Cahen d'Anvers y otras sociedades en París, por intermedio de la casa Bemberg y gracias a las gestiones realizadas por Roca. En efecto, el banco no pudo hacer frente al pago de los servicios (6 % anual) y amortizaciones (1 % anual) correspondiente a una deuda

---

5 Provincia de Mendoza (1888).

de 5 millones de pesos oro (Mateu, 1995, pp. 121-124). Al igual que para otras provincias que desarrollaron acciones similares, este compromiso significó una carga demasiado pesada para sus exiguos ingresos en un contexto de restricción crediticia. El monto total o conjunto de empréstitos parciales contraído por estas jurisdicciones con banqueros y prestamistas europeos no era presumido por las autoridades nacionales. Según el propio Carlos Pellegrini, solo se enteraron de la magnitud de esos compromisos cuando los representantes de las casas Otto Bemberg y Cahen d'Anvers golpearon las puertas de las oficinas del Ministerio de Hacienda.[6] Desde entonces, comenzó una negociación entre ambas esferas del gobierno para el traspaso de las deudas externas provinciales a la nación, pero, en el caso de Mendoza, el convenio recién se concretó el 28 de agosto de 1900, luego de que el Banco fuera oficializado en 1899.[7]

Al estallar la crisis, el mismo temor al caos económico y social que invadió al presidente Pellegrini afectó al gobernador Oseas Guiñazú. El primero se propuso rescatar al Banco Nacional y, junto con este, al Banco Hipotecario y la Municipalidad de la Capital; el segundo intentó hacer lo mismo con la banca provincial, mientras que ambos buscaron arreglar el pago de la deuda externa con los acreedores. Enfrentaron, así, un problema fiscal ya que no podían responder a los compromisos externos sin grave perjuicio para el funcionamiento de la administración, en un contexto en el cual el precio del oro estaba aumentado, se habían cortado las fuentes de financiamiento del déficit público y descendía la recaudación impositiva. En palabras del presidente, todas

---

6 República Argentina (1891b, pp. XXVI-XXVII).

7 El saldo de la deuda de pesos oro 4.896.074,83, y de pesos oro 513.372 de intereses atrasados del mismo empréstito en 1891 y 1892, y los devengados desde 1893 a 1900, había sido cancelado por intermedio del gobierno nacional, quedando reducida a pesos oro 650.000 para con el gobierno nacional (según convenio de 28/08/1900), con un servicio de 4 % de renta y 0,5 % de amortización anual o sea pesos oro 29.250, y en garantía del cual había sido afectado el impuesto de contribución territorial. Provincia de Mendoza (1901, p. 13).

las rentas habían desaparecido como recurso positivo bajo el peso de los vencimientos apremiantes de los servicios de la deuda externa. El gobernador informó que solo se pudo cubrir el 4.° cupón por 175.000 pesos oro, correspondiente al primer semestre de 1890. En efecto, los servicios de la deuda habían dado un salto muy significativo en 1889 y se habían mantenido en valores muy elevados en 1890. Sobrevino, entonces, la cesación de los pagos externos en 1891 y 1892, aunque se realizaron pagos menores en concepto de deuda interna.[8] Como se mencionó anteriormente, en 1900 la deuda externa fue transferida al Estado nacional. En virtud del acuerdo, el saldo de la deuda (integrado por un capital de 4.896.074,83 de pesos oro, intereses atrasados correspondientes a 1891 y 1892 de 513.372 de pesos oro e intereses devengados desde 1893 a 1900) fue cancelado por el gobierno central. Esta quedó reducida a 650.000 de pesos oro (con un servicio de 4 % de renta y 0,5 % de amortización anual) y fue garantizada por el impuesto de contribución territorial.[9]

Si el impacto de la crisis financiera en Mendoza fue similar al que afectó a la nación, la salida adoptada por la primera fue casi idéntica a la elegida por la segunda: la emisión de billetes de tesorería, que en el primer caso fueron amortizados en la Oficina de Crédito Público y en el segundo en la Caja de Conversión. Pellegrini consideraba que era el único recurso posible, "un medio fatal pero indispensable". Las primeras letras provinciales fueron emitidas en 1892 (ley de 28/11/1892) y amortizadas trimestralmente desde 1893 (mediante la incineración de la cantidad líquida percibida de las rentas afectadas a ese objeto). Luego, los rescates continuaron a un valor constante que aumentó recién en 1896. En 1895 y 1898, se emitieron otras series

8 Como los títulos provinciales de deuda consolidada por ley del 2 de diciembre de 1875, cuyo servicio era atendido trimestralmente, según ley del 27 de marzo de 1887.

9 Provincia de Mendoza (1901, p. 13).

(leyes 25/04/1895 y N.° 74 del 2/05/1898). Al 31 de diciembre de 1900, la emisión de letras alcanzaba los 1.762.505 pesos, la amortización los 493.032 pesos y restaban en circulación 1.269.473 pesos. En definitiva, constituyeron una cuasi moneda más que títulos públicos, ya que no devengaban intereses. Según la legislación, debían ser recibidas como moneda legal por su valor escrito por el Banco de la Provincia y por las oficinas públicas en pago de impuestos fiscales, municipales, de agua o cualquier otra deuda de ese origen (Coria y Ferrari, 2002, pp. 16-17).[10]

Por otra parte, las respuestas del gobierno de Mendoza a la crisis incluyeron un fuerte ajuste fiscal, basado en la reducción del gasto público y el incremento del ingreso a través del aumento o la creación de impuestos al vino. La recaudación, que se componía principalmente de los gravámenes al papel sellado, patentes fiscales, contribución directa y otras entradas, se había reducido un 20 % en 1890 respecto del año anterior (las desgravaciones impositivas a las plantaciones de vid otorgadas con anterioridad habían limitado el impacto de la actividad vitivinícola en la recaudación). Se decidió entonces aplicar impuestos específicos al vino. El impuesto "patente de bodegas", que en 1889 y 1890 tenía un canon de 12 ctvs. por hl producido, desde 1891 se transformó en "impuesto a los frutos del país" (que se separó de la ley de patentes) y elevó su valor a 0,40 ctvs. por hl producido; en 1895 y hasta finales de la década, aumentó a 0,50 ctvs. por hl vendido (despachado) (Coria y Ferrari, 2002, p. 11). En este marco, se inscribió el establecimiento de un impuesto interno nacional a los alcoholes y al tabaco, que comenzó a cobrarse en 1891. El nuevo tributo fue justificado con un argumento jurídico según el cual la ley sobre importaciones castigaba a las bebidas

10 Los mecanismos mediante los cuales las letras de tesorería se ponen en circulación (títulos públicos, pago de salarios, etc.) y el impacto de las emisiones en la economía de Mendoza para la etapa inicial (1893-1895) requieren un estudio particular.

alcohólicas y cerveza, y no había razón para eximir de una contribución a los artículos similares producidos en el país. Se consideraba que estos constituían ya una industria "poderosa y floreciente", que podía soportar perfectamente un gravamen "módico" como el que se proyectaba. El Poder Ejecutivo Nacional colocó una tasa que consideraba baja para los alcoholes para evitar el fraude (pagarían 0,15 ctvs. de moneda legal mientras que su similar importado pagaría 0,20 pesos oro, es decir, unas cuatro veces más).[11] A su vez, persistía la dificultad de cobro. Así, por ejemplo, mientras que al 31 de diciembre se recaudaron tributos sobre 67.000 bordalesas, la estadística del Ferrocarril Gran Oeste Argentino arrojó una exportación de la Provincia de 130.000. Esta situación de evasión fiscal fue denunciada frecuentemente por las autoridades provinciales, y daba cuenta de la imposibilidad de las primeras oficinas de estadística de contabilizar y registrar el número de viñas plantadas y de hectolitros de vino producido. Por su parte, los empresarios manifestaron sus quejas frente a los mayores impuestos y su preocupación por el freno en la producción de vinos, a la vez que tomaron iniciativas para crear las primeras asociaciones gremiales (Olguín, 2024).[12]

En 1893, el gobernador Pedro Anzorena afirmaba que los recursos no aumentaban en la misma proporción que los gastos porque la "perturbación económica", que pesaba sobre Mendoza, estaba muy distante de desaparecer y dificultaba la percepción regular de los impuestos. Entendía que la depreciación de los principales productos agrícolas de la provincia en los mercados del litoral y del ganado en Chile era un síntoma alarmante, porque obligaba a conservar estancadas las producciones o realizarlas a bajo precio. Esperaba entonces que los ingresos resultantes fueran insuficientes para cubrir los consumos y debiera apelarse a las remesas de billetes de c/l, empeorando la situación. Del mismo modo, afirmó que el comercio sufriría por la

---

11 República Argentina (1891b, pp. III-V; VIII, 67-68).
12 Provincia de Mendoza (1895, pp. 17-18; 1914).

disminución en los consumos, las industrias por su paralización y el trabajo se reduciría a lo indispensable, contribuyendo todas estas circunstancias a complicar la situación económica del pueblo y del gobierno. Sin embargo, advirtió síntomas claros de recuperación y activación de la obra pública. El resultado fiscal, que había mostrado un déficit en 1892, se volvió superavitario de 1893 a 1898.[13]

Las reformas institucionales y la mejora de las condiciones internacionales dieron lugar a la recuperación de la economía nacional a partir de 1895. Si bien el desorden financiero había dejado una deuda externa todavía pendiente de arreglo y cancelación para el Estado provincial, este había obtenido el control del Banco Provincia, y con este había ganado un agente financiero para emitir letras de tesorería que —desde 1893— permitieron financiar sus presupuestos. Pero también había conseguido un instrumento para otorgar créditos a los miembros de la élite tradicional y nuevos emprendedores de origen inmigrante que estaban interesados en invertir en el negocio vitivinícola (Suplee, 1988; Mateu, 1995), de manera similar a lo que había ocurrido en Tucumán con la industria azucarera (Sánchez Román, 2005). En 1891, del total de 873.479 pesos otorgados en préstamo, el 45 % correspondía a créditos hipotecarios y el 55 % a créditos simples. Si bien con el impacto de la crisis sus operaciones se vieron limitadas, continuó otorgando préstamos al sector vitivinícola, aunque de manera discontinuada y a pesar de las denuncias sobre irregularidades (Mateu, 1995, p. 126).

La nueva producción de vinos dinamizó la economía por su llegada en mejores condiciones y a menor precio a otros mercados de consumo del territorio nacional, lo cual permitió la multiplicación del empleo y el comercio y la ampliación de la base y recaudación tributaria. Aunque, por un lado, la especialización vitivinícola volvió más vulnerable a la economía provincial frente a los accidentes climáticos y las plagas de la vid o a los cambios en el consumo de vinos; por el otro, ofreció

13 Provincia de Mendoza (1893, pp. 23-24).

una fuente de recursos tributarios propios que dieron autonomía a los gobiernos provinciales respecto de la administración central. Para las dirigencias políticas, la vitivinicultura

> ... solo necesita para prosperar que haya tranquilidad pública, facilidades de crédito, protección a su industria vinícola que impida la falsificación de sus productos en el resto de la República y que la naturaleza que sabe devolver con mano pródiga el trabajo del que cultiva el suelo, no lo arrase cuando llega el fruto, con alguna de las plagas que en los últimos años han esterilizado el esfuerzo de todos.[14]

La dinámica de la crisis, la recuperación y el crecimiento de la producción vitivinícola pueden apreciarse en la composición de la recaudación impositiva (considerada una *proxy* de la producción) y la evolución de sus valores.

Gráfico 1. Recursos fiscales de origen propio de la provincia de Mendoza, 1892-1899 ($ oro)

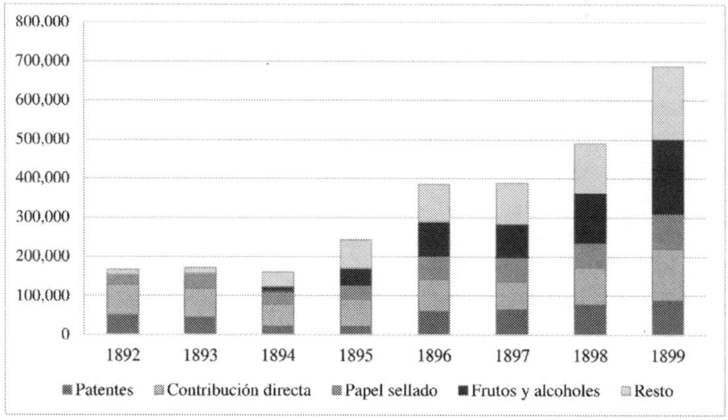

Elaboración propia sobre la base de Provincia de Mendoza (1906, p. 22; 1916, p. 232).

14 Provincia de Mendoza (1895, p. 18).

El peso preponderante que la actividad vitivinícola cobró en la estructura económica provincial y los ingresos fiscales es evidente en el Gráfico 1. No solo se aprecia el ritmo de crecimiento que adquirió el sector (de la mano de la reactivación de la economía nacional y el aumento sistemático y significativo del consumo per cápita) sino también la especialización de la economía regional. La recaudación del impuesto a los frutos del país (vinos), que solo había representado el 8 % del total de los ingresos provinciales en 1894, escaló al 18 % en 1895 y al 23 % en 1896; al final de la década, alcanzó el 28 %.[15] De modo que esta evidencia refuerza el argumento según el cual la salida de la crisis de 1890 marcó el despegue de la agroindustria vitivinícola de Mendoza. Igualmente, constituye un contrapunto con la industria azucarera tucumana, que en el trienio 1895-1897 sufrió su primera crisis de sobreproducción (Sánchez Román, 2005).

Los Estados nacional y provincial frente a la crisis

Como se anticipó, las consecuencias inmediatas del colapso financiero de 1890 (depreciación de la moneda, escasez de crédito y circulante, colapso bancario) produjeron un freno en las importaciones. Los sesgos de la estructura productiva argentina hacia la exportación agropecuaria habían colocado en el centro de la escena las discusiones sobre la necesidad de conseguir insumos y bienes manufacturados por vía de la importación para sostener el crecimiento económico, incluso mucho tiempo antes del estallido de la crisis. La política arancelaria ocupó un lugar central en el debate, aun cuando la preeminencia del librecambio como idea y doctrina, las necesidades del erario público y el escaso desarrollo del sector industrial dificultaron cualquier manifestación proteccionista hasta mediados de la década de 1870 (Chiaramonte, 2012). A partir del decenio de 1880, los diputados y senadores del —llamado— Interior propusieron

15 Provincia de Mendoza (1906, p. 22).

medidas para salvaguardar las producciones de sus regiones (Llach, 2007, pp. 161-175), preocupados también por asegurar nuevas fuentes de ingresos a los Estados provinciales (Balán, 1978; Richard Jorba, 2000; Coria y Ferrari, 2002). Estas disposiciones fueron descriptas como "más desarrollistas" en relación con las que se habían asumido en el pasado (Hora, 2009).

En ese marco, las discusiones sobre el arancelamiento a los bienes de consumo tomaron nuevos bríos. Se trataba de una de las principales categorías de las importaciones. En efecto, aunque tendieron a perder participación relativa, todavía hacia mediados de la década de 1890 este tipo de artículos constituía entre la mitad y dos tercios del valor total importado. En esa amplia categoría, destacaron las bebidas, solo superadas por los textiles y los alimentos (Vázquez Presedo, 1971, pp. 76-78). Dentro de las bebidas, sobresalió la demanda por el vino común ofrecido por socios europeos. A continuación, mostramos la evolución de los principales orígenes y de las cantidades importadas.

Gráfico 2. Participación relativa (en %) de las procedencias del vino común importado por la Argentina y cantidades importadas (en miles de hectolitros), 1885-1896

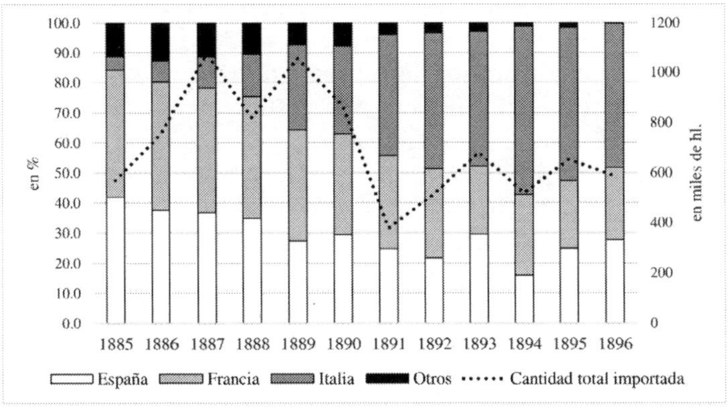

Elaboración propia con base en Fernández (2001, p. 527).

Del gráfico anterior, observamos dos cuestiones en torno a 1890. Por un lado, más allá de las fluctuaciones de la segunda mitad del decenio de 1880, las importaciones de vinos comunes tendieron a crecer. Tras la crisis del noventa, disminuyeron notablemente, a tal punto que en los mejores años de la última década decimonónica no superaron prácticamente la mitad de las cantidades importadas durante los picos de 1887 o 1889. Por otro lado, Francia fue la principal procedencia del vino común hasta 1890, representando aproximadamente el 40 % de las cantidades, seguida por España, que significaba un tercio. A partir de 1891, destacó Italia, llegando a concentrar más de la mitad de las importaciones, secundada primero por Francia y luego por España, orígenes que tuvieron una participación similar.

Las fluctuaciones en los volúmenes y en los orígenes de los vinos importados quizás estén ligadas a su arancelamiento. Los gravámenes a los vinos comunes tradicionalmente habían sido *ad valorem,* llegando a niveles del 40 % desde 1878. En 1883 fueron incluidos entre los productos que tributaban aranceles específicos. Se acordó inicialmente el pago de 5 centavos por cada litro, lo que aumentó a 6 centavos dos años más tarde y a 8 centavos a partir de 1890. Esa fue la barrera que perduró por décadas. Sin embargo, cabe decir que la ley aduanera de 1892 introdujo la novedad de un arancel adicional de un centavo por litro, por grado que excediera el límite de fuerza alcohólica de 18 grados. Entonces se detalló que el tributo suplementario se destinaría exclusivamente a aumentar los fondos de la —recientemente creada— Caja de Conversión. Aunque esta aclaración desapareció de las subsiguientes leyes de aduanas, el impuesto adicional persistió con algunas reformas, como la rebaja del tope a 16 grados en 1893 y a 14 grados en 1894. Ello afectó en particular a los vinos españoles en relación con los italianos y, sobre todo, a los franceses, desatando un conflicto diplomático que terminó con la adopción de un *modus vivendi* entre la Argentina y España (Fernández, 2004).

La discusión sobre el arancelamiento de los vinos se filtró en la Comisión Revisora de las Leyes Aduaneras y las Tarifas de Avalúos que el Poder Ejecutivo convocó en 1894 a fin de informar sobre la situación de distintos sectores económicos tras algunos años de la crisis del noventa. La Comisión Revisora fue una novedad en la historia institucional del país. El cuerpo, compuesto por un plantel variado de hombres ligados al sector público pero también al ámbito privado,[16] debatió sobre la materia. En síntesis, existió preocupación por lograr un equilibrio entre las barreras necesarias para resguardar de la competencia foránea a determinados artículos producidos localmente y evitar que tasas altas fomentaran el fraude aduanero (Rayes, 2021b). Por aquellos años, las discusiones sobre el proteccionismo tuvieron eco dentro del Poder Legislativo (Rocchi, 1998, p. 150); en efecto, un tercio de las sesiones se abocaron al tratamiento del azúcar y los vinos.

La Subcomisión de Bebidas consideraba que, al tratarse de artículos que no satisfacían necesidades primordiales, debían ser menos liberales en la fijación de los gravámenes, máxime cuando algunos de ellos eran fabricados en el país y, por tanto, sujetos a impuestos internos. Sin embargo, dadas las probables represalias de socios comerciales, a los que los agroexportadores les temían (Vázquez Presedo, 1979, p. 215), fueron invitados a exponer no solo productores vitivinícolas en nombre de Mendoza y Cuyo, como Francisco Uriburu e Isaac Chavarría, sino también los ministros plenipotenciarios de España e Italia en Buenos Aires, el presidente de la Cámara de Comercio Francesa y expertos, como el jefe de la Oficina de Química Nacional, Pedro Arata.[17]

La conclusión de la Comisión Revisora fue aumentar el límite de graduación de la fuerza alcohólica de 14° a

16 Lorenzo Anadón, Antonio Lanusse, Enrique García Mérou, Agustín de Vedia, Remigio Tomé, Francisco Latzina, Ventura Martínez Campos, Emilio Hansen, Santiago Baibiene, Francisco Cayol y Enrique Kohn.

17 Acta número 12, Buenos Aires, 22 de agosto de 1894 (Poder Ejecutivo Nacional, 1894).

18°,[18] ya que los vinos españoles (y algunos italianos) requerían de mayor graduación para su transporte transoceánico para evitar la fermentación. Para esa resolución, se tomó en cuenta que los vinos españoles eran más baratos que los italianos y los franceses y que el mismo derecho los ponía en desventaja, pudiendo provocar represalias por parte del gobierno español. Luego, el Congreso Nacional decidió que el límite debía elevarse, pero a 17°.[19]

Estas precisiones sobre la evolución de los aranceles no resuelven, sin embargo, el nivel de protección. En este sentido, en otro trabajo reconstruimos distintos elementos para considerar sus efectos sobre la producción vitivinícola. Para obtener un precio *cost, freight, insurance* (CIF), estimamos el precio promedio de los vinos españoles, franceses e italianos ponderado según la participación relativa anual de cada uno de los orígenes y el flete marítimo desde Burdeos, Marsella, Génova y Barcelona, de acuerdo a la procedencia de las importaciones de cada año. Como la moneda argentina permaneció inconvertible desde 1885, calculamos el tipo de cambio del peso oro, que era la moneda usada para las transacciones internacionales, con la lira italiana y, desde 1895, con un promedio ponderado que incluyó también a la peseta española y al franco francés. Además, tomamos de las fuentes disponibles los avalúos y los precios del vino a los consumidores de la plaza de Buenos Aires (Olguín y Rayes, 2023).

---

18 Acta número 27, Buenos Aires, 12 de septiembre de 1894 (Poder Ejecutivo Nacional, 1894).

19 Ley de Aduanas, Buenos Aires, 2 de enero de 1895.

Gráfico 3. Arancel específico, precio CIF, precio de vino al consumidor en plaza de Buenos Aires y cotización del peso oro en liras, francos y pesetas, 1886-1896

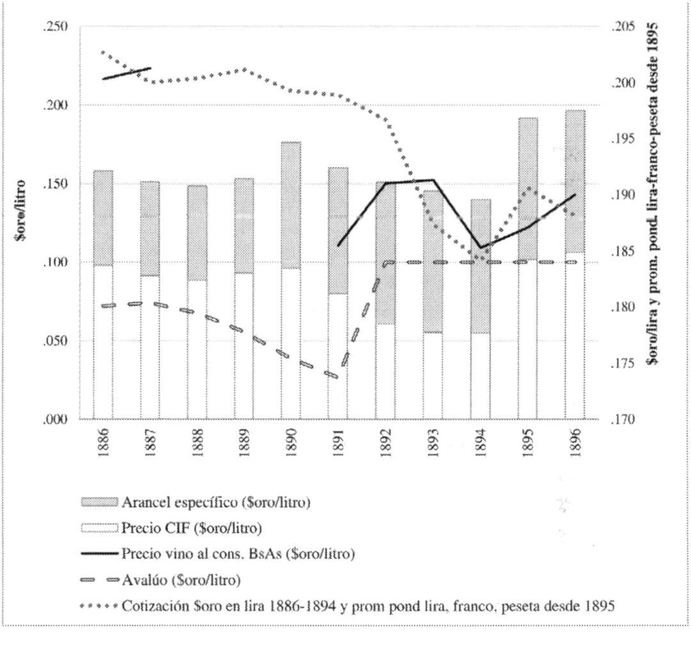

Elaboración propia sobre la base de leyes aduaneras; Rayes et al. (2020, p. 32); El Comercial (1886-1887); República Argentina (1891a-1896); Ministero di Agricoltura, Industria e Commercio. Ufficio di Statistica Agraria (1914, pp. 60, 64-67); Bunge (1918, p. 143); Olarra Jiménez (1968, pp. 182-183); Barrio (2010, pp. 28, 186); Federico y Tena-Junguito (2016).

El gráfico anterior muestra que en 1886 y 1887 el precio del vino en Buenos Aires era muy superior al precio CIF (considerado siempre luego del costo del flete) más el arancel específico. De manera que la protección era irrelevante porque igualmente los productos nacionales eran mayores que los internacionales. La agroindustria nacional se encontraba en una etapa incipiente y el consumo interno se abastecía principalmente de vinos europeos. Esta situación cambió con la crisis. En 1891, la producción había aumentado y los precios habían bajado. A pesar de la caída del precio internacional y de la apreciación del peso oro respecto del promedio ponderado de las monedas de los países de origen de las importaciones, los aranceles al vino se incrementaron reforzando el efecto protector de las nuevas condiciones de la economía nacional (frente a la escasa incidencia de los insumos importados). A partir de 1894, esta situación se profundizó. Se observa, entonces, que sin dicho derecho el vino local no podía competir con las importaciones. En suma, la mayor competitividad del producto nacional se debió a la caída de su precio y al aumento del impuesto, producido a partir de la crisis del noventa. Esta evidencia refuerza la idea de Roca de que la protección arancelaria era el principal incentivo para la expansión de la producción nacional.

Cabe señalar dos cuestiones: por un lado, que el avalúo, cuya relevancia en este caso es solo como referencia porque a los vinos se les aplicaban gravámenes específicos y no *ad valorem* sobre los valores oficiales, tendió a estar por debajo del precio CIF hasta 1892, cuando lo sobrepasó. Por el otro, notamos que inicialmente la depreciación de la moneda nacional en relación con las monedas de los oferentes internacionales reforzó las barreras a las importaciones frente a la caída del precio internacional (que operó en sentido contrario) durante coyunturas críticas, como el bienio 1890-1891.

De manera complementaria, los elementos anteriores permitieron estimar la tasa equivalente *ad valorem* a una tasa específica por volumen (arancel/precio CIF) y la tasa de protección efectiva neta de la apreciación o depreciación del oro, entendida como lo primero más el efecto de la apreciación (negativo)/depreciación (positivo) del oro (tasa de variación porcentual anual).

Cuadro 1. Tasas de protección al vino común de mesa, 1886-1896 (%)

Año	Tasa equivalente *ad valorem* a una tasa específica por volumen (arancel/precio CIF)	Protección efectiva neta de la apreciación/depreciación del oro
1886	61	62
1887	66	64
1888	68	75
1889	65	97
1890	83	114
1891	100	154
1892	132	118
1893	145	141
1894	146	156
1895	79	75
1896	75	61

Elaboración propia sobre la base de las fuentes apuntadas en el Gráfico 3.

Al convertir los aranceles específicos en *ad valorem* de acuerdo al precio CIF que reconstruimos, notamos que los primeros implicaron una tasa sobre los segundos de más del 60 % en el último lustro de la década de 1880 y de más del 100 % a partir del siguiente decenio. Ello se explica por la suba del gravamen a partir de 1890 pero también por la caída del precio internacional del vino, cuya recuperación desde 1895 hizo que el arancel, intocado, fuera menos protector, aunque todavía por encima de los niveles iniciales. Por su parte, la tasa de protección efectiva neta es congruente con los resultados anteriores, solo que, además del comportamiento de los derechos específicos al vino y del precio de las importaciones, refleja la barrera protectora del tipo de cambio, con tendencia a depreciarse durante el periodo, excepto en algunos años (y la nula incidencia de insumos importados). De hecho, cabe señalar que este indicador es muy sensible al punto de partida, o sea, a la variación de la moneda argentina en relación con la de sus socios comerciales de año a año.

Las tasas de protección, crecientes a partir de la crisis de 1890, están por encima de las más altas consensuadas en términos *ad valorem*, fijadas entre el 50 % y el 55 %. En este sentido, suponemos que, aunque tal vez no hubiera cabal entendimiento de la protección real por parte de los tomadores de decisiones tanto en el Poder Ejecutivo como en el Poder Legislativo, es probable que supieran que estaban por encima de las que se consideraban razonables para la época. En efecto, una estimación contemporánea sobre la tasa de protección se realizó con la información proporcionada por los boletines de la Cámara Española de Comercio y Navegación de Buenos Aires. El ejercicio estuvo acotado a los vinos que llegaban de España en 1894, a 18 grados, y que debieron pagar el adicional por grado del límite fijado en 14. El resultado fue que la incidencia de los derechos aduaneros sobre el precio internacional CIF era de 126,5 v% (Fernández, 2004, p. 119). En este sentido, suponemos que la crisis de 1890 habilitó, al menos por unos años, la suba de aranceles no solo para proteger a un sector productivo regional sino también por razones fiscales, ya que aranceles superiores implicaban menor salida del oro y, en caso de que las importaciones arribaran, mayor recaudación.

Finalmente, como se puede seguir en el siguiente gráfico, constatamos que la evolución de la tasa de protección efectiva tuvo impacto en el desempeño del volumen importado de vinos comunes, ya que las cantidades tendieron a descender cuando subió la barrera protectora.

Gráfico 4. Tasa de protección efectiva neta (en %) e importación (en miles de hectolitros) de vino común de mesa, 1886-1896

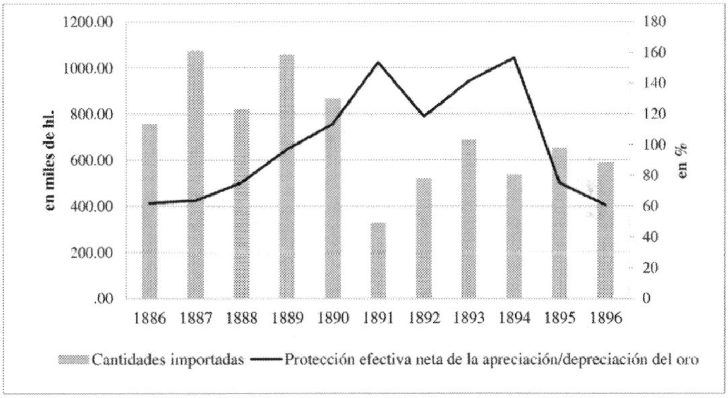

Elaboración propia sobre la base de las fuentes apuntadas en el Gráfico 3.

La información disponible —aunque parcial y fragmentaria— da cuenta de la naturaleza y la magnitud de la transformación vitivinícola en Mendoza. El área sembrada con vid en la provincia pasó de 4721 hectáreas en 1887 a 19.694 en 1900. La elaboración de vinos aumentó de 47.000 hl a 669.200 en el mismo período. La contracara de la expansión de la producción nacional fue la caída de las importaciones de vinos comunes en cascos. Asimismo, el tejido productivo incluía un abanico de pequeños, medianos y grandes bodegueros y exhibía un amplio rango de producción que iba de pocos hectolitros a varios miles de hectolitros. Por su parte, el consumo per cápita en el país (estimado como la relación entre consumo total de vinos nacionales y producción total) acompañó este proceso y escaló de 31 litros en 1895 a 64,6 litros en 1913.[20]

20 Para 1895, Mendoza, *La Industria*, 30/04/1912; para 1887, 1900 y 1913, Provincia de Mendoza (1914, pp. 235-236; 1916, p. 218).

Gráfico 5. Producción provincial y nacional estimada e importación de vinos (miles de hl) y superficie cultivada con vid en Mendoza (ha), 1886-1899

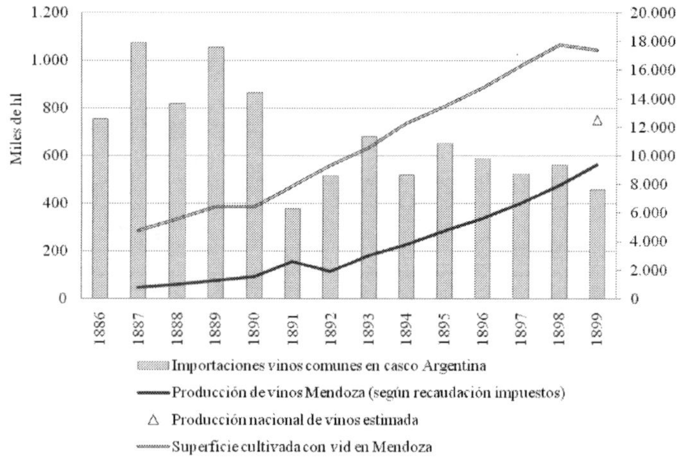

Elaboración propia sobre la base del Centro Vitivinícola Nacional (1914, p. XXV); Martín (1992, p. 258) (producción de vino de Mendoza estimada a partir de rendimientos de la vid para 1887-1899).

En el Gráfico 5 se aprecia que, a medida que aumentaba la producción de vinos (que seguía el ritmo sostenido del incremento de las hectáreas plantadas con vid), caían las importaciones. Justamente, el principal derrumbe se observa durante la crisis (en 1891) y probablemente coincidió con la maduración de las inversiones de la década previa; a partir de entonces, las importaciones no pasaron la barrera de los 720.000 hl. Por el contrario, cayeron cada vez más hasta perforar el piso de los 520 hl en 1899. Entonces, el volumen de la producción nacional —que había recibido el estímulo de las políticas públicas de promoción y el proteccionismo arancelario— estaba en condiciones de satisfacer el total de la demanda de los inmigrantes de origen europeo en una etapa de rápida expansión del consumo nacional. Se había completado el proceso de sustitución de importaciones de vino e iniciado una etapa de progreso y expansión de la vitivinicultura argentina que, en la víspera del primer centenario de la República, se ubicaría entre los principales países productores de vino del mundo.

Conclusiones

Para cerrar estas páginas, conviene integrar la coyuntura de la crisis del noventa en una perspectiva de más largo plazo. La historiografía ha reconocido que la vitivinicultura se transformó, al menos para las dirigencias políticas mendocinas, en una apuesta productiva desde el decenio de 1870 frente al derrumbe de otras actividades económicas vinculadas al comercio con Chile y otras provincias del país, que terminaron por consolidar la escasez de circulante y la penuria fiscal del Estado provincial. El sector vitivinícola mendocino se desarrolló, en parte, por los cambios en la oferta local (a partir de nuevas plantaciones de vid, técnicas modernas de cultivo y elaboración de vinos, organización del sistema de riego, exenciones impositivas y crédito público) y la creciente demanda nacional de los inmigrantes de ultramar (que coincidió con el período de mayor cantidad de ingreso de personas). Pero también el sector se favoreció, además de estas políticas públicas de promoción y de la conexión ferroviaria, de un fuerte intervencionismo estatal que tuvo como elemento central los gravámenes a los artículos extranjeros con los que competía.

Vista en este marco, la crisis aceleró un proceso de transformación que estaba en ciernes. Si observamos los indicadores del sector, notaremos que tanto la producción de vinos como el área cultivada con vid crecían previo a 1890 y —a pesar de los beneficios impositivos otorgados— la mayor actividad económica había comenzado a repercutir en la recaudación del impuesto a las patentes de bodegas.

En este clima de optimismo, el Estado provincial contrató un empréstito en el exterior para crear el Banco de la Provincia de Mendoza, cuya principal función era impulsar el desarrollo vitivinícola.

Al sobrevenir el colapso, las autoridades provinciales se enfrentaron a la imposibilidad de hacer frente al pago de los servicios de la deuda externa. La crisis financiera devino en crisis económica cuando los efectos comenzaron a advertirse en la caída de la producción, el empleo y los ingresos fiscales. Las voces de los nuevos y reconvertidos empresarios también se levantaron para solicitar apoyo. Sin embargo, un análisis minucioso de la dinámica económica entre 1891 y 1894 muestra que el crecimiento en la producción de vinos se dio como respuesta a la caída de importaciones luego del cimbronazo inicial, reacción esperable dadas la depreciación del tipo de cambio, la salida de los circuitos financieros internacionales y la necesidad de equilibrar la balanza comercial. Cabe notar la existencia de cierta correlación entre la *performance* de las importaciones de vinos comunes y la suba de los aranceles —justificada inicialmente por razones fiscales. A pesar de las barreras "naturales" impuestas por la depreciación de la moneda, la caída del precio internacional del vino y el costo del flete, el proteccionismo fue reforzado con un aumento significativo en los gravámenes. La tasa efectiva aumentó y permaneció muy alta (alcanzó el 156 % en 1894), esto es, en relación con su evolución histórica, y mucho más aún con las de otros países. Luego de 1895, los volúmenes importados nunca recuperaron los niveles previos, dando la posibilidad a los vinos de Mendoza de expandirse hacia centros de consumo alejados de la región circundante.

El saldo de la crisis dejó elementos positivos en el plano fiscal. La gravedad de la situación habilitó —por ley provincial— la colocación de un impuesto específico al vino (que implicó un aumento de m$n 0,12 por hl cobrado por patente de bodegas en 1890 a 0,40 del nuevo impuesto a los frutos del país en 1891), que pronto se convirtió en el principal recurso de origen propio del Estado de Mendoza. Asimismo, el congreso estableció el mismo año un impuesto nacional a los alcoholes (aunque con una alícuota menor). En este sentido, parece claro que los esfuerzos que los estados central y provincial hicieron por apuntalar al sector fueron retribuidos, más temprano que tarde, vía ingresos fiscales.

La resolución de los conflictos abiertos por la cesación de pagos de la deuda externa redundó en beneficios para el estado provincial. Gran parte del capital que había sido constituido con fondos del empréstito fue destinado a aumentar la oferta de préstamo a inversores vitivinícolas y a financiar los presupuestos públicos mediante la emisión de letras de tesorería, aun en la etapa inicial de la crisis; entretanto, los pagos a los acreedores se mantenían suspendidos. Recién en 1900, el gobierno provincial concretó un acuerdo con el nacional para la transferencia de las obligaciones externas. De modo que la provincia ganó un instrumento financiero, cuya única contraprestación durante la vigencia de la crisis, probablemente, fue la aceptación del cobro de impuestos internos al vino por parte de la nación.

Finalmente, sabemos que la crisis de 1890 dio lugar a un nuevo orden económico que perduraría hasta la Gran Depresión de 1930. Las reformas institucionales implementadas potenciaron las condiciones externas e internas favorables para la expansión vitivinícola, sobre la base de un proceso exitoso de sustitución de importaciones que dotó a la economía provincial de nuevas fuentes de riqueza e ingresos públicos. Se cumplieron entonces los anhelos de las dirigencias políticas que veían en la producción de vino la única actividad capaz de conseguir el progreso económico y social de Mendoza.

Fuentes primarias

Bunge, A. (1918). Intercambio de la República Argentina en los años 1910 a 1917 (contribución a una política económica internacional argentina). Buenos Aires.

Centro Vitivinícola Nacional (1914). *La viti-vinicultura argentina en 1910.* Buenos Aires: Talleres gráficos de Robles & Cía.

Diario *La Industria* (1912). Mendoza.

Ministero di Agricoltura, Industria e Commercio. Ufficio di statistica agraria (1914). *Il vino in Italia. Produzione-Commercio con l'estero-Prezzi.* Roma: Tipografia Ditta Ludovico Cecchini.

Poder Ejecutivo (1894). *Tarifas de Aduana. Estudios y antecedentes para su discusión legislativa por la Comisión Revisora nombrada por el Poder Ejecutivo.* Buenos Aires: Compañía Sudamericana de Billetes de Banco.

Provincia de Mendoza (1873). Mensaje pasado por el Poder Ejecutivo de la provincia a la Legislatura al abrir el primer período de sus sesiones ordinarias de 1873. Mendoza: Imprenta El Constitucional.

Provincia de Mendoza (1888). Mensaje del gobernador de la Provincia al abrir el primer período de sesiones ordinarias de la Honorable Cámara Legislativa en 3 de febrero de 1888. Mendoza: Tipografía a Vapor Bazar Madrileño.

Provincia de Mendoza (1893). Mensaje del Gobernador de la Provincia a la H. C. Legislativa al abrir el primer período de sesiones ordinarias de 1893. Mendoza: Tipografía a vapor Los Andes.

Provincia de Mendoza (1895). Mensaje leído por el Sr. Gobernador de la Provincia de Mendoza D. Francisco J. Moyano en la apertura de las sesiones de la H. Legislatura el 3 de febrero de 1895. Mendoza: Imprenta de El Porvenir.

Provincia de Mendoza (1901). Discurso leído por el gobernador electo de la Provincia de Mendoza señor Elías Villanueva al jurar el cargo ante la Asamblea Legislativa el 6 de marzo de 1901. Mendoza: Casa Mickes.
Provincia de Mendoza (1906). Anuarios de la Dirección General de Estadísticas de la Provincia de Mendoza correspondiente al año 1906. s/d.
Provincia de Mendoza (1914). Anuarios de la Dirección General de Estadísticas de la Provincia de Mendoza correspondiente al año 1913. Mendoza: Establecimiento gráfico La Tarde.
Provincia de Mendoza (1916). Anuario de la Dirección Provincia de Estadísticas de la Provincia de Mendoza correspondiente al año 1914. Mendoza: Imprenta y Encuadernación La Tarde.
República Argentina (1891a-1896). Boletín del Ministerio de Agricultura de la Nación. Buenos Aires.
República Argentina (1891b). Memoria del Honorable Departamento de Hacienda correspondiente al año 1890 presentada al Honorable Congreso Nacional en 1891, t. I. Buenos Aires, Imprenta Sud América.

Referencias bibliográficas

Alonso, P. (2010). *Jardines secretos, legitimaciones públicas. El Partido Autonomista Nacional y la política argentina de fines del siglo XIX*. Buenos Aires: Edhasa.
Balán, J. (1978). Una cuestión regional en la Argentina: burguesías provinciales y el mercado nacional. *Desarrollo Económico, 18*(69), 49-87.
Barrio, P. (2010). *Hacer vino. Empresarios vitivinícolas y Estado en Mendoza (1900-1912)*. Rosario: Prohistoria Ediciones.
Chiaramonte, J. C. (2012). *Nacionalismo y liberalismo económicos en Argentina, 1860-1880*. Buenos Aires: Edhasa.

Coria López, L. A. (2006). "El siglo anterior al boom vitivinícola mendocino (1780-1883)". *Universum. Revista de Humanidades y Ciencias Sociales, 2*(21), 100-123.

Coria, L. A. y Ferrari, D. (2002). *Las finanzas públicas mendocinas en las tres décadas anteriores a la Primera Guerra Mundial*. XVIII Jornadas de Historia Económica. Mendoza.

Coria, L. A. y Fortin de Iñones, L. (1994). "El boom vitivinícola mendocino (1883-1912) y la acción del Estado". *Actas de las Jornadas de Ciencias Económicas 1994. Universidad Nacional de Cuyo*, 324-336.

Cortés Conde, R. (1989). *Dinero, deuda y crisis. Evolución fiscal y monetaria en la Argentina*. Buenos Aires: Editorial Sudamericana.

Della Paolera, G. y Taylor, A. (2003). *Tensando el ancla. La caja de conversión argentina y la búsqueda de la estabilidad macroeconómica, 1880-1935*. Buenos Aires: Fondo de Cultura Económica.

Duncan, T. (1983). "La política fiscal durante el gobierno de Juárez Celman, 1886- 1890: una audaz estrategia financiera internacional". *Desarrollo Económico, 23*(89), 11-34.

Federico, G. y Tena-Junguito, A. (2016). "World Trade, 1800-1938: a New Data-set". *HES Working Paper in Economic History, 93*, 1-300.

Fernandez, A. (2001). *Las exportaciones españolas a la argentina: un enfoque comparativo (1880-1935)* (tesis de doctorado). Barcelona: Universidad de Barcelona.

Fernández, A. (2004). *Un "mercado étnico" en el Plata. Emigración y exportaciones españolas a la Argentina, 1880-1935*. Madrid: Consejo Superior de Investigaciones Científicas.

Ferns, H. S. (1992). "The Baring Crisis Revisited". *Journal of Latin American Studies, 24*, 241-273.

Ford, G. A. (1969). "Argentina y la crisis de Baring de 1890". *Revista de Economía y Estadística, 13*(3-4), 133-167.

Gerchunoff, P.; Rocchi, F. y Rossi, G. (2008). *Desorden y progreso. Las crisis económicas argentinas, 1870-1905*. Buenos Aires: Edhasa.

Hora, R. (2009). "La política económica del proteccionismo en la Argentina, 1870-1914". *Investigaciones y Ensayos, 58*, 237-283.

Hora, R. (2010). *Historia económica de la Argentina en el siglo XIX*. Buenos Aires: Siglo XXI.

Llach, L. (2007). *The Wealth of the Provinces: The Rise and Fall of the Interior in the Political Economy of Argentina, 1880-1910* (tesis inédita de doctorado). Cambridge: Harvard University.

Marichal Salinas, C. (2010). *Nueva historia de las grandes crisis financieras. Una perspectiva global, 1873-2008*. Buenos Aires: Debate.

Martín, J. F. (1992). *Estado y empresas. Relaciones inestables. Políticas estatales y conformación de una burguesía industrial regional*. Mendoza: EDIUNC.

Mateu, A. M. (1995). "Bancos, crédito y desarrollo vitivinícola". *Cuadernos de Historia Regional*, Universidad Nacional de Luján, *17-18*, 113-162.

Míguez, E. (2008). *Historia económica de la Argentina. De la conquista a la crisis de 1930*. Buenos Aires: Sudamericana.

Míguez, E. (2011). "Las crisis argentinas en perspectiva histórica". *Boletín del Instituto de Historia Argentina y Americana Dr. Emilio Ravignani, 33*, 263-274.

Ministero di Agricoltura, Industria e Commercio. Ufficio di statistica agraria (1914). *Il vino in Italia. Produzione-Commercio con l'estero-Prezzi*. Roma: Tipografia Ditta Ludovico Cecchini.

Moyano, D. (2023). "Los comienzos del Banco de la Nación Argentina: Crisis y resurrección de la banca pública (1891-1914)". En Regalsky, A. y Rougier, M. (coords.). *1891-2022. Historia del Banco de la Nación Argentina y su papel en la promoción del desarrollo* (pp. 17-46). Buenos Aires: BNA.

Olarra Jiménez, R. (1968). *Evolución monetaria argentina.* Buenos Aires: Eudeba.

Olguín, P. (2024). "¿Élites o productores modestos? El perfil de los empresarios que integraron las asociaciones gremiales de la vitivinicultura argentina en la primera mitad del siglo XX". En Bragoni, B. y Mellado, V. (Comps.), *Un estado provincial en transformación: política, administración y cultura. Mendoza, 1870-1940.* Buenos Aires: Prometeo.

Olguín, P. y Bragoni, B. (2020). "Salarios reales y subsistencia de los trabajadores de Mendoza durante la gran expansión (Argentina, 1890-1914)". *Revista de Historia Económica-Journal of Iberian and Latin American Economic History*, 1-28. Doi: 10.1017/S0212610920000051

Olguín, P. y Rayes, A. (2023). *La protección efectiva del vino en Argentina, 1886-1913.* XIV Jornadas Uruguayas de Historia Económica. Montevideo: AUDHE.

Prieto, M. del R. y Chorén, S. B. (1990). "Trabajo y comportamientos familiares. Los sectores populares criollos en una ciudad finisecular. Mendoza, 1890-1900". *Xama, 3*, 175-194.

Rayes, A. (2018). "The Other Side of Argentine Foreign Trade: Sources for the Study of Imports". *Revista de Historia Económica–Journal of Iberian and Latin American Economic History (RHE-JILAEH), 36*(1), 27-51.

Rayes, A. (2021a). "Una Hidra de Lerna. La política arancelaria argentina, c. 1863-1923". *Desarrollo Económico. Revista de Ciencias Sociales, 61*(234), 125-150.

Rayes, A. (2021b). "En busca del equilibrio. Las Comisiones Revisoras de leyes aduaneras en Argentina, 1894-1907". *Revista de Historia Social y de las Mentalidades, 25*(1), 111-152.

Rayes, A., Castro, R. e Ibarra, F. (2020). "Números oscuros. La valoración de las importaciones argentinas, c. 1870-1913". *Revista Uruguaya de Historia Económica, 17*(1), 25-48.

Regalsky, A. (2011a). "Comentario sobre "Las crisis argentinas en perspectiva histórica", de Eduardo Míguez". *Boletín del Instituto de Historia Argentina y Americana Dr. Emilio Ravignani, 33,* 290-292.

Regalsky, A. (2011b). "El proceso económico". En E. Míguez (dir.), *Argentina. La apertura al mundo* (pp. 151-206). Lima: Mapfre-Taurus.

Richard Jorba, R. (2000). "El desarrollo de los núcleos empresariales y las transformaciones económicas y espaciales, 1850-1890. Contribución para una geografía histórica de Mendoza". *Travesía, 3-4,* 251-282.

Richard Jorba, R. (2012). "Modernización capitalista y pobreza en Mendoza, Argentina. Desarrollo agroindustrial y condiciones de vida de los sectores populares, 1890-1918". *Antitesis, 5*(9), 441-474.

Richard-Jorba, R. (2003). "Transformaciones en la región centro-oeste de la Argentina. De un espacio económico binacional a la formación de la "economía regional" vitivinícola y la integración al mercado nacional: Mendoza y San Juan, 1870-1914". *Andes, 14,* 277-313.

Rocchi, F. (1998). "El imperio del pragmatismo: intereses, ideas e imágenes de la política industrial durante el orden conservador". *Anuario IEHS, 13,* 99-130.

Sánchez Román, J. A. (2005). *La dulce crisis: Estado, empresarios e industria azucarera en Tucumán, Argentina (1853-1914).* Sevilla: Diputación de Sevilla.

Supplee, J. E. (1988). *Provincial Elites and the Economic Transformation of Mendoza, Argentina: 1880-1914* (tesis de doctorado). The University of Texas at Austin.

Varo, R. (1986). "Crisis de 1890. Participación de la Provincia de Mendoza. Aspectos fiscales y de endeudamiento público". *Anales de la Asociación Argentina de Economía Política,* Salta.

Vázquez Presedo, V. (1971). *Estadísticas históricas argentinas comparadas. Primera parte, 1875-1914.* Buenos Aires: Macchi.

Guerra, crisis económica y comportamiento industrial

Algunas evidencias sobre las industrias argentinas, 1913-1918

Claudio Belini[1]

En las últimas décadas, se ha fortalecido en la memoria histórica de nuestra sociedad una representación sobre el desarrollo económico del país en la que el periodo de crecimiento basado en la exportación de bienes primarios del último tercio del siglo XIX y las primeras décadas del siglo XX es presentado como una era dorada, que habría permitido a la Argentina transformarse en una de las economías de mayor ingreso per cápita del mundo. Esta narrativa se nutrió de la revisión de ese periodo por la historiografía como en el comportamiento menos virtuoso de la economía nacional a partir de la segunda mitad del siglo XX y el decididamente mal desempeño de los últimos cincuenta años que el país no logra superar. En efecto, en la historia reciente, los períodos de crecimiento han sido cortos y fueron precedidos y sucedidos por ciclos más prolongados de estancamiento que culminaron en estallidos de complejas crisis económicas y financieras. Asimismo, las respuestas de los actores económicos y sociales a estas crisis y las políticas estatales que surgieron de los balances de poder originaron

1 CONICET-Instituto de Historia Argentina y Americana "Dr. Emilio Ravignani", Programa de Estudios de Historia Económica y Social Americana (PEHESA), Facultad de Filosofía y Letras, Universidad de Buenos Aires y Facultad de Ciencias Económicas (UBA).

grandes transferencias intersectoriales del ingreso, con un grave deterioro de los indicadores de pobreza e indigencia.

Si bien desde la década de 1980 ha predominado una corriente interpretativa en la historiografía que revalorizó el crecimiento primario exportador de las economías más grandes de América Latina, en pocas ocasiones se ha reflexionado sobre la inestabilidad de esas economías con anterioridad a 1929. Más recientemente, y en gran medida por el impacto de las crisis latinoamericanas de la segunda mitad de la década de 1990, el *crack* de Lehman Brothers (2008) y la gran recesión que le siguió en Europa, Asia y América Latina, se han comenzado a reevaluar los problemas de las economías primario-exportadoras durante la "primera globalización".

Entre 1880 y 1930, la Argentina fue una de las economías de más rápido crecimiento en el mundo. El crecimiento del comercio mundial, el aumento de la inversión extranjera, la inmigración europea y la fertilidad excepcional de las pampas animaron un acelerado aumento de las exportaciones, la urbanización temprana y la modernización económica y social. Así, desde 1902 hasta 1913, la economía argentina creció a una tasa anual del 7 %, alcanzando un hito histórico. Según la interpretación dominante, este crecimiento habría impulsado un proceso de diversificación de la economía, alentando el surgimiento de la industria moderna (Gallo, 1970; Geller, 1975; Díaz Alejandro, 1975; Cortés Conde, 1997; Rocchi, 2006; Pineda, 2009). El comienzo de la Primera Guerra Mundial y sus consecuencias provocaron una de las crisis económicas más profundas y extensas en la Argentina.

Este capítulo tiene como objetivo analizar el impacto de la Gran Guerra en la economía argentina, con especial referencia al sector manufacturero. Retomando las discusiones clásicas sobre la guerra y desempeño de la economía de la Argentina en el largo plazo (Di Tella y Zymelman, 1967; Díaz Alejandro, 1975; O'Connell,

1984; Cortés Conde, 1997 y 2006, Gerchunoff, 2016), este trabajo se centra en las respuestas que se dieron desde el punto de vista macroeconómico y en el comportamiento del sector industrial durante esos años.

Sostenemos que hacia 1914 el sector industrial local daba cuenta de las particularidades de la dotación de los recursos naturales con los que contaba el país y que ello introdujo limitaciones importantes a la hora de promover nuevos eslabonamientos hacia atrás y hacia adelante, que alentaran una mayor diversificación industrial. La gravedad de los efectos de la Guerra sobre la economía local, con el incremento de la desocupación y la caída de los salarios reales, condicionaron el desempeño industrial y modelaron expectativas algo pesimistas sobre el futuro del sector. En segundo lugar, las respuestas de los gobiernos de Victorino de la Plaza e Hipólito Yrigoyen a la crisis de 1913-1917 consistieron en la aplicación de políticas económicas procíclicas que profundizaron las tendencias depresivas de la economía. Por tanto, los eslabonamientos productivos, lejos de constituir fenómenos automáticos (como asume la teoría del bien primario exportable), habrían demandado un entorno macroeconómico más favorable al sector manufacturero. Si bien el cierre temporal del comercio de importación, la escasez de algunos productos y la elevación de precios actuaron como una barrera protectora, la caída de los salarios y las dificultades económicas limitaron las ventajas a pocos sectores y algunos actores económicos.

La primera parte del trabajo evalúa sintéticamente la expansión agroexportadora de la economía argentina entre 1880 y 1913. El análisis del impacto de la crisis de 1913-1917 sobre la economía local es el tema del segundo apartado. Se analizan allí las consecuencias económicas y sociales de la crisis y las respuestas que dieron los gobiernos argentinos, en el marco de las mutaciones del régimen político a partir de la sanción de la ley de sufragio universal masculino, obligatorio y secreto que por primera vez rigió la elección presidencial de 1916. La tercera parte se concentra en el impacto de la Guerra sobre el sector manufacturero, presentando datos sobre la evolución de los principales productos. Por último, presentamos unas consideraciones finales sobre la cuestión y exploramos aspectos que requieren mayor consideración.

La economía argentina durante la gran expansión

Entre 1880 y 1913, la economía argentina experimentó una etapa de cambios sin precedentes. Gracias a las transformaciones producidas por la Segunda Revolución Industrial en la tecnología de los transportes y la imposición del patrón oro, se conformó una verdadera economía mundial en la segunda mitad del siglo XIX. La expansión del comercio mundial y de los mercados financieros de Europa noroccidental crearon las condiciones para la integración de diversas regiones del globo al sistema capitalista mundial. En ese contexto, la Argentina se integró al mercado mundial como productora y exportadora de materias primas (lanas, cueros, cereales y carnes bovinas) al tiempo que se consolidaba una economía capitalista de alcance nacional.

La formación de una economía nacional unificada, de los mercados de factores (tierra, trabajo y capital) y la modernización del sistema de transportes y comercio se beneficiaron de la llegada masiva de inmigrantes, fundamentalmente italianos y españoles, y del arribo de capitales extranjeros atraídos por las nuevas oportunidades abiertas en una economía en expansión. Entre 1865 y 1914, la superficie sembrada creció a una tasa anual de 8,3 %; el valor de las exportaciones, un 6,1 %; las importaciones, un 5,4 %, la red ferroviaria argentina ascendió a una tasa del 15,4 % y la población, a un ritmo de 3,3

% anual. En conjunto, el PBI ascendió a una tasa del 5 % anual a lo largo de casi cincuenta años (Díaz Alejandro, 1975). Medido en términos de PBI per cápita, la Argentina se convirtió hacia 1930 en una de las naciones más ricas del globo (Madisson, 1997). Los datos estadísticos son elocuentes y muestran el fuerte dinamismo de la economía argentina.

Por supuesto, el crecimiento no fue homogéneo a lo largo de todo el periodo.[2] Como área periférica de la economía mundial, la Argentina padeció las crisis cíclicas del capitalismo decimonónico. La doble dependencia de la demanda mundial de sus productos y del arribo de los capitales extranjeros, que llegaban al país bajo la forma de empréstitos a los estados federal y provinciales, o bien como inversiones en empresas de propiedad extranjera en los transportes, el comercio y las finanzas, hicieron que la economía local fuera muy sensible a las crisis financieras de 1873, 1890, 1913 y 1929. Más aún, la exitosa inserción en los circuitos financieros internacionales y el fuerte endeudamiento de la Argentina permitieron que el país desempeñara un papel destacado en la crisis de 1890. En efecto, la cesación de pagos del gobierno argentino fue lo que provocó la quiebra de la Baring Brothers y el pánico en el mercado de Londres (Ford, 1969; Cortés Conde, 1989; Della Paolera y Taylor, 2003; Gerchunoff, Rocchi y Rossi, 2008). El regreso argentino al mercado de capitales mundiales demandó algo más de un decenio de complejas y duras negociaciones, alguna de ellas con repercusiones políticas internas,

---

2 La expansión tampoco fue homogénea a nivel regional. Por el contrario, el litoral fortaleció su dinamismo en detrimento del noroeste del país, que antes del siglo XIX había ocupado un papel de mayor importancia como proveedora de animales y mano de obra al Alto Perú. Claro que con el inicio de la guerra por la independencia, a partir de 1810, y la apertura comercial, la expansión ganadera bonaerense había volcado a favor del litoral el equilibrio regional. Sin dudas, este proceso se acentuó a partir de 1860 con la unificación conducida por Buenos Aires y la conformación de un mercado nacional.

lo que indudablemente debió influir en las autoridades económicas a la hora de evaluar las alternativas frente a la crisis y la decisión de mantener el pago de los intereses de la deuda tanto en 1914 como en 1929.

En el Gráfico 1 se representa el impacto de las crisis internacionales sobre la economía argentina durante los años de la "primera globalización".[3] Considerando la profundidad de las crisis, Albrieu y Fanelli (2008) han sostenido que las que comenzaron en 1890, 1913 y 1929 tuvieron un impacto apreciable en la economía argentina. Aunque las recesiones de 1866 y 1873-1877 han concitado el interés de los historiadores por sus consecuencias sobre la producción lanera exportable y el aliento al debate de ideas con el repentino y fugaz ascenso del proteccionismo, apenas se destacan como coyunturas marcadas por recesiones cortas.[4] Por el contrario, a partir de 1890, la economía argentina sufrió más crudamente las crisis internacionales. La más grave de ellas parece haber sido la provocada por la Gran Guerra, cuando la contracción del ingreso per cápita fue de un 26,5 %.[5]

---

3 Entendemos como "crisis" a una caída apreciable del PBI per cápita, del orden del 6 %, durante un periodo no menor a dos años. Wolf (2004) y Albriey y Fanelli (2008).

4 Chiaramonte (1970) y Panettieri (1984).

5 Albrieu y Fanelli (2008) presentan estimaciones del orden del 34 %. También incluyen la recesión de 1880-1881, apenas tratada por la historiografía, con una declinación del 6 % del ingreso per cápita.

Gráfico 1. Profundidad de las crisis internacionales en la economía argentina. Caídas del PBI per cápita, Us$ de 1990

Fuente: elaboración propia con base en The Maddison-Project, https://tinyurl.com/yfdrmykc

La crisis iniciada en 1913 se prolongó durante cuatro años, pero su impacto no se limitó a ese periodo. A la economía argentina, que era entonces el mercado más grande y rico de la región, le tomó diez años superar los niveles previamente alcanzados de PBI per cápita.[6] Solo las economías más pequeñas de Uruguay y Chile, que conformaban con la Argentina el bloque de naciones del cono sur más abierto al comercio mundial, tuvieron un comportamiento similar. En cambio, Brasil y México parecen haber sufrido en menor medida el impacto de la guerra, aunque el último país se había sumergido a partir de 1910 en un proceso revolucionario que tuvo consecuencias económicas (Haber,

6 Un comportamiento similar de la economía argentina se repitió con la Gran Depresión.

1989; Gómez Galvarriato, 2016). A nivel de América Latina, el impacto de la crisis pareció ser más breve: para 1920, el promedio latinoamericano superó el máximo anterior alcanzado también en 1913.[7] Parece claro que para las economías latinoamericanas donde el crecimiento impulsado por las exportaciones fue más dinámico, la Guerra marcó el comienzo de otra etapa, marcada por mayores dificultades.

Gráfico 2. Evolución del PBI per cápita de los países de América Latina, 1910-1929. En Us$ de 1990

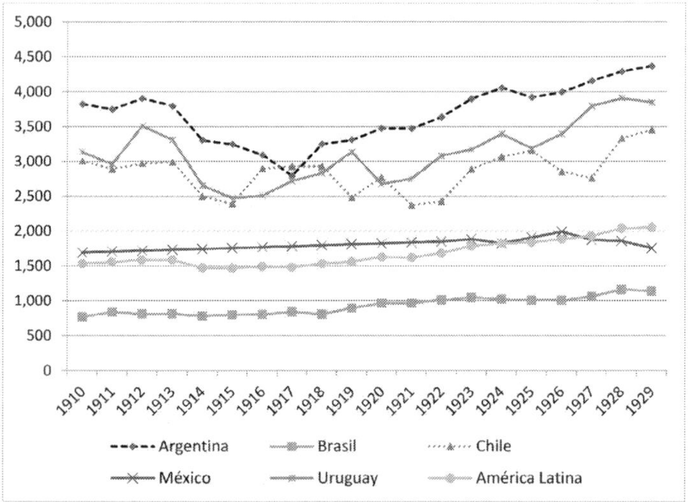

Fuente: elaboración propia con base en The Maddison-Project, https://tinyurl.com/yfdrmykc

7 El promedio latinoamericano incluye Argentina, Brasil, Chile, Uruguay, Perú, Colombia, Venezuela y México.

El impacto de la Gran Guerra sobre la Argentina

La Gran Guerra clausuró una etapa en la economía internacional caracterizada por un fuerte incremento del comercio de bienes y servicios, el flujo de capitales y las corrientes migratorias que se desplazaban desde Europa hacia el otro lado del Atlántico. Si bien pocos lo percibieron en ese momento, la Gran Guerra resquebrajó el sistema al poner fin a la hegemonía británica y fortalecer las tendencias proteccionistas que desde finales del siglo XIX se venían acentuando en Europa, Estados Unidos y Japón. El patrón oro, base del sistema de comercio multilateral, fue abandonado por las principales naciones y recién en la década siguiente se reimplantaría bajo formas algo diferentes. El orden económico que emergió al final del conflicto resultó más inestable y acentuó tensiones en la economía internacional que engendrarían la Gran Depresión.

Para la Argentina, estos cambios fueron problemáticos. La economía local se había beneficiado de la gran expansión del comercio y las finanzas mundiales. La fertilidad de las pampas y el ingreso masivo de capitales extranjeros y de inmigrantes europeos habían alentado una rápida modernización, permitiendo al país integrarse al mercado mundial como uno de los principales exportadores de carnes y cereales. A partir de 1870, esta región marginal del continente americano logró organizarse políticamente, consolidar el Estado nacional y transformar su estructura económica de forma tal que la Argentina redujo la brecha que la separaba de las naciones con mayor ingreso per cápita hasta 1914. Con el estallido de la Guerra, se inició otra era, marcada por una pérdida de dinamismo de la economía agroexportadora y crecientes dificultades en el mercado mundial de productos primarios, lo que indudablemente estuvo vinculado a la declinación de su socio comercial: Gran Bretaña.

A pesar de que existe consenso respecto de que 1914 constituyó un momento de quiebre en la evolución económica de la Argentina, no contamos con estudios específicos sobre la economía local durante el primer gran conflicto bélico del siglo XX.[8] En realidad, la crisis económica de 1913 y 1917 puede enmarcarse en los ciclos económicos que caracterizaron a la economía argentina y que Raúl Prebisch describiría con detalle a finales de la década de 1920 (O'Connell, 2001). En efecto, la economía agroexportadora era muy dependiente del mercado externo en dos variables centrales: la demanda de productos de exportación y el arribo de capitales extranjeros para financiar el capital social fijo y el Estado. Como señaló O'Connell (1984) para la crisis de 1929, la caída de los precios de las *commodities* en el mercado mundial y la reversión de los flujos de capital extranjero constituyeron los mecanismos de transmisión de la crisis mundial a la economía argentina.

La primera dimensión por considerar sobre la crisis de 1913-1917 es entonces las dificultades de la balanza de pagos. La balanza comercial se vio bruscamente afectada por la pérdida de las cosechas de cereales en 1913, lo que provocó una importante caída del ingreso nacional. Con la crisis de los Balcanes, la corriente de capitales extranjeros se revirtió, en parte debido a la decisión del Banco de Inglaterra de incrementar los tipos de interés, creando dificultades en la cuenta capital. Ambos factores —bajo rendimiento de las cosechas y salida de capitales— provocaron una crisis que precedió a la Guerra y que estuvo marcada por el final de una burbuja especulativa sobre la tierra y las propiedades urbanas. La sobreexpansión del crédito bancario, que había estimulado la especulación sobre el valor de la tierra, tocó su fin, y se inició una etapa de quiebras, ejecuciones de

---

8 Merece destacarse el libro de Guido Di Tella y Manuel Zymelman (1967), quienes indagaron con mayor detenimiento el impacto de la Guerra en el mediano plazo. Siguiendo a Rostow (1960), estos autores aplicaron a la Argentina el modelo descriptivo del desarrollo económico propuesto por aquel autor. Al insertar una etapa de "demora", entre 1914 y 1929, como una especificidad de la historia económica argentina, entre la etapa de preparación de las condiciones y el despegue, estudiaron con detalle la evolución económica argentina en esos años.

hipotecas y liquidación de negocios que afectó severamente el nivel de actividad interno. Según un funcionario del Ministerio de Hacienda, "el abuso del crédito había llegado al extremo de usarse en varios bancos por sumas que en conjunto representaban el doble y hasta más del triple de la responsabilidad real del deudor".[9]

Unos meses más tarde, en agosto de 1914, la declaración de la Guerra profundizó las expectativas negativas sobre el futuro del comercio exportador, incrementó el costo de los fletes y modificó la demanda en los mercados europeos, todo lo cual se tradujo en una caída apreciable del volumen de las exportaciones. Los productos agrícolas, de gran volumen y bajo precio unitario, fueron los principales perjudicados por la escasez de bodegas, en tanto que la venta al extranjero de carnes congeladas y enlatadas mejoró su perspectiva. En la medida en que los cereales constituían una buena parte del valor de las exportaciones argentinas, la caída de las ventas tuvo un efecto muy negativo sobre el sector externo. Para una economía abierta como la argentina, en donde las exportaciones representaban el 29 % del PBI, la contracción del comercio exterior tuvo efectos muy negativos sobre el nivel de actividad interna y la demanda del mercado doméstico. Entre 1913 y 1917, el PBI se contrajo un 20 %. La caída fue también muy importante en términos de PBI per cápita, que descendió un 26,5 % en el mismo período. La recesión iniciada en 1914 fue profunda y prolongada, superando incluso la declinación producida durante la Gran Depresión, cuando el PBI per cápita se contrajo un 20 % entre 1929 y 1932.

Las dificultades para exportar cereales debido a la escasez de bodegas fueron acompañadas por dos malas cosechas, en 1913-14 y 1916-1917, todo lo cual acentuó la pérdida del peso de estos rubros en las exportaciones. Incluso, esta situación condujo al gobierno nacional a prohibir la

---

9 Carlos Soares (1916). *Economía y finanzas de la nación argentina, 1903-1916* (p.10). Buenos Aires: Talleres Gráficos Rodríguez Giles.

exportación de trigo y harina en 1914 y 1917, el principal rubro de las ventas externas. No obstante ello, la creciente demanda europea de alimentos elevó los precios de estos productos de manera notable (Hardach, 1986, pp. 129-165 y pp. 316-321). La agricultura argentina no sacó mucho provecho de la coyuntura porque la escasez y el encarecimiento de los fletes redujeron los ingresos del sector. En contraste, las exportaciones de carne congelada y las conservas, productos de mayor peso y valor agregado, acrecentaron su participación en la composición de las exportaciones. En conjunto, el balance comercial pasó del déficit de 1913 y 1914 a un importante superávit a partir de 1915. Sin embargo, este resultado fue el producto de la profunda caída de las importaciones entre 1915 y 1918, antes que de la mejora del desempeño de las exportaciones argentinas.

Las dificultades del sector externo provocaron cambios importantes en el ordenamiento monetario y financiero del país. Inicialmente, la salida de capitales, la multiplicación de las quiebras y la caída de la actividad económica obligaron al gobierno de Victorino de la Plaza —sucesor del presidente Roque Sáenz Peña— a sancionar un conjunto de "leyes de emergencia", entre las que se destacó la suspensión del patrón oro y el cierre de la Caja de Conversión, y la atribución conferida al Banco de la Nación Argentina para emplear el fondo de conversión con el objetivo de redescontar documentos comerciales, un mecanismo que se proponía atemperar la escasez de circulante (Weinmann, 1994, p. 40). En cambio, no se echó mano a la autorización conferida a la Caja de Conversión para emitir moneda (Regalsky, 2023, pp. 55-56).

Con todo, la política fiscal buscó reducir el déficit fiscal y contener los gastos públicos que las autoridades consideraron no esenciales. Según Cortés Conde, entre 1912 y 1918, mientras los ingresos cayeron a una tasa anual de 14,6 %, los gastos se comprimieron un 12 % (Cortés Conde, 2005, p. 76). Tal vez movido por los efectos que había provocado las crisis de 1873 y 1890 en el largo plazo, las autoridades económicas rechazaron las propuestas destinadas a incrementar la emisión monetaria, emitir cédulas hipotecarias o suspender el pago de los intereses de la deuda externa. Lo que guiaba al gobierno conservador de De la Plaza y al radical de Yrigoyen fue la perspectiva de lograr, una vez normalizada la situación del mercado mundial, una mejora sustancial de la situación fiscal sobre la base del aumento de la recaudación de aduanas y la colocación de títulos públicos en Londres y Nueva York.

Como el gobierno se concentró particularmente en la reducción de los gastos y evitó medidas expansivas, lo que desde luego no se consideraba deseable desde el punto de vista de las corrientes dominantes en la economía, la escasez de circulante se acentuó entre 1913 y 1915 con sus efectos negativos sobre los tipos de interés y la actividad económica. Recién con la mejora de la balanza comercial se volvió a contar con mayor liquidez monetaria. A partir de 1915, el superávit de la balanza comercial y el ingreso de oro del extranjero no solo mejoraron la situación, sino que alentaron la apreciación de la moneda inconvertible. Las fluctuaciones del valor de la moneda volvieron a estar presentes en el periodo de posguerra hasta que una nueva apreciación condujo al retorno al patrón oro en 1927.

Además de los problemas monetarios, durante la Guerra creció el déficit fiscal, acentuando el desequilibrio previo. La caída de las importaciones y de la actividad productiva redujo los ingresos fiscales provenientes de la aduana y los impuestos internos. Si consideramos que los primeros constituían algo más del 50 % de los ingresos estatales, se aprecia la gravedad de la situación. Las políticas del presidente De la Plaza impusieron un recorte de los gastos públicos, los que sin embargo fueron claramente insuficientes para retornar a un equilibrio fiscal. A partir de 1916, Yrigoyen buscó también alcanzar el equilibrio fiscal, reimplantando los derechos de exportación, fundamentalmente a los productos ganaderos, que habían sido abandonados en la década de 1880 (Van Der Karr, 1974, pp. 27-82; Gerchunoff,

2016; Rayes, 2021). Cuando la gravedad del desequilibrio se acentuó, en 1918, Yrigoyen propuso la sanción del impuesto a la renta, un proyecto que implicaba una tímida mejora en el régimen fiscal. A pesar de ello, el tratamiento del proyecto quedó paralizado en el Congreso y luego de 1919 el propio gobierno lo abandonó (Sánchez Román, 2009). El Estado argentino recurrió entonces al financiamiento con diversos instrumentos del Banco de la Nación (Regalsky, 2023) y también al crédito externo. En este último caso, las condiciones internacionales solo posibilitaron realizar operaciones menores en Estados Unidos y a un tipo de interés alto (Weinmann, 1994). En suma, las políticas oficiales fueron marcadamente procíclicas y tuvieron como propósito alcanzar el equilibrio de las cuentas fiscales, la reducción de los gastos estatales y el incremento de los impuestos.

¿Qué sucedió con los sectores productivos? En el agro pampeano, los cambios en la composición de la demanda mundial y la evolución de los precios internacionales repercutieron con dureza. Ya en 1912, el agro pampeano se había visto agitado por el Grito de Alcorta, una "huelga" protagonizada por los chacareros, pequeños y medianos productores de cereales. Las menores cosechas de 1913-1914 y 1916-1917, y las dificultades para la exportación de esos productos, provocaron una severa crisis agrícola. La mejora de los precios relativos de los productos ganaderos impulsó el incremento de la superficie dedicada a la ganadería y acentuó las tensiones entre los productores del cereal (Gelman y Barsky, 2001). Las economías regionales también transitaron momentos difíciles. La depresión del mercado interno creó inconvenientes, pero estos se dieron sobre producciones regionales que ya exhibían algunos problemas vinculados con los límites ofrecidos por la demanda del mercado interno. Los casos más notables fueron los de la producción azucarera del noroeste del país y la producción vitivinícola cuyana, especialmente de la provincia de Mendoza.

La crisis económica, pero también la guerra entre las naciones europeas, provocaron un abrupto cambio en los saldos migratorios. La gran inmigración, que había impulsado el crecimiento de la población, cayó abruptamente. Entre 1914 y 1918, los saldos migratorios fueron negativos e implicaron una salida de casi 190.000 personas. Los problemas derivados del conflicto afectaron al conjunto de la sociedad, aunque no todos se vieron perjudicados de la misma manera y en el mismo grado. En particular, una amplia capa de asalariados enfrentó un drástico aumento de la desocupación entre 1914 y 1918. Antes de la crisis originada por la Guerra ya se registraba un cierto grado de desempleo estructural. Esta situación puede explicarse por las características del mercado de trabajo, que demandaba una creciente mano de obra no calificada, con amplia movilidad geográfica y ocupacional, satisfecha en su mayor parte por fuerza de trabajo estacional de origen inmigrante que alcanzó su máximo entre 1907 y 1913. En las ciudades del litoral pampeano, los jornaleros y peones, que no estaban ligados a ninguna rama específica de la economía, constituían el 30 % de la población masculina activa. Los trabajadores migraban de la ciudad al campo y viceversa de acuerdo a la época del año. Distintos estudios difieren en sus conclusiones sobre cómo afectaron estas características del mercado de trabajo la vida de los asalariados. Para Cortés Conde (1979), la alta movilidad era un mecanismo que permitía realizar "ajustes rápidos de la oferta y la demanda de trabajo". En cambio, Pianetto (1984) sostuvo que la fluctuación entre trabajos urbanos y rurales suponía una permanente inestabilidad laboral y períodos de desocupación. Esta situación se reflejó para el conjunto del país en los guarismos de desempleo de 5,1 % y 6,7 % para 1912 y 1913, respectivamente. Desde entonces, y aun con el cese del ingreso de inmigrantes, la desocupación inició un crecimiento acelerado, alcanzando su punto máximo en 1917, con un 19,4 % del total de la población del país sin trabajo (Pianetto, 1984).

Cuadro 1. Índices de salario real, costo de vida y ocupación en la Ciudad de Buenos Aires. Números índices

	Salario real	Costo de vida	Ocupación
1914	100	100	100
1915	89,7	107	98,2
1916	83,8	114,8	90,9
1917	72,1	135	85,1
1918	61,8	169,4	97,4
1919	83,8	159,6	102,4
1920	86,8	186,5	104,5

Fuente: elaboración propia con base en Comité Nacional de Geografía (1942). *Anuario Geográfico Argentino. 1941*. Buenos Aires.

El paro fue acompañado de otros procesos que provocaron una caída aguda del salario real. En efecto, durante los años de la Guerra, los precios de los productos de canasta básica se incrementaron notablemente, especialmente la carne, el pan y la vestimenta. Según las estimaciones de la Dirección General de Estadística, el costo de vida obrera se incrementó un 60 % durante la Guerra. Incluso, el consumo interno de carne, tradicionalmente alto, declinó.[10] Si bien los aumentos de los precios fueron acompañados por incrementos de salarios, los datos disponibles referidos solo a la Capital Federal muestran un grave deterioro del salario real del orden del 40 % entre 1914 y 1918.

Estos problemas se prolongaron durante la presidencia de Yrigoyen. El clima económico adverso retrajo la actividad sindical y la protesta obrera por mejoras en las condiciones de vida y trabajo hasta 1917 (Suriano, 2017). Entonces, comenzó un nuevo ciclo de conflictividad social, cuya reivindicación central estuvo dirigida a obtener una

---

10 L. Brewster Smith, Harry T. Collins y Elizabeth Murphy (1920). *The Economic Position of Argentina during the War* (pp. 10-12). Department of Commerce. Washington.

mejora del salario que compensara el deterioro producido en los años precedentes. En 1917, alrededor de 136.062 asalariados, el 46 % de la población obrera, participaron en los movimientos huelguísticos de la Ciudad de Buenos Aires. Las principales huelgas fueron protagonizadas por obreros ligados a los sectores de la economía agroexportadora: ferroviarios y marítimos (Falcón y Monserrat, 2000; Caruso, 2008). Los conflictos se extendieron al mundo rural. A partir de 1918, las tensiones en el agro pampeano se expresaron en la movilización de los chacareros y de los braceros. También estallaron huelgas en el agro extrapampeano, como fueron los conflictos protagonizados por los trabajadores de La Forestal en el norte santafecino y los peones de las estancias de la Patagonia. Esta nueva fase de protesta que se extendió hasta 1921 se dio en un contexto de cambios en los vínculos entre el gobierno radical y el movimiento obrero con la intervención del Poder Ejecutivo en la resolución de los conflictos y la predisposición de la corriente sindicalista a la negociación con el gobierno (Horowitz, 2008; Suriano, 2017).

El sector manufacturero durante la Gran Guerra

Existe consenso en que el origen de la industria moderna en la Argentina provino del impulso generado por la exitosa inserción agroexportadora y el incremento del ingreso nacional. De acuerdo a la *Staple Theory*, fueron los efectos de la expansión primaria exportadora los que alentaron eslabonamientos anteriores y posteriores, que impulsaron la instalación de las primeras fábricas modernas en la Argentina. Para esta interpretación, los límites de la industrialización en la Argentina estuvieron dados por la particular dotación de factores naturales, esencialmente la falta de carbón y mineral de hierro, en tanto que más recientemente se ha puesto énfasis sobre el tamaño relativamente pequeño del mercado local.[11]

En el marco de esta interpretación, se ha sostenido que la industria se benefició particularmente del entorno macroeconómico que siguió a la crisis de 1890, cuando los gobiernos del "orden conservador" impusieron un incremento de los aranceles aduaneros y la depreciación de la moneda nacional, tras la suspensión del patrón oro. Estas medidas provocaron un cambio en los precios relativos que estimularon un proceso temprano de sustitución de importaciones, particularmente importante en productos básicos de consumo masivo, confecciones, tejidos de punto, calzado, cerveza, fósforos y otras pocas manufacturas (Rocchi, 2006; Pineda, 2009).

Las series estadísticas disponibles parecen confirmar que la aparición de las primeras fábricas modernas se dio como efecto del impulso agroexportador y no como resultado de la Gran Guerra o de la Gran Depresión. La década de 1890 muestra también una clara aceleración de la tasa de crecimiento sectorial, la que por primera vez en la historia argentina superó el crecimiento de la economía en su conjunto. Lógicamente, el dinamismo del crecimiento sectorial en la década de 1890 fue resultado, al menos en parte, del bajo nivel de desarrollo de la que partía la industria moderna en la Argentina. De cualquier manera, como muestra el Cuadro 2, el desenvolvimiento industrial continuó en la primera década del siglo XX, cuando la economía argentina conoció una de las décadas de más alto crecimiento económico de toda su historia. Sin embargo, como han sostenido Gómez Galvarriato y Williamson (2009), a diferencia de Brasil y México, el crecimiento industrial argentino se vio limitado tanto por una importante mejora de los términos del intercambio, la estabilidad del tipo de cambio real y una menor protección arancelaria que la que gozaban esas economías.

---

11 Gallo (1970); Díaz Alejandro (1975); Geller (1975); Cortés Conde (1997); Rocchi (2006) y Pineda (2009).

Cuadro 2. Tasa de crecimiento del PBI y PBI industrial, 1870-1935

Años	Producto bruto interno	Sector manufacturero	Alimentación y bebidas	Textil
1875-1890	8,4	5,2	5,6	3,9
1890-1900	5,5	11,5	4,2	12,7
1900-1910	7,0	7,8	6,7	7,4
1910-1920	1,6	2,2	1,4	0,3
1920-1930	3,5	4,3	3,1	3,9
1930-1935	2,9	8,0	4,3	10,5

Fuente: elaboración propia con base en Cortés Conde (1994, 1997).

Entre 1895 y 1914, el sector industrial creció y se diversificó sobre la base de las actividades que elaboraban los bienes primarios que se producían en las distintas regiones del país. Para 1914, cuando el gobierno llevó adelante el Tercer Nacional, el sector manufacturero mostraba los rasgos derivados de ese sendero de desarrollo. Las ramas de alimentación y bebidas, con el 39 % de las plantas y el 33 % del personal total, aportaban el 53 % del valor de la producción. Muy atrás, el censo registraba a la producción destinada a la construcción, con el 12 % del valor de la producción y cercana a ella se ubicaban las industrias de la confección y del tocador, agrupadas en el censo en una sola rama, que ocupaban al 14 % del personal total pero representaban solo 8,6 % del valor producido. Las industrias vinculadas a la producción metalúrgica y química solo representaban, cada una, el 5 % del valor producido por el sector. En peor situación se hallaba la rama textil, es decir, la fabricación de hilados y tejidos, con el 3,7 % del personal total y solo el 2,1 % del valor de la producción, en claro contraste con la importancia de esa industria en Brasil y México.

Al menos desde comienzos del siglo, funcionarios estatales y estudiosos argentinos y extranjeros dedicaron esfuerzos a evaluar el crecimiento de la economía local y el desenvolvimiento de la industria.[12] Entre los analistas, existía cierto acuerdo entre las características predominantes del sector industrial, las causas de su crecimiento y las posibilidades de su desenvolvimiento. En relación con el primer punto, se formó un consenso de que las manufacturas que se habían desarrollado eran, en gran medida, actividades auxiliares de las producciones de materias primas del país.[13] Las posturas más críticas sostenían que la Argentina era una economía proteccionista y que, a pesar del predominio de esa orientación, no había logrado desarrollar un sector manufacturero diversificado.[14] Entre las razones que se argumentaban para explicar el fallido ingreso del país en la era industrial, se mencionaba la escasez de insumos básicos como carbón y mineral de hierro, la reducida población del país y la escasez de mano de obra calificada.[15] En este sentido, el predominio de inmigrantes españoles e italianos del sur especializados en las labores agrícolas no creaba las condiciones para el crecimiento del sector. La presencia de mano de obra calificada de origen inmigrante se limitaba a tareas de mayor responsabilidad. Por otra parte, el alto costo de vida local conspiraba contra el desarrollo de industrias. Solo la carne y el pan eran más baratos que en las economías industrializadas, pero el precio de otros productos básicos y de la vivienda en Buenos Aires eran muy elevados.[16]

También se remarcaba, entre otros obstáculos, el apoyo de la clase dirigente a las políticas proteccionistas, a la que

---

12 Sobre el papel de los estadísticos en este análisis y la construcción de un aparato estadístico nacional, véase González Bollo (2014, pp. 96-108). El autor sostiene que las agencias destinadas a compilar estadísticas industriales y demográficas "brillaron por su continua incapacidad para producirlas" (pp. 130-131).

13 William Hirst, *Argentina*, London, T. Fisher Unwin, 1910, p. 194. Alberto Martínez y Mauricio Lewandowski, *La República Argentina en el siglo XX*, Madrid, Jaime Ratés, 1912, p. 306.

14 N. L. Watson, *Argentine as a Market*, Manchester at the University Press, 1908, pp. 1-13.

15 Martínez y Lewandowski (p. 353); J. P. Santamarina, *The Argentine Republic. Developments, Facts and Trade Features*, New York, 1912, p. 200.

16 Watson (p. 1).

Watson calificaba como "una extraña perversión", los altos costos de los fletes tanto marítimos como del transporte ferroviario. Otros estudiosos, como Martínez y Lewandowski, aseveraban que el país no se había embarcado en políticas proteccionistas extremas, pero argumentaban que la dependencia argentina de la introducción de materias primas y manufacturas más esenciales y la existencia de derechos de importación, que hasta 1906 no habían alcanzado cierta estabilidad, conspiraban contra la baja del costo de vida. Finalmente, se sostenía que la rentabilidad de la explotación primaria era mucho más elevada y menos riesgosa que las inversiones en el sector industrial. Ello desestimulaba la inversión en actividades secundarias y las dejaba en manos del capital extranjero.[17]

El análisis que el ingeniero Eusebio García incluyó en el Tercer Censo Nacional, publicado en 1917, retomaba parcialmente estas caracterizaciones, pero se ubicaba claramente en las posturas favorables al crecimiento industrial. Se afirmaba así que la Argentina estaba lejos del desarrollo de la industria "al que puede aspirarse por los infinitos recursos que el país posee".[18] Solo se habían implantado las industrias derivadas de la producción primaria, pero confiaba en el crecimiento de otras ramas que por las necesidades de capital solo podrían implantarse con el apoyo del Estado. Entre ellas ubicaba sectores muy diferentes como los astilleros, la preparación de derivados de la pesca, la metalurgia minera, la fabricación de toneles, la producción de hilados de algodón y lana y la explotación forestal destinada a la fabricación de muebles. García sostenía que el origen de la industria fabril estaba en las décadas de 1880 y 1890, y que desde entonces el impulso del sector había sido extraordinario. Para el ingeniero, la principal dificultad era la falta

17 Santamarina (p. 201), Martínez y Lewandowski (pp. 353-356).

18 Eusebio García, "Consideraciones sobre el resultado del Censo de las industrias", *Tercer Censo Nacional*, Buenos Aires, Talleres Gráficos de L. J. Rosso, Tomo VII, 1917, p. 4.

de capitales, la mayor parte de los cuales había encontrado localización en "el colosal desarrollo de la ganadería y la agricultura". Pero su mirada era optimista, los obstáculos al crecimiento industrial eran fáciles de resolver, y consistían en una mayor inversión en el sector y el cambio de preferencia del mercado doméstico por productos nacionales, así como de políticas estatales más favorables en el orden aduanero, tarifas ferroviarias "razonables" y la eliminación de impuestos.[19]

Algunos indicadores sobre el impacto en las industrias

La crisis de 1913 y la Primera Guerra Mundial inauguraron un ciclo de recesión de cuatro años. Por tanto, la economía argentina durante la década de 1910 mostró el peor comportamiento desde el último tercio del siglo XIX, con una tasa de crecimiento de solo el 1,6 % anual, en tanto que el sector manufacturero ascendió a un ritmo de 2,2 %. Según la estimación de Cortés Conde y Harriague, el comportamiento sectorial fue notablemente peor que durante la Gran Depresión.[20]

¿Qué factores explicarían esta evolución? Un análisis pionero sobre los efectos de la Guerra en la industria latinoamericana fue presentado por Rory Miller (1981). Para este autor, las condiciones creadas por la Guerra, especialmente la escasez de combustibles y maquinarias, tuvieron un efecto negativo sobre la capacidad de reacción de la industria latinoamericana, lo que desmentiría el argumento según el cual la industrialización avanzó en la década de 1910.[21] Al mismo tiempo, otras fuerzas habrían operado

---

19 Ídem (pp. 23-24).

20 Sobre las estimaciones de Cortés Conde y Harriage y sus diferencias con las de la CEPAL (*El desarrollo económico de la Argentina*, Santiago de Chile, 1959), véase Harriage y Rayes (2018, pp. 256-257).

21 Miller (1981, pp. 707-716).

favoreciendo el crecimiento sectorial como los altos precios internacionales y la escasez de productos importados. El resultado habría sido una expansión limitada sobre la base de la estructura industrial previamente establecida. En contraste, Albert y Henderson (1988) argumentaron en su estudio comparado de las economías de la Argentina, Brasil, Perú y Chile que fueron varias las industrias argentinas que lograron mejorar sus condiciones durante la Guerra.[22]

La interpretación según la cual los problemas del comercio mundial durante la Guerra brindaron oportunidades para la sustitución de importaciones fue sostenida por autores influenciados por diversas corrientes ideológicas y marcos teóricos.[23] En cambio, quienes sostuvieron que existió una relación positiva entre expansión agroexportadora y crecimiento industrial se inclinan por enfatizar los efectos nocivos de la caída de las importaciones sobre el desarrollo manufacturero.[24] A conclusiones similares llegaron quienes desde una perspectiva heterodoxa pusieron el acento en la debilidad del tejido industrial existente y la dependencia del país de Gran Bretaña.[25]

La carencia de trabajos sobre el desempeño industrial argentino es elocuente y, en gran medida, está vinculado a la ausencia de fuentes cuantitativas y cualitativas sobre el desempeño sectorial en la década de 1910. Los estudios de Rocchi (2006) y Pineda (2009) ofrecen interpretaciones de largo plazo sobre el proceso de industrialización anterior a 1930 pero no se detuvieron sobre ese breve periodo, que es crucial para pensar los límites de la diversificación económica previa a 1914 y la fuerte dependencia de la economía argentina del mercado externo.

---

22 Albert y Henderson (1988, pp. 214-222).

23 Ortiz (1955, pp. 213-219), Di Tella y Zymelman (1967, pp. 91-95), Albert y Henderson (1988, pp. 180-233).

24 Gallo (1970, pp. 17-18); Villanueva (1972, pp.451-476); Díaz Alejandro (1975, pp. 208-216); Cortés Conde (1997, pp. 214-218).

25 Dorfman (1970, pp. 336-350); Schvarzer (1996, pp. 120-122).

En otra parte mostramos cuáles fueron los efectos más directos de la Guerra sobre la industria (Belini, 2017). Por un lado, la escasez de bodegas y el aumento de su costo hicieron que muchos insumos básicos comenzaran a faltar o solo se consiguieran a precios muy altos. En primer término, entre 1913 y 1918, cayó la introducción de carbón (un 79 %) y de petróleo (un 28 %).[26] Pero también se desplomó el consumo de acero y de cemento, que descendió de un promedio de 143 y 53 kilogramos per cápita entre 1910-1914 a solo 30 y 18 kg entre 1915-1919. Si bien gran parte de la demanda de estos insumos básicos dependía de la construcción, sector que se vio paralizado durante el conflicto, es claro que la contracción del consumo provino también del sector manufacturero, en especial la industria metalúrgica. La economía argentina era dependiente de esos insumos básicos que formaban parte primordial de la composición de las importaciones. También se desplomó la introducción de equipos para la industria. Según nuestra estimación con base en las estadísticas de comercio exterior, el valor de las importaciones de maquinaria destinada a la industria descendió un 82 %.[27] Solo volvería a crecer y a gran ritmo en los años de la inmediata posguerra. Estos datos parecen dar crédito a las estimaciones de Harriage y Cortés Conde realizaron sobre la evolución del PBI y del sector manufacturero en la década de 1910.

Una evaluación de algunas ramas o industrias que ya se destacaban en 1914 y de otras que comenzaron en la década de 1910, para las cuales tenemos estadísticas confiables, nos brindan algunas pistas sobre el desempeño industrial en ese contexto de crisis.

---

26 Dirección General de Estadística de la Nación, *Análisis del Comercio Exterior Argentino en los años 1910 a 1922*; Buenos Aires, 1923, pp. 96-99.

27 Belini (2017, pp. 120-121).

Cuadro 3. Evolución de la producción de alimentos y bebidas, 1910-1918, 1913: 100

Años	Harina de trigo		Manteca		Queso		Azúcar		Vino		Cerveza	
	tn.		tn.		tn.		tn		litros		litros	
1910	751.218	88,6	7537	73,9	2742	47,6	148.509	53,5	339.569.000	67,9	98.056.959	78,1
1911	840.118	99,0	7905	77,5	3514	61,1	180.092	154,3	378.142.000	75,6	100.252.199	79,9
1912	897.532	105,8	9457	92,7	5477	95,2	147.249	53,0	419.956.889	84,0	109.443.421	87,2
1913	848.338	100	10.197	100	5755	100	277.819	100	500.011.042	100	125.530.430	100
1914	908.361	107,1	9307	91,3	5472	95,1	355.956	128,1	514.426.196	102,9	75.095.019	59,8
1915	937.770	110,5	10.146	99,5	6923	120,3	149.299	53,7	482.347.579	96,5	73.332.862	58,4
1916	993.539	117,1	11.265	110,5	8736	151,8	84.069	30,3	451.521.576	90,3	77.221.973	61,5
1917	938.748	110,7	15.152	148,6	15.912	276,5	88.067	31,7	475.220.237	95,0	78.769.194	62,7
1918	1.124.943	132,6	24.460	239,9	20.416	354,8	126.580	45,6	469.818.959	94,0	96.168.697	76,6

Fuente: Ernesto Tornquist & Cía. *El desarrollo económico de la Argentina en los últimos cincuenta años*, Buenos Aires, 1920. Las cifras de producción de vino de 1910-1911 fueron extraídas de Comité Nacional de Geografía, *Anuario Geográfico Argentino*. 1941, Buenos Aires, 1942.

El comportamiento de la producción de un conjunto de productos agroindustriales como harina de trigo, azúcar, vino y cerveza muestra un crecimiento moderado en el primer caso, un estancamiento (vino) o bien una brusca contracción para el azúcar y la cerveza, pero sus causas son diferentes. Los cuatro productos tenían como destino principal el mercado doméstico. La industria molinera reconocía un proceso previo de crecimiento, modernización y concentración (Martirén y Rayes, 2016). Sin embargo, durante la Guerra la producción mostró un comportamiento sinuoso. En parte, esta evolución puede estar vinculada a la producción triguera afectada por el conflicto y las condiciones climáticas que afectaron dos cosechas en el periodo 1913-1917. Por su parte, la industria azucarera debió enfrentar una severa crisis pero no provocada por la guerra sino por la plaga del mosaico que entre 1907 y 1919 obligó al sector un esfuerzo de renovación de la caña criolla por la de Java, de mayor rendimiento (Bravo, 2008; Moyano 2015). La Guerra encontró al sector en ese proceso, con una aguda caída de la producción. El incremento del precio del azúcar provocó una aguda controversia entre los productores e industriales y los consumidores.[28]

En el caso de vitivinicultura, como sostiene Olguín, la fuerte expansión del cultivo de vid y de la producción entre fines del siglo XIX y 1914, y las formas que asumió la organización de la producción y comercialización de vino, crearon "mecanismos desestabilizadores" (Olguín, 2012, pp. 79-83). Para 1914, la producción de vino totalizaba unos 515 millones de litros, lo que abastecía el consumo nacional.[29] La tendencia a la sobreproducción en el marco de la caída del consumo provocada por la crisis económica se tradujo en un estancamiento de la producción de vinos y en

---

28 Enrique Dickman, *Nuestro régimen fiscal*, Buenos Aires, Ediciones French, 1915; Andrés Máspero Castro, *País rico, pueblo y gobierno pobres*, Buenos Aires, Talleres Gráficos Ferrari, 1917.

29 Mateu (2008, pp. 15-30); Barrio (2010, pp. 21-137); Richard Jorba (2010, pp. 43-80).

los primeros intentos de regulación del gobierno provincial primero y de Compañía Vitivinícola de Mendoza entre 1915 y 1919 (Olguín, 2012, pp. 92-95).

La industria cervecera también se vio muy afectada durante la década de 1910. El descenso de los salarios reales y la desocupación provocaron una contracción de la demanda. La escasez de lúpulo y de malta llevó al principal actor empresario del sector —la Cervecería Quilmes— a una estrategia de sustitución de importaciones que solo se produciría en la posguerra. Mientras tanto, la caída del consumo y la producción, que descendió un 30 % con respecto al trienio 1910-1912, fue el contexto en que se produjo una fuerte concentración económica, con la compra y cierre de plantas por Quilmes.

Por último, el desempeño de la industria láctea parece haber mostrado un comportamiento muy positivo, sobre todo a finales de la década. Según Regalsky y Jáuregui, la Guerra creó las condiciones para el incremento de las exportaciones de manteca y de quesos. Las ventajas del desarrollo previo y el retiro de los competidores de Europa oriental impulsaron las exportaciones hacia el mercado británico desde mediados de la década del 10, marcando el inicio de un sostenido incremento para el caso de la manteca (Regalsky y Jáuregui, 2012, pp. 495-498).

¿Qué sucedió en otras ramas manufactureras? En el caso de la industria textil, desde principios del siglo XX se había desarrollado una industria lanera, concentrada en un número reducido de firmas, que producían hilados y telas para el mercado interno. Además, desde la década de 1890, bajo una importante protección arancelaria, se habían multiplicado las fábricas de tejidos de punto y grandes y pequeños talleres de confección. La guerra encontró a la rama apenas en sus comienzos. Algunas firmas lograron hacer buenos negocios, como Campomar & Cía., que exportó frazadas, franelas y mantas a Chile y Paraguay hacia finales de la década de 1910, pero ni la caída del consumo ni la escasez de equipos posibilitó la expansión del sector. Un informe del Departamento de Comercio de los Estados Unidos sostuvo que hacia 1914 solo cuatro empresas podían ser consideradas industrias manufactureras, en tanto que convivían con un gran número de pequeñas firmas y talleres de escasa importancia. Durante la Guerra, se habían sumado dos empresas más, que poseían maquinaria moderna y una capacidad de producción que duplicaba la de las cuatro plantas existentes.[30]

Un analista proclive a destacar los avances de la industria reconoció que las fábricas instaladas habían logrado hacer buenos negocios con la elevación de los precios, pero que no se había producido un avance en el número de fábricas debido a la imposibilidad de importar equipos y la escasez de mano de obra especializada. Mencionaba que no podía esperarse que las tejedurías tuvieran el capital para instalar hilanderías, una industria que consideraba "abandonada".[31] Todavía al finalizar el conflicto, un reporte del *Buenos Aires Herald* sostenía que la industria había realizado importantes avances en la fabricación de ropa, aunque sin alcanzar el autoabastecimiento. Mencionaba que los principales progresos se habían producido en la confección de trajes, sombreros y zapatos, así como en la fabricación de tejidos de punto y ropa interior.[32]

Un rubro clave, la producción de hilados de algodón, no surgió durante la guerra sino en la posguerra. Si bien durante el conflicto hubo escasez de hilados, la producción

---

30 L. S. Garry, *Textile Markets of Argentina, Uruguay and Paraguay*, United States Department of Commerce, Special Agents Series, Washington, 1920, pp. 23-24.

31 Para el autor, "la producción se impone por las condiciones del mercado: escasez y elevados precios". Agregaba que "los comerciantes informan que los industriales nacionales se exceden en los precios, que no encuentran en general justificados, y opinan que esto perjudicará el arraigo de la producción nacional". A. R. Cartavio, *Datos sobre algunas industrias argentinas*, Buenos Aires, 1918, p. 4.

32 "How Argentine Clothes herself. Some Aspects of the Textile Problem. War favors home industries", *Buenos Aires Herald*, Special New Year Number, 1919, pp. 187-189.

no superó las 400 toneladas. En realidad, fue la crisis de la Guerra la que alentó a grandes empresas como la Compañía General de Fósforos, la Fábrica Argentina de Alpargatas y Manufacturera Algodonera Argentina, productoras de cerillas y de calzados de yute, a experimentar con la fabricación de hilados (Belini, 2010).

Un caso que parece haber sido similar fue el de los fabricantes de calzado de cuero. La disponibilidad de materias primas y una demanda que era cubierta predominantemente por los productos importados hasta 1914 aceleró la sustitución de importación. Las grandes empresas lograron muy pronto sacar provecho en gran medida la adopción parcial de maquinarias desde comienzos del siglo XX (Kabat, 2008). Incluso, durante la Guerra, firmas como Grimoldi Hermanos y Céspedes, Tettamanti & Cía. pudieron colocar sus productos en mercados externos. Pero la corriente exportadora duró poco pues la reanudación del comercio mundial y la sobreproducción derrumbaron los precios en el mercado mundial (Barbero, 2011a, pp. 159-160; Barbero, 2011b, pp. 84-87).

La industria papelera había surgido a partir de la década de 1880 bajo el amparo de la protección aduanera y el impulso de la demanda doméstica debido al incremento de la población y las políticas de alfabetización. Todo ello había alentado el surgimiento de una industria gráfica próspera y muy heterogénea. Para el momento de inicio de la Gran Guerra, la industria papelera estaba integrada por once plantas que representaban solo un 25 % de los capitales invertidos y el 1,2 % del valor de producción y de los trabajadores empleados en el sector manufacturero. Era una industria pequeña, aunque importante a escala sudamericana, que elaboraba papeles y cartones de distinto tipo, con excepción de papel de diarios, sobre la base de desperdicios y de insumos importados desde los países escandinavos (Badoza y Belini, 2013). Entonces, la industria local abastecía el 27 % del consumo aparente de papeles, aunque el 80 % del papel de diarios era importado, como en la mayoría de los países del mundo.

El inicio de la Guerra provocó una crisis en la industria gráfica, muy ligada a abastecedores alemanes en lo referido a equipos, tintas y demás insumos. La depresión del mercado doméstico también influyó, de modo que hacia 1917 solo un tercio de imprentas estaba en actividad. Sin embargo, la Guerra también había provocado problemas en el abastecimiento de papeles. Ante la escasez, las cuatro grandes sociedades anónimas llegaron a acuerdos que les permitieron cerrar una de las plantas y especializar las restantes en la producción de una clase de papeles. El agregado comercial norteamericano Robert Barrett estimó que la producción total se elevó a 28.750 toneladas. De ese total, unas 6000 toneladas correspondían a papel para diarios.[33] Al finalizar la década de 1910, las cuatro empresas operaban empleando gran parte de la capacidad instalada. No obstante, la producción local de papel de diarios no sobrevivió a la renovada competencia internacional de posguerra, sobre todo por el aumento de la fabricación mundial, la falta de materias primas básicas en el país y la reducida escala de producción de las fábricas argentinas.

En conjunto, estas breves historias sectoriales dan cuenta de que en el periodo, con excepción de algunas producciones vinculadas a la exportación como harina de trigo y los derivados de la leche, otras actividades atravesaron una coyuntura de estancamiento o de crisis. Las causas de la declinación a menudo responden a factores de más largo plazo, como en el caso de las agroindustrias azucarera y vitivinícolas, agravadas por el impacto de la Guerra sobre la ocupación y el consumo doméstico. Pero aún allí donde hubo oportunidades por el retiro de la competencia de las importaciones, como en la rama textil o en la de papel, la coyuntura no parece haber alentado una sustitución más que temporal de importaciones ni tuvo efectos perdurables sobre el tejido industrial.

---

33 Robert Barrett, *Paper, paper products and printing machineryin Argentina, Uruguay and Paraguay*, Special Agents Series n.º 163, Government Printing Office, Washington, 1918, pp. 36-37.

Un estudio realizado por Alejandro Bunge, flamante jefe de la Dirección General de Estadísticas, revela por un lado algunos indicadores de la evolución industrial entre 1914 y 1918 y, por el otro, lo que González Bollo señala como el fracaso del aparato estadístico nacional en lo relacionado con el sector industrial.[34] El ingeniero reformista daba cuenta, con limitaciones, de un periodo industrial de más sombras que luces. Se trataba de una encuesta de 1600 establecimientos industriales, de los cuales el ingeniero utilizaba solo 82 respuestas, 69 pertenecientes a empresas ya instaladas en 1913 y 13 a nuevas industrias. A partir de esa información, que Bunge consideraba representativa de los 1600 establecimientos, concluía con algunas observaciones.[35] En primer lugar, que en términos de número de fábricas y de capital invertido, los datos indicaban un crecimiento entre puntas del 14 %-19 % y del 17,5 %. Considerando la evolución industrial entre 1895 y 1914, concluía que el "desarrollo de nuestras industrias ha sido menor" que el observado en el periodo intercensal. De todas formas, durante la Guerra había presenciado un incremento que seguramente correspondía a la recuperación de 1916-1918. Más interesante aún era que, contrastando la muestra tomada en términos de personal y de fuerza motriz empleada, los incrementos en las fábricas instaladas eran del 10 % y del 6 % respectivamente, lo que daba cuenta de un desempeño mediocre. Por su parte, los datos de valor de producción estaban muy influenciados por la inflación padecida, lo que lo conducía a sostener la necesidad de incluir datos de producción física en las futuras estadísticas. Parece claro que

---

34 Sobre la trayectoria y las ideas de Bunge, véase, Llach (1984) y González Bollo (2012).

35 Alejandro Bunge, "Las industrias argentinas durante la Guerra. Investigación preliminar", 1919, s/p. Biblioteca Tornquist. El documento mimeografiado parece tener algún faltante y conserva tachaduras, probablemente del autor. Por otra parte, en su portada se lee el nombre de dos empresas del Grupo Torquist CIBA y Ferrum. No registramos la publicación de este informe en *Revista de Economía Argentina*.

para Bunge el periodo no era de despegue industrial sino más bien de un desempeño mediocre.

Consideraciones finales

Entre 1913 y 1917, la economía argentina se sumergió en una profunda crisis, que se manifestó en una aguda caída del ingreso per cápita del orden del 27 %, lo que la convirtió en la crisis más aguda del periodo de "crecimiento hacia afuera". La integración de la economía argentina al comercio mundial, la fuerte dependencia de la demanda internacional de carnes y cereales y de los flujos del capital extranjero hicieron que la Argentina se adaptara mal a una coyuntura marcada por la caída del comercio mundial de cereales, la creciente escasez de maquinaria y equipos de importación para el agro y las industrias y la reversión e inestabilidad de los flujos de capital extranjero. No es sorprendente, entonces, que la economía de la Argentina padeciera una crisis aguda, amplificada por la ausencia casi total de instituciones estatales que permitieran atenuar los ciclos recesivos del comercio mundial en la esfera de las finanzas y en los mercados de factores, especialmente capital y trabajo.

La experiencia previa de la crisis de 1890 parece haber condicionado a las autoridades públicas sobre el papel que debían desempeñar frente a la gran recesión. Si bien se adoptaron algunas medidas como la suspensión del patrón oro, el cierre de la Caja de Conversión y la sanción de leyes de moratoria y de redescuento, estos últimos instrumentos fueron empleados con mucha cautela. Asimismo, los proyectos tendientes a reducir la dependencia del fisco del comercio exterior como el impuesto a los réditos no lograron materializarse. Pasada la emergencia, el gobierno de Yrigoyen que los había impulsado decidió abandonar esa y otras propuestas reformistas. El resultado fue la fase recesiva del ciclo económico impactó casi sin contrapesos sobre la economía argentina, provocando un complejo proceso de redistribución de ingresos, que derivó en una aguda caída de los salarios, la reversión del saldo migratorio y una fuerte depresión de la demanda doméstica.

La caída de la demanda interna, el aumento de la desocupación y la ausencia de políticas sectoriales hicieron que la evolución de la producción industrial se desacelerara. Lejos de auspiciar un vigoroso proceso de sustitución de importaciones, la coyuntura de la Guerra tuvo efectos más bien limitados sobre el sector. Los datos disponibles indican que las industrias que contaban con materias primas en el país o que se vieron estimuladas por la demanda externa, como la producción de carne congelada y conservas, productos lácteos y textiles de lana, lograron incrementar su producción. Incluso otras que estaban en estado rudimentario como la fabricación de papel y de algunos productos químicos se vieron muy estimuladas para sustituir importaciones. En contraste, aquellas industrias productoras de bienes de consumo masivos no durables se vieron perjudicadas por la aguda caída de los salarios. La Guerra coincidió con etapas de crisis en las dos agroindustrias regionales más antiguas, la vitivinicultura y la azucarera, y probablemente acentuó sus dificultades. La imagen que surge de esta revisión es más pesimista, aunque marcamos las disparidades de efectos de la crisis de 1913-1917.

Fuentes

Barrett, Robert, *Paper, paper products and printing machinery in Argentina, Uruguay and Paraguay*, Government Printing Office, Washington, 1918.

Buenos Aires Herald, Special New Year Number, 1919.

Bunge, Alejandro, "Las industrias argentinas durante la guerra. Investigación preliminar", Mimeo, 1919.

Brewster Smith, L., Collins, Harry T. y Murphy, Elizabeth, *The Economic Position of Argentina during the War*, Department of Commerce, Washington, 1920.

Cartavio, A. R., *Datos sobre algunas industrias argentinas*, Buenos Aires, 1918.

Comité Nacional de Geografía, *Anuario Geográfico Argentino. 1941*, Buenos Aires, 1942.

Dickman, Enrique, *Nuestro régimen fiscal*, Buenos Aires, Ediciones French, 1915.

Dirección General de Estadística de la Nación, *Análisis del Comercio Exterior Argentino en los años 1910 a 1922*; Buenos Aires, 1923.

Ernesto Tornquist & Cía. *El desarrollo económico de la Argentina en los últimos cincuenta años*, Buenos Aires, 1920.

García, Eusebio, "Consideraciones sobre el resultado del Censo de las industrias", *Tercer Censo Nacional*, Buenos Aires, Talleres Gráficos de L. J. Rosso, Tomo VII, 1917.

Garry, L. S., *Textile Markets of Argentina, Uruguay and Paraguay*, United States Department of Commerce, Washington, 1920.

Hirst, William, *Argentina*, London, T. Fisher Unwin, 1910.

Martínez, Alberto y Lewandowski, Mauricio, *La República Argentina en el siglo XX*, Madrid, Jaime Ratés, 1912.

Máspero Castro, Andrés, *País rico, pueblo y gobierno pobres*, Buenos Aires, Talleres Gráficos Ferrari, 1917.

Santamarina, J. P., *The Argentine Republic. Developments, Facts and Trade Features*, New York, 1912,

Soares, Carlos, *Economía y finanzas de la nación argentina, 1903-1916*, Buenos Aires, Talleres Gráficos Rodríguez Giles, 1916.

Watson, N. L., *Argentine as a Market*, Manchester at the University Press, 1908.

Bibliografía

Aiolfi, Marco; Catão, Luis y Timmerman, Alan (2006). "Common Factors in Latin American's Business Cycles", IMF, *Working Paper, 49.*

Albert, Bill & Henderson, Paul (1988). *South America and the First World War*, Cambridge University Press, New York.

Albrieu, Ramiro y Fanelli, José María (2008). "¿Stop and go o go-and-fail? Sobre aceleraciones, crisis e instituciones en la Argentina", *Desarrollo Económico,* Vol. 48, n.° 190-191, julio-diciembre, pp. 235-268.

Badoza, Silvia y Belini, Claudio (2009), "La Compañía General de Fósforos, 1889-1929: expansión y límites de una gran empresa en una economía agro exportadora", *Desarrollo Económico,* Vol. 49, n.°143, abril junio, pp. 91-121.

Badoza, Silvia y Belini Claudio (2013). "Origen, desarrollo y límites estructurales de la industria del papel en la Argentina, 1880-1940", *Revista de Historia Industrial. Economía y Empresa,* n.°53, pp. 107-139.

Barbero, María Inés (2011a). "Construyendo activos intangibles. La experiencia de una empresa fabricante de calzado en la argentina en la primera mitad del siglo xx", *Revista de Historia de la Economía y la Empresa,* pp. 151-176.

Barbero, María Inés (2011b). "Empresas y empresarios en la industria del calzado". Tesina doctoral, Universidad Complutense de Madrid.

Belini, Claudio (2017). *Historia de la industria en la Argentina. Desde la independencia a la crisis de 2001,* Buenos Aires, Sudamericana.

Belini, Claudio y Badoza, Silvia (2014). "El impacto de la Primera Guerra Mundial en la economía argentina", *Ciencia Hoy,* n.°139, pp. 21-26.

Belini, Claudio y Korol, Juan Carlos (2020). *Historia económica de la Argentina en los siglos XX y XXI*, Buenos Aires, Siglo XXI Editores.

Barrio, Patricia (2010). *Hacer vino. Empresarios vitivinícolas y estado en Mendoza, 1900-1912*, Rosario, Prohistoria.

Bravo, María Celia (2010). *Campesinos, azúcar y política: cañeros, acción corporativa y vida política en Tucumán (1895-1930)*, Rosario, Prohistoria.

Caruso, Laura (2008). "La huelga general marítima del puerto de Buenos Aires, diciembre de 1916", *Revista de Estudios Marítimos y Sociales*, n.° 1, pp. 23-34.

CEPAL (2008). *Estudio económico de América Latina. 2007. Política económica y volatilidad*, Nueva York.

Cortés Conde, Roberto (1989). *Dinero, deuda y crisis. Evolución fiscal y monetaria en la Argentina*, Buenos Aires, Sudamericana.

Cortés Conde, Roberto y Harriague, María Marcela (1994). "Estimaciones del Producto Bruto Interno de Argentina, 1875-1935", Departamento de Economía y Matemáticas, *Documento de Trabajo*, n.° 3, Universidad de San Andrés.

Cortés Conde, Roberto (1997). *La economía argentina en el largo plazo (siglos XIX y XX)*, Buenos Aires, Sudamericana.

Cortés Conde, Roberto (2005). *La economía política de la Argentina en el siglo XX*, Buenos Aires, Edhasa.

Chiaramonte, José Carlos (1970). *Nacionalismo y liberalismo económico en la Argentina*, Buenos Aires.

Della Paolera, Gerardo y Taylor, Alan (eds.) (2003). *A New Economic History of Argentina*, Cambridge: Cambridge University Press.

Díaz Alejandro, Carlos (1983). *Ensayos sobre la historia económica argentina*, Buenos Aires, Amorrortu.

Díaz Alejandro, Carlos (1975). "La desaceleración del crecimiento entre 1914 y 1929: ¿una gran demora?", en Giménez Zapiola, Marcos (compilador), *El régimen oligárquico*, Buenos Aires, Amorrortu, pp. 357-360.

Di Tella, Guido y Zymelman, Manuel (1967). *Las etapas del desarrollo económico argentino*, Buenos Aires, Eudeba.

Dorfman, Adolfo (1970). *Historia de la industria argentina*, Buenos Aires, Solar.

Falcón, Ricardo y Monserrat, Alejandra (2000). "Estado, empresas, trabajadores y sindicatos", en Falcón, Ricardo (Coordinador), *Democracia, conflicto social y renovación de ideas, 1914-1930, Nueva Historia Argentina*, Vol. VI, Sudamericana, pp. 151-194.

Ford, Alec (1975). "La Argentina y la crisis de Baring de 1890", en Marcos Giménez Zapiola (comp.): *El régimen oligárquico*, Buenos Aires, Amorrortu, pp. 156-200.

Gallo, Ezequiel (1970). "Agrarian Expansion and Industrial Development in Argentina (1880-1930)", en Raymond Carr (Ed.) *St. Anthony's Papers*, Oxford.

Geller, Lucio (1975). "El crecimiento industrial argentino hasta 1914 y la teoría del bien primario exportable", en Marcos Giménez Zapiola (compilador), *El régimen oligárquico*, Buenos Aires, Amorrortu, pp. 156-200.

Gerchunoff, Pablo, Rocchi, Fernando y Rossi Gastón (2008). *Desorden y progreso. Las crisis económicas argentinas, 1870-1905*, Buenos Aires, Edhasa.

Gerchunoff, Pablo (2016). *El eslabón perdido. La economía política de los gobiernos radicales, 1916-1930*, Buenos Aires, Edhasa.

Gómez Galvarriato, Aurora y Williamson, Jeffrey (2009). "Was it Prices, Productivity or Policy? Latin American Industrialization after 1870", *Journal of Latin American Studies*, Vol. 41, pp. 663-694.

Gómez Galvarriato, Aurora (2016). *Industria y revolución. Cambio económico y social en el Valle de Orizaba, México*, México, Fondo de Cultura Económica.

González Bollo, Hernán (2012). *La teodisea estadística de Alejandro Bunge*, Buenos Aires, Imago Mundi.

González Bollo, Hernán (2014). *La fábrica de cifras oficiales del Estado argentino, 1869-1947*, Bernal, UniQui.

Gravil, Roger (1977). "The Anglo-Argentine Connection and the War of 1914-1918", *Journal of Latin American Studies*, Vol. 9, n.º 1, pp. 59-88.

Gutiérrez, Leandro y Korol, Juan Carlos (1988). "Historia de empresa y crecimiento industrial en la Argentina. El caso de la Fábrica Argentina de Alpargatas", *Desarrollo Económico,* Vol. 28, n.° 111, octubre diciembre, pp. 401-424.

Haber, Stephen (1989). *Industry and Underdevelopment,* Stanford, Stanford University Press.

Hardach, Gerd (1986). *La Primera Guerra Mundial,* Crítica, Barcelona.

Harriage, María Mercedes y Rayes Agustina (2018). "Fuentes para el estudio económico argentina", en Roberto Cortés Conde y Gerardo della Paollera (Directores), *Nueva Historia Económica de la Argentina,* Academia Nacional de la Historia y Edhasa, pp. 243-275.

Horowitz, Joel (2008). *Argentina's Radical Party and Popular Mobilization, 1916-1930,* Penn State University.

Kabat, Marina (2008). "Cambios en la organización del trabajo en la industria argentina del calzado, 1880-1940", *Desarrollo Económico,* Vol. 47, n.° 188, pp. 639-659.

Llach, Juan José (1984). *La Argentina que no fue,* Buenos Aires, IDES.

Maddison, Angus (1997). *La economía mundial, 1820-1992. Análisis y estadísticas,* París, OCDE.

Martirén, Juan Luis y Rayes, Agustina (2016). "La industria argentina de harina de trigo en el cambio de siglo. Limitaciones y alcances, 1880-1914", *H-industri@,* n.° 18, pp. 1-27.

Mateu, Ana María (2008). "La vitivinicultura mendocina entre 1870 y 1920. La génesis de un modelo centenario", en Mateu, Ana y Stein Steve, *El vino y sus revoluciones,* Mendoza, Ediunc, 2008.

Miller, Rory (1981). "Latin America Industry and the First World War: An Exploratory Essay", *World Development,* Vol. 9, n.º 8, August, pp. 707-716.

Moyano, Daniel (2011). "La industria azucarera tucumana ante la crisis del 'mosaico'. Un análisis de los actores y las estrategias empresariales (1915-1920)", *Anuario CEEED*, n.°3, pp. 127-166.

O'Connell, Arturo (1984). "La Argentina en la Depresión. Los problemas de una economía abierta", *Desarrollo Económico*, Vol. 23, n.° 92, enero-marzo, pp. 479-514.

O'Connell, Arturo (2001). "El regreso a la normalidad y las ideas tempranas de Prebisch sobre 'el ciclo argentino'", *Revista de la CEPAL*, n.º 75, pp. 53-67.

Olguín, Patricia Elizabeth (2012). "Estado, empresas y regulación. La experiencia de las entidades reguladoras del mercado vitivinícola de Mendoza (Argentina), 1914-1943", *Revista de Historia Industrial*, n.° 49, pp. 77-110.

Ortiz, Ricardo (1955). *Historia económica de la Argentina*, Buenos Aires, Raigal.

Panettieri, José (1983). *Proteccionismo, liberalismo y desarrollo industrial*, Buenos Aires, CEAL.

Pianetto, Ofelia (1984). "Mercado de trabajo y acción sindical en la Argentina, 1890-1922", *Desarrollo Económico*, Vol. 24, n.° 94, julio-septiembre, pp. 297-307.

Pineda, Yovanna (2009). *Industrial Development in a Frontier Economy. The Industrialization of Argentina, 1890-1930*, Stanford University Press, Stanford.

Rayes, Agustina (2021). "Una Hidra de Lerna. La política arancelaria argentina, c. 1863-1923", *Desarrollo Económico*, Vol. 61, n.° 234, pp. 125-150.

Regalsky, Andrés (2023). "El Banco Nación en tiempos tormentosos, de la Primera Guerra Mundial a la Gran Depresión, 1914-1935", en Regalsky, Andrés y Rougier, Marcelo (Compiladores), *Historia del Banco de la Nación Argentina y su papel en la promoción del desarrollo, 1891-2022*, Buenos Aires, pp. 47-87.

Regalsky, Andrés y Jáuregui, Aníbal (2012). "Comercio exterior, mercado externo e industrialización. El desarrollo de la industria láctea argentina entre las dos guerras.

Actores y problemas", *Desarrollo Económico*, Vol. 51, n.º 204, enero-marzo, pp. 493-4

Richard-Jorba, Rodolfo (2010). *Empresarios ricos, trabajadores pobres. Vitivinicultura y desarrollo capitalista en Mendoza, 1850-1918*, Rosario, Prohistoria.

Rocchi, Fernando (2006). *Chimneys in the Desert. Industrialization in Argentina during The Export Boom Years, 1870-1930*, Stanford University Press, Stanford.

Rostow, Walt (1960). *Las etapas del crecimiento económico*, Fondo de Cultura Económica.

Sánchez Román, José Antonio (2009). "Economic Elites, Regional Cleavages, and the First Attempts at Intorducing the Income Tax in Argentina", *Hispanic American Historical Review*, Vol. 89, n.° 2, pp. 253-283.

Schvarzer, Jorge (1993). "Política industrial y entorno macroeconómico. Aproximaciones sobre la política arancelaria a comienzos del siglo XX", *Boletín Informativo Techint*, n.° 279, pp. 73-99.

Schvarzer, Jorge (1996). *La industria que supimos conseguir*, Buenos Aires, Planeta.

Suriano, Juan (2017). "La Primera Guerra Mundial, crisis económica y agudización del conflicto obrero en la Argentina", *Estudos Históricos*, Vol. 30, n.° 60, pp. 93-114.

Van Der Karr, Jane (1974). *La Primera Guerra Mundial y la política económica argentina*, Buenos Aires, Troquel.

Villanueva, Javier (1972). "El origen de la industrialización argentina", *Desarrollo Económico*, Vol.12, n.° 47, octubre diciembre, pp. 451-478.

Weinmann, Ricardo (1994). *Argentina en la Primera Guerra Mundial. Neutralidad, transición política y continuismo económico*, Buenos Aires, Biblos.

Wolf, Holger (2004). "Volatility: Definitions and Consequences", en Joshua Aizenman y Brian Pinto, *Managing Volatility and Crisis*, Cambridge University Press.

Más allá de la crisis 1937-1938: bilateralismo + política comercial = manufacturas

HERNÁN GONZÁLEZ BOLLO[1] Y ESTEBAN VILA[2]

El bienio 1937-1938 fue una crisis económica que encadenó un conjunto de episodios hacia un incierto porvenir, ya sea por la guerra, ya sea por el final de la restauración neoconservadora. En 1937, se superaron las toneladas exportadas en 1928, se alcanzó el superávit en la balanza comercial y en la cuenta corriente y se saldó parte de la deuda externa (Beveraggi Allende, 1954, p. 181). En el primer semestre, ocurrió un repentino auge de los precios agrícolas, y en el segundo volvió la depresión de esos mismos precios. La campaña agrícola 1937/38 se perdió y quedaron descalzadas las exportaciones de las importaciones de 1938, lo que provocó la devaluación del peso. Finalmente, se decidió el reajuste del control de cambio, en las divisas de libre disponibilidad. En el centro del debate quedó en evidencia el crecimiento manufacturero, que se aceleró, al menos hasta 1943, respecto de la velocidad alcanzada entre 1914 y 1935 (Belini y Korol, 2020, p. 62).

La cuestión industrial de los años 1937-1943 se entrelaza con la sinuosa trayectoria en el poder de la Concordancia, una coalición que sobrellevó imprevistos y fue responsable

1 Facultad de Ciencias Económicas, Universidad de Buenos Aires, Instituto Interdisciplinario de Economía Política (IIEP), Consejo Nacional de Investigaciones Científicas y Tecnológicas (CONICET).
2 Instituto de Investigaciones Gino Germani, Facultad de Ciencias Sociales, Universidad de Buenos Aires, CONICET.

de las primeras políticas y programas macroeconómicos.[3] La suscripción del Tratado Roca-Runciman (1933), la creación del Banco Central de la República Argentina (BCRA) y los datos del censo industrial (1935) desembocaron en el *boom* exportador del bienio 1936-1937 (Salera, 1941, p. 189).[4] Estos acontecimientos señalan el lento cambio de matriz en la creación de la riqueza nacional. Nada impidió que la producción y exportación de cereales, oleaginosas y carnes de la pampa húmeda perdiera paso cualitativo ante el incremento de la actividad manufacturera y, en menor medida, la inversión en obra pública. La urbanización acelerada dio cuenta de un denso entramado de instalaciones de diferentes dimensiones, ya sean fábricas, depósitos y centros de distribución. El caso emblemático fue la ciudad de Buenos Aires y Avellaneda, Lanús y Quilmes, tres distritos del sur del Gran Buenos Aires.[5] Esa franja del Río de la Plata lideró la actividad secundaria en el país, incluso, más allá del golpe militar de junio de 1943, y al menos hasta 1960. Dispuso de un circuito de capitalización y crédito, ya sean bancos públicos y privados, una aceitada organización de sociedades comerciales, nativas o extranjeras (Lluch y Lanciotti, 2012, pp. 119-146) y contó con firmas industriales que ingresaron al recinto de operaciones de la Bolsa de Comercio porteña. Estamos hablando de una compacta área urbana y suburbana que contó, además, con un amplio y

---

3 La Concordancia (1932-1943) fue una coalición de conservadores, radicales antipersonalistas y socialistas independientes. La primera de muchas otras en la historia política argentina.

4 Las exportaciones del bienio 1936-1937 superaron el saldo positivo del trienio precedente y estuvieron acompañadas del arribo de inversiones extranjeras (Salera, 1941, p. 182).

5 En una atractiva argumentación, inicialmente basada en empleo obrero y no en la base de los establecimientos declarados en los censos y las encuestas industriales, Margarita Gutman y Jorge Enrique Hardoy (2007, pp. 176-181) resaltan que en la década de 1930 "se fue dando forma al cinturón industrial del Gran Buenos Aires", pero debemos advertir que a mediados de la década de 1940 estaba lejos de completarse el primer cinturón fabril, por ejemplo, en el oeste de la ciudad-capital (RA, Ministerio de Hacienda, Dirección General de Estadística de la Nación, 1940, pp. 105-109).

fluido mercado laboral, no solo de trabajadores en los establecimientos, sino de administrativos y profesionales en las oficinas, sin olvidar a los directivos y familiares. Diremos también que el papel del Estado nacional no se agotó en los aranceles a las importaciones, las juntas reguladoras de la producción agrícola, el control de cambio o la devaluación del peso. A partir de la ley de presupuesto de 1937, quedaron establecidas exenciones en las tarifas de importación para el ingreso de bienes de capital e intermedios, así como la devolución de derechos abonados para industrias que exportaran manufacturas. La superposición de los planos productivo, de inversión, laboral y de incentivos oficiales convirtió a la ribera oeste rioplatense en un activo centro manufacturero y comercial que, en la posdepresión, se distinguió de la pampa húmeda descapitalizada.

Llegar hasta aquí supone una revisión de metodologías, como las canónicas narrativas sobre las oposiciones binarias.[6] Resulta interesante la controversia en la que se enzarzaron dos militantes de fines de la década de 1950 e inicios de 1960, cuando polemizaron sobre la marcha de la industrialización argentina. Jorge Abelardo Ramos, autor de *Revolución y contrarrevolución en la Argentina* (1957) e *Historia política del Ejército argentino* (1959), exaltó la importancia histórica de la década peronista, pues "vuelca hacia la industrialización todos los recursos del país". En cambio, Milcíades Peña (1986 [1964], p. 13) observa que el crecimiento de la actividad industrial sucedió durante los gobiernos neoconservadores, en la recuperación de la depresión y continuó con el surgimiento de nuevas industrias para cubrir el

---

6 Desde ya, matizamos las aparentes ventajas metodológicas de las oposiciones binarias, encima, a escala nacional, tales como, "clase media independiente, de profesiones liberales *versus* clase media dependiente, asalariada por el Estado y las grandes empresas" (Germani, 1952, p. 565), "clase obrera nueva y clase obrera vieja" (Germani, 1962), "hegemonía 'oligárquica'" *versus* limitada vocación hegemónica de la clase industrial" (Murmis y Portantiero, 1987 [1971], p. 37) o "parque industrial exportador *versus* autarquía económica" (Llach, 1984, pp. 515-558).

mercado interno, gracias a las trabas de la importación; en otras palabras, el peronismo convivió con el estancamiento fabril. Hasta aquí, la ironía sería que, en los años previos al golpe de junio de 1943, habría existido una *industrialización sin planificación*. Por su parte, Carlos Díaz Alejandro (1983 [1975], pp. 102-106 y 226) retoma las observaciones de Virgil Salera, sobre la bonanza del bienio 1936-1937, para recalcar que en 1937 la Argentina había logrado recuperar la actividad económica, mientras se encaminaba a un desequilibrio entre gastos e ingresos federales. Resalta que el país no descuidó las exportaciones tradicionales, mientras avanzó en el camino de la sustitución de las importaciones (por ejemplo, metales, químicos y maquinarias y herramientas, incrementaron el valor agregado de las manufacturas), al punto de que algunas ramas exportaron bienes (Díaz Alejandro (1983 [1975], p. 226). Gracias a Juan Llach (1984, p. 532), sabemos que entre 1942 y 1946 las exportaciones no tradicionales gravitaron significativamente en el comercio exterior. Aquí se abre un abanico de posibilidades en las políticas de estímulo del sector secundario, entre la ampliación del mercado interno y la exportación de bienes terminados (Belini, 2012, p. 287). Se completó una reestructuración del capitalismo nacional, en su composición productiva y diversificación societaria (para el caso Bunge & Born, Schvarzer, 1989, pp. 30-59). Y aconteció en medio del traspaso de poder dentro de la Concordancia, del dominio antipersonalista, bajo el liderazgo del general Agustín Pedro Justo y el doctor Roberto Marcelino Ortiz, al ascenso del conservadurismo raigal, de la mano del catamarqueño Ramón Antonio Castillo.

Pero volvamos a los vertiginosos acontecimientos económicos del verano 1937-1938, pues las medidas oficiales tomadas lograron desactivar la incertidumbre del escenario externo y potenciaron el nivel interno de actividad, al punto de impulsar al conjunto de ramas secundarias y el comercio interior. Detrás del protagonismo y la valiosa experiencia adquirida por Raúl Prebisch, gerente general del

BCRA (1935-1943), existió un colectivo mayor de administradores gubernamentales responsables del manejo de las finanzas públicas y la política económica.[7] Los economistas del BCRA y los ministerios de Agricultura y Hacienda integraron una *comunidad invisible* capaz de maniobrar con suficiente autonomía frente a los continuos desajustes de la economía atlántica. Enfrentaron unas coyunturas inesperadas, alternaron errores de diagnóstico y correcciones improvisadas. Lo hicieron gracias a la disponibilidad de una caja de múltiples herramientas de gestión, que habilitó una perspectiva macroeconómica desde una economía en transición, desde la producción competitiva de bienes agropecuarios al consumo interno. Hay que destacar que el BCRA y Hacienda no coincidieron sobre la salida de la crisis 1937-1938 ni sobre la creciente gravitación de la manufactura nativa en la economía nacional.[8] Adelantemos que, a pesar de la velocidad alcanzada por la aparente industrialización sin planificación, estamos muy lejos de un caótico septenio 1937-1943.

Una revisión más detallada de las fuentes oficiales permite volver a considerar el papel de los incentivos oficiales en la composición ampliada del intercambio atlántico y latinoamericano. Sucedió de forma subyacente al efímero Programa de Reactivación Económica Nacional (septiembre 1940-enero 1941), más conocido como Plan Pinedo; y previo a la constitución misma de la Corporación para la Promoción del Intercambio (CPI). La ciudad de Buenos Aires, Avellaneda, Lanús y Quilmes fueron los beneficiarios directos de la suscripción

---

7 Un reconocimiento de lo hecho por el BCRA corrió por cuenta del profesor Ragnar Knurse. El economista estonio adscripto a la Liga de las Naciones elogió las decisiones tomadas, al calificarlas como el más sorprendente ejemplo de neutralización cíclica (Beveraggi Allende, 1954, p. 185).

8 El BCRA sugirió alentar cierto grado de deflación de los precios internos; en cambio, la segunda optó por establecer restricciones cuantitativas a las importaciones, que finalmente estimularon el nivel de actividad interna (Beveraggi Allende, 1954, p. 194).

de tratados comerciales bilaterales o convenios internacionales de compensación y canje de bienes intermedios o materias primas. Estos acuerdos han sido vistos como unas tratativas de supervivencia en el maltrecho tráfico internacional de la década de 1930.[9] Una vez más, Carlos Díaz Alejandro (1983 [1975], p. 104) señala que durante 1938 cerca del 60 % de las importaciones argentinas se realizaban por trueque o mediante acuerdos de compensación. Aquellos 615 km^2 dispusieron del estratégico puerto de Buenos Aires para el comercio internacional, que, según *Anuario del Comercio Exterior*, lideró el tonelaje exportado e importado declarado del país. Lo cierto es que, a partir de 1937, esos acuerdos bilaterales de compensación firmados por el Estado argentino, por un lado, y los flujos del comercio internacional, por otro, se convirtieron en un activo inestimable para dar cuenta de la marcha acelerada de la industrialización nativa. Queremos destacar que, desde la plaza porteña, se articularon cadenas de suministros con la correspondiente declaración de conjuntos de materias primas y piezas importadas, el armado de bienes y finalmente la exportación. Advertimos que ese flujo comercial no involucró exclusivamente a América del Norte y Sudamérica, sino a Gran Bretaña y sus colonias, y otras naciones de Europa continental, algunas con sus posesiones ultramarinas.

Al suscribir más acuerdos bilaterales, el Poder Ejecutivo Nacional (PEN) puso en marcha una política de Estado eslabonada. Tal como sucedió con la aprobación y reglamentación del artículo 40 de la ley de presupuesto de 1937, más la creación de forma sucesiva de tres organismos para diversificar las exportaciones en diferentes renglones (manufactureras o bienes agrícolas no tradicionales). Nos referimos a la Comisión Interministerial

9 Carlos Díaz Alejandro (1983 [1975], p. 104) tuvo presente el Tratado Roca-Runciman (1933) cuando afirma que la “Argentina luchó en las negociaciones bilaterales por mantener sus mercados tradicionales”.

Permanente de Política Económica (CIPPE, noviembre 1938) y el Comité de Exportación y de Estímulo Industrial y Comercial (marzo 1941), ambos ubicados en el Ministerio de Agricultura; y finalmente la CPI (mayo 1941), situado en el BCRA. Si bien el último organismo ha recogido los mayores análisis, aún resta una exploración del papel, trayectoria y peso institucional de las tres agencias en cuestión como parte de la matriz regulatoria neoconservadora del comercio exterior. Por otra parte, el impacto político y público de la fugaz vuelta al Ministerio de Hacienda de Federico Pinedo no debe impedirnos estudiar los diagnósticos y decisiones de sus predecesores inmediatos, como Roberto M. Ortiz (enero 1936-junio 1937), Carlos Alberto Acevedo (junio 1937-febrero 1938) y Pedro Juan Groppo (febrero 1938-septiembre 1940). Del mismo modo, luego de ser *cajoneado* el Programa por la bancada de diputados nacionales de la Unión Cívica Radical (UCR), hallamos otra línea de gestión en Hacienda. La vuelta de Acevedo (marzo 1941-junio 1943), que continuó con Jorge Alejandro Santamarina (junio-octubre 1943) y César Ameghino (octubre 1943-mayo 1945). Los programas oficiales convivieron con la intensa dinámica política que supuso el traspaso presidencial de Justo a Ortiz, la renuncia de este último y muerte, el ascenso del vicepresidente Castillo y el golpe militar de junio de 1943, coronado por el hiato del general Pedro Pablo Ramírez en la primera magistratura.

De manera tal que el presente artículo propone una reevaluación del ciclo de expansión fabril del septenio 1937-1943, localizada en el espacio geográfico delimitado, a la luz de una serie de incentivos y garantías oficiales; y como parte activa de un mercado interno reconvertido. Una hipótesis sugiere que los acuerdos comerciales y unas activas estrategias internas y externas del gobierno argentino fueron componentes claves en la conformación de cadenas sectoriales de valor agregado; además de la renovación del tráfico de bienes en el puerto de Buenos Aires. Evidencia provisional apunta que en la franja compuesta por la ciudad-capital y su extensión al sur del Gran Buenos Aires (GBA) se consolidó un distrito de manufacturas. Este no se explicaría solo por la mera existencia de una infraestructura previa a la depresión 1929-1932 ni unos recursos humanos formados y disponibles del período de especialización agroexportadora. Allí debemos sumar la crucial disponibilidad de capitales, que añadió una *densidad cualitativa* al despliegue manufacturero ubicado en la orilla oeste rioplatense.

Diremos que desde la plaza porteña se consolidó un híbrido industrial y comercial, y fue gracias a una dotación más o menos competitiva de factores, que convivió con la guerra desarrollada en el Atlántico y debió lidiar ante la ocupación nazi-fascista de los tradicionales mercados de Europa continental. El programa nativo de diversificación de la balanza comercial recién logró una participación significativa en las exportaciones en momentos que el nacionalismo económico despuntaba sus ambiciosas directivas para la segunda posguerra. Debemos advertir que, a fines de 1943, el gobierno militar profundizó una normativa laboral hasta entonces incipiente. Se trató de la reglamentación a escala nacional de la suscripción de los convenios colectivos de trabajo por rama de actividad. Sin duda, impactó en las expectativas de consumo urbano, la estructura de los costos manufactureros y la trama sociolaboral, al punto de convertirse en garantía de las condiciones sociolaborales del próspero quinquenio 1944-1948.

Nos proponemos aquí explorar y poner en contexto ciertas condiciones de la singular industrialización forjada. Se trata de estudiar la creación y misión de los organismos de promoción del comercio exterior, como eslabones de una política económica posterior al Tratado Roca-Runciman. Y como parte de un rango mayor de incentivos públicos y privados que explicarían los flujos de intercambios (algunos no previstos por las iniciativas oficiales). Esta reconstrucción tendrá presente, en primer lugar, las iniciativas políticas bajo el protagonismo del ministro, candidato y presidente Ortiz (1937-1940), su impacto en el sector secundario y la trayectoria inicial de la CIPPE (1938-1940); en segundo lugar, analizaremos la continuidad de la CIPPE (1941-1942), el impulso del Comité de Exportación y Estímulo Industrial y Comercial, además de la CPI, sus impactos en los años 1941-1943, entre el ascenso y caída del vicepresidente Castillo, más los meses iniciales del gobierno del general Pedro Pablo Ramírez.

Roberto M. Ortiz, la CIPPE y el distrito industrial de la Capital Federal y el sur del Gran Buenos Aires

Un interrogante surge entre los programas económicos moderados de la Concordancia. Sin duda, en ellos primaron el *ensayo y error*, con unos elencos ministeriales atentos a unas coyunturas inestables. Existieron beneficios y concesiones a ciertas ramas y empresas que lograron sortear la tupida trama de intereses contrapuestos entre importadores, industriales, capitales nacionales y extranjeros, exportadores y representantes comerciales de países industriales (Belini, 2021, p. 38). ¿Es posible que antes de las ambiciosas directivas del nacionalismo económico de la segunda posguerra existieran medidas oficiales de estímulo a actividades secundarias geográficamente localizadas? ¿Se configuró un distrito industrial, que creció gracias a la radicación de numerosos establecimientos, de diferentes tamaños, y de destrezas laborales específicas, ya sean sociedades comerciales, familias o individuos (Becattini, 2002, pp. 9-32)? Sin duda, existió un decisivo rebalanceo demográfico y una reconfiguración sociolaboral, al punto de alcanzar el *desacople* de la pampa húmeda y más aún del interior.

La ciudad de Buenos Aires, Avellaneda, Lanús y Quilmes vivieron una acelerada densificación de la población residente, bajo varios estímulos. Por ejemplo, tuvieron una baja de la mortalidad infantil, dada la infraestructura sanitaria disponible. Se sumó una migración interna gradual, de desplazamiento por etapas, en mayor medida de zonas afectadas por el impacto de la crisis agrícola (Torre, 1990, pp. 53-54). No debemos olvidar el aporte neto de extranjeros (transatlánticos y de países limítrofes), mayor al estimado originalmente por Gino Germani (Lattes y Recchini de Lattes, 1992, pp. 182-183). A fines de la década de 1930, el crecimiento vegetativo de la población residente había llegado a un piso y comenzaba a crecer asociado a la mayor actividad manufacturera (González Bollo, 2007, p. 253). Podemos conjeturar que, en 1939, vivían allí poco más de tres millones de vecinos, sobre una estimación de cerca de 12.800.000 habitantes en el país.[10] El 24 % de la población nacional residiría en apenas 615 km², una densidad aproximada de 4995 habitantes por km², por lejos, la tasa más alta del país.[11]

---

10 Esta cifra conjetural surge de tomar el crecimiento demográfico anual de los censos porteño (1936) y bonaerense (1938) hasta el censo de población de 1947, para luego proyectar esas tasas anuales relativas a la ciudad-capital y Avellaneda, Lanús y Quilmes, en 1939.

11 En esta concentración urbana y suburbana resulta azaroso trazar la recepción barrial, ciudadana y política en los puntos de llegada. Tenemos como referencia política la Avellaneda de Alberto Barceló (intendente, en 1932-1940, Walter, 1987, pp. 209-210), cuyo fraude electoral no impidió cierto progreso de los recién llegados, quizá, en convivencia con los estratos sociales ya establecidos. Y como referencia laboral, tenemos la creación en las inmediaciones de la estación de Quilmes de un taller metalúrgico, por dos inmigrantes alemanes, formados como oficiales mecánicos, en la Cervecería y Maltería Quilmes, volcados a cubrir la demanda de mayoristas; véase Russo, Cintia, "Sin Par", pp. 41-61.

Gráfico 1: Población de la ciudad de Buenos Aires (CBA), Avellaneda, Lanús y Quilmes, 1936/1938-1947

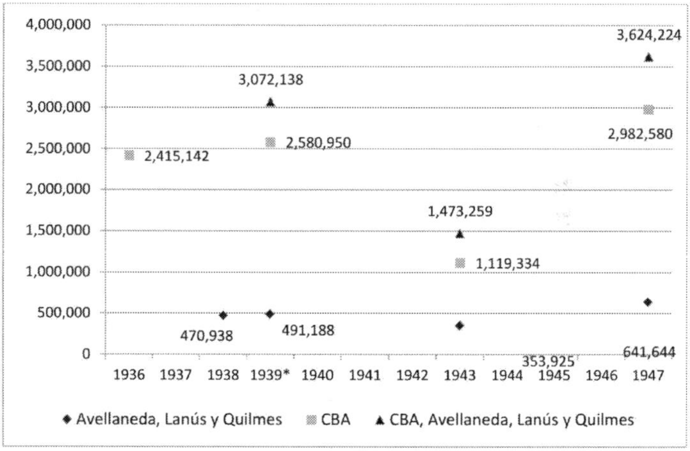

Nota: Los puntos de partida son, a la izquierda, en negrita, las cifras oficiales de la población de la ciudad-capital (1936) y los municipios de Avellaneda, Lanús y Quilmes (1938). Luego, se calcula la tasa anual de crecimiento de ambos conjuntos, respecto de las cifras demográficas contenidas en el censo general de 1947; el punto de encuentro de las cifras porteña y sur del GBA es en 1939, que lleva a la estimación a+b, del 24% de la población total del país.
En el centro del cuadro, en 1943 hubo un censo escolar que contabilizó hijos de 0 a 21 años y padres y tutores masculinos; allí tenemos el segundo a+b, solo como referencia de la dinámica demográfica que operaba en la franja geográfica seleccionada. A la derecha, tenemos la población total, en 1947.
Fuentes: RA, Municipalidad de la Ciudad de Buenos Aires (1939), *Cuarto Censo General 1936. Población 22 X 1936*, t. II, Buenos Aires, Guillermo Kraft; Ministerio de Gobierno de la Provincia de Buenos Aires, Registro General y Censo Permanente de la Población, Inmuebles, Comercio e Industrias (1942), *Población de la Provincia, censo de 1938 y cálculo a 1942*, La Plata, Taller de Impresiones Oficiales; RA (1948), *IV Censo Escolar de la Nación*, t. I, Buenos Aires, Talleres Gráficos Consejo Nacional de Educación; Presidencia de la Nación (1952), *IV Censo General de la Nación*, t. III, Buenos Aires, Guillermo Kraft Ltda.

Podemos hipotetizar que esa *comunidad cívica* vivió el progreso de una urbanización radial, desde las áreas acomodadas de clase media, cerca de las estaciones de trenes (los barrios porteños de Caballito y Villa Devoto, o las localidades bonaerenses de Quilmes y Ranelagh); esos mismos estratos sociales dominaban la ocupación en los municipios residenciales vecinos de Lomas de Zamora y Vicente López.[12] Debemos sumar el bajo costo del transporte público, pues facilitó la movilidad y fluidez del mercado de empleo urbano y suburbano (Torres, 1978, p. 190). Las conexiones de estaciones de ferrocarriles, tranvías eléctricos y colectivos por las calles y avenidas pavimentadas intercomunicaban zonas fabriles, barrios populares, áreas residenciales y terrenos loteados en las periferias. Dividida por el Riachuelo, el sur bonaerense vivió bajo la alternativa esbozada por Juan Bautista Alberdi, sin excesos de instrucción y tan poco republicana, como la "república posible" (Halperín Donghi, 1982, pp. 40-42); al norte del Riachuelo no hubo fraude electoral, pero el escándalo de los sobornos en el Concejo Deliberante (1937) y su intervención (1941) deslegitimó un símbolo democrático (De Privitello, 2003, pp. 183-204).

En dicha franja, en 1939, se ocupaban el 47,2 % de los propietarios, directores y familiares, el 48,3 % de los administrativos y el 49,9 % de los obreros del país. Según una investigación, allí se concentraban los obreros y empleados

---

12 Nuestras fuentes claves son la cartografía diseñada por Héctor A. Torres (1978, pp. 163-204) y las estadísticas industriales de 1937, 1939, 1941 y, en menor medida, 1943. Cuando aún no se completaba un anillo del conurbano bonaerense, se consolidaron como zonas residenciales Lomas de Zamora, al oeste de Lanús, y Vicente López, esta última como continuación de los elegantes barrios desde Retiro-Recoleta hasta Núñez-Saavedra, del otro lado de la avenida General Paz. Al oeste-sudoeste de la Capital Federal lindaban los municipios de La Matanza y Morón, que aún eran distritos con actividades dispersas. Caseros tenía un taller ferroviario, en San Martín estaba la metalúrgica TAMET y en Hurlingham, la fábrica Goodyear. En Munro se ubicaba la empresa Atanor.

en trabajos continuos, de 44 a 48 horas semanales, que contrastaba con la inestabilidad laboral y los bajos jornales pagados que dominaban el resto del país. Dicha pesquisa registró los niveles de ingresos mensuales de 1937 de obreros y empleados, $132 y $261, respectivamente, y los contribuyentes más bajos de la declaración de rentas, $333. Entre ambos niveles de ingresos prosperaban servicios y pequeños comerciantes y profesionales de los que poco se conoce. El informe sospechaba que constituían "una fracción importante de la población urbana total" (Corporación para la Promoción del Intercambio, 1944a, pp. 32-33).

Resulta notable el otorgamiento de estímulos adicionales en 1937, con la inclusión en el presupuesto nacional de la liberación de derechos para la introducción de, por ejemplo, equipos e insumos químicos, más la devolución de derechos para las industrias exportadoras, ya sea armado de automotores y maquinaria agrícola. Pero el Congreso no avanzó más allá. Un año más tarde rechazó mayores avances, al desestimar un proyecto de ley *antidumping* y otra normativa más sobre la devolución de reintegros de derechos de exportación (Belini, 2021, p. 39). En ese mismo 1938, el Ministerio de Hacienda advertía al país que debía formarse clara conciencia sobre, "no [...] ha de volver prontamente la economía internacional a lo que fue antes, a lo que quisiéramos que fuesen las naciones de ingente producción agraria". Sugirió llevar a cabo una política que combinara las capacidades internas y "abrir nuevas posibilidades para ensanchar el comercio exterior" (*Memoria del Departamento de Hacienda correspondiente al año 1938*, I 1939, p. 12). Bajo la dirección de la Comisión Interministerial Permanente de Política Económica se entrecruzaron los tratados bilaterales con aquellos incentivos fiscales. La búsqueda de impulsar las exportaciones no tradicionales no maduró rápido. Sin duda, las franquicias estimularon el crecimiento interno de las ramas manufactureras, en medio de los preparativos de la guerra en el Atlántico y del rutilante paso de Federico Pinedo por Hacienda.

Visto en detalle, el presupuesto aprobado en 1937 contenía más decisiones que facilitarían otras condiciones de la expansión económica. El artículo 35 también eximió de derechos de importación a máquinas, materiales e instrumentos eléctricos, por ejemplo, cámaras de transformación y redes de distribución. Como no se producían localmente, fue un intento de incrementar la oferta de energía con el aliento a la construcción e instalación de usinas de energía eléctrica en los municipios del país. Todas las franquicias enumeradas quedaron bajo la aprobación del Departamento Nacional del Trabajo (DNT), pues quienes ocuparan los puestos de las actividades beneficiadas debían recibir "salarios que satisfagan condiciones mínimas de vida", bajo la aprobación del Departamento Nacional del Trabajo (DNT) (República Argentina [RA], 1937, pp. 13-14]). Hacienda amplió la liquidez al adelantar fondos para las numerosas obras de infraestructura de la ciudad de Buenos Aires y absorbió deudas provinciales, dando mayor liquidez.[13] Pero la habilitación al Banco Nación para financiar las operaciones de la Junta Nacional de Granos (JNG) se convirtió en un colosal mecanismo nativo de multiplicador fiscal.[14] Pensemos en las transferencias y cheques cobrados en sucursales del Nación a lo largo de la pampa húmeda, por tenedores de cosechas (expansión monetaria juzgada con suspicacia por el BCRA, Llach y Gerchunoff, 1998, p. 141). Así quedaban relegados a un módico impacto fiscal las obras y rutas regionales de la Dirección Nacional de Vialidad y el Ministerio de Obras Públicas. La plaza porteña se expandía al

---

13 Al mismo tiempo, Hacienda rescató empréstitos, obligaciones comerciales y bonos de deuda pública, que aligeraron la carga financiera de las provincias de Corrientes, Jujuy, La Rioja, Mendoza, Santa Fe, San Juan y Tucumán (*Memoria... 1937*, I, 1938, pp. 147-186).

14 Sin dudas, el mecanismo del multiplicador fiscal dio alas a interpretar medidas de cuño keynesiano. La conexión de las medidas tomadas en el lejano sur con los argumentos macroeconómicos desarrollados por John Maynard Keynes es un tópico debatido. No obstante, más allá de las filiaciones y búsqueda de etiquetados, creemos que el impacto de tales recepciones ha quedado saldado por Mariano Arana (2021, pp. 151-171).

calor de los estímulos citados a las actividades internas, en una relación difusa con las exportaciones que debían diversificarse. El objetivo político declarado era sostener de forma combinada el poder de compra popular y el incremento de las importaciones (*Memoria del Departamento de Hacienda correspondiente al año 1938*, I 1939, pp. 121-126).

A fines de 1938, se crea la CIPPE, encargada de "todas" las negociaciones comerciales internacionales bajo la delicada meta de conciliar "los intereses del comercio exterior y de la producción nacional" ("Ha sido creada la Comisión Interministerial Permanente de Política Económica", 1939, p. 7). El ministro de Agricultura, ingeniero José Padilla, aludió a que "la complejidad cada vez mayor de las cuestiones de política económica imponían una unidad de criterio" en las negociaciones internacionales ("Ha quedado constituida la Comisión Interministerial Permanente de Política Económica", 1939, pp. 7-8). La Comisión revisaba tratados, convenios o arreglos, así como las prórrogas o nuevas firmas. Además, podía organizar audiencias para escuchar las objeciones de cada sector afectado y en definitiva conciliar con los representantes o delegaciones extranjeras en comisiones mixtas de interpretación y aplicación. Los integrantes de la CIPPE quedaban encargados de la redacción de instrucciones y eran delegados en los congresos o conferencias internacionales.[15] Asimismo, debían rendir cuentas al Congreso ante ratificaciones o consultas sobre detalles de lo firmado. La posibilidad de una reducción de aranceles aduaneros obligaba a publicar una lista de productos afectados, lo que dio comienzo a las inevitables réplicas sectoriales. La Comisión tenía dos sedes, una en el Ministerio de Relaciones Exteriores y la otra en Agricultura;

---

15 Así sucedió en la VIII Conferencia Panamericana, reunida en Lima, a fines de 1938, ante la presión de los Estados Unidos para abrir el mercado argentino al ingreso de automóviles terminados de ese origen. La respuesta comercial argentina fue dictar un decreto, con la firma del presidente Ortiz y el ministro de Hacienda Groppo, en el que se exigía a los importadores asegurarse un permiso previo de cambio (Salera, 1941, pp. 199-214).

y sus funcionarios provenían de ambos ministerios y de Hacienda. Estuvo encabezada por Eduardo Ocantos Acosta (1938-1942), director general de Aduanas.

La firma de un tratado, más un protocolo adicional, con Dinamarca e Islandia (abril 1939) pretendió cubrir la demanda insatisfecha de forrajes para ganado, pero quedó en el camino, dada la invasión alemana de su vecino escandinavo (abril 1940) y la ocupación aliada de la isla (mayo 1940), respectivamente. Los convenios firmados con España en 1939 inicialmente giraron sobre las exportaciones tradicionales, como avena, centeno y trigo. Dos años más tarde se firmó un convenio de trueque de maíz por hierro, y en 1942 se estipuló la venta de un millón de toneladas de trigo, a cambio de 30.000 toneladas de hierro y la construcción de dos barcos mercantes y un destructor. Con Brasil, la Cancillería argentina e Itamaraty acordaron "someter a consideración [...] facilidades para la introducción de productos industriales", para consolidar un mercado a la producción manufacturera (RA, Ministerio de Agricultura de la Nación [MA], 1940, pp. 607-608; RA, MA, 1941, pp. 498-499). Con Italia se acordó ampliar de forma recíproca las licencias de importación, que facilitaron el ingreso aquí de materias primas, el armado del producto final y su exportación. Toneladas de bario italiano ingresaron al puerto de Buenos Aires, como sulfato impuro para la industria —utilizado en pinturas, vidrio o caucho—. Desde el mismo puerto, se exportó como pintura en pasta o líquida a Bolivia, Paraguay, Uruguay, Reino Unido, Grecia y la misma Italia (RA, Ministerio de Hacienda, Dirección General de Estadística de la Nación, 1940, pp. 180 y 446).

Cuadro 1. Ciudad de Buenos Aires, Avellaneda, Lanús y Quilmes, datos claves para captar la trayectoria de la manufactura, 1937, 1939, 1941 y 1943

	1937	1939	1941	1943*
Número de establecimientos	16.316	17.567	19.087	s/d
Establecimientos / % total nacional	33	32,6	32,9	s/d
Establecimientos por km²	26,5	28,5	31	s/d
Propietarios, directores y familiares / % total nacional	46,8	47,2	46,5	46,5
Administrativos / % total nacional	58,2	48,3	47,9	28,4
Obreros / % total nacional	50,3	49,9	48,4	39,6
Producción / % total nacional	52,2	53	48,1	40,1
Materias primas / % total nacional	53	53,3	49,2	34,3
Electricidad / % total nacional	55	56,4	51,7	44
Combustibles y lubricantes / % nacional	36,9	39,1	39	29,3

Nota: *En la estadística industrial de 1943 no están desagregados los establecimientos por municipios o localidades de la provincia de Buenos Aires.

La estadística industrial de 1939 documenta que, sobre 16 grandes grupos de actividad, divididos en 205 ramas especializadas, en el ya citado polo de la producción nacional se registraron 17.567 plantas, que representaban el 32,6 % del total nacional, a razón de 28,5 establecimientos de todo tamaño por km². Consumían el 53,3 % de las materias primas, el 56,4 % de la electricidad y el 39,1 % de combustibles y lubricantes del país, para elaborar el 53 % de la producción total. En esa densa malla de fábricas y talleres, así como depósitos y centros de distribución, se destacaban dos concentraciones fabriles: una en la 15.a circunscripción porteña, San Bernardo,[16] con 2335 plantas y 973 familiares, que ocupaban 2360 empleados y 29.213 obreros; la otra se afincaba en la localidad bonaerense de Avellaneda, que alcanzaba a 832 plantas y 226 familiares,

---

16 Como nota curiosa, diremos que esa circunscripción fue uno de los epicentros de la huelga general llevada a cabo en enero de 1936 (Iñigo Carrera, 2000).

que ocupaban 3831 empleados y 34.368 obreros. Sin duda, allí mantenía su dominio la poderosa rama "Alimentos, bebidas y tabaco" y seguida de la ascendente "Textiles y sus manufacturas". En cambio, en nuestro lente de análisis importan otras tres ramas, no menos dinámicas y con otros valores agregados. Nos referimos a "Substancias y productos químicos y farmacéuticos, aceites y pinturas", "Metales y sus manufacturas" y "Maquinaria y vehículos". Para su desarrollo, necesitaron la importación de algún bien intermedio, materia prima o pieza, y así aprovecharon las franquicias de importación.[17]

Dos referencias cualitativas surgen; una de la estrategia de capitales nativos y la otra sobre el arribo de inversiones extranjeras. Por un lado, el grupo Bunge & Born consolidó su participación en toda una rama de actividad, con la fundación de Compañía Química (1935), la ampliación de las instalaciones de Pinturas Alba (1936) y la creación de la Fábrica Argentina de Pigmentos (1940). Por otro lado, en el sur del GBA se radicó la empresa británica Pilkington, fabricante de cristales, que instaló un almacén y luego construyó un horno. Y junto con Rigolleau, organizó Vidriera Argentina S. A. (VASA). La sociedad ofreció vidrios para puertas corredizas, entre otros muchos otros tipos de cristales, como, por ejemplo, cristalería para automóviles (Jones, 1992, p. 148).[18] Esta iniciativa empresarial contaba con el corredor sur del GBA, transitado por el tranvía eléctrico

---

17 Algunos ejemplos de materias primas importadas, asentadas en el *Anuario del Comercio Exterior*: aceites animales y vegetales, esencias perfumadas, anilinas, ocres, pigmentos, barnices, lacas, tintas, abonos, ácidos, aspirinas, bismuto, cafeína, cloroformo, colorantes, desincrustantes para calderas, estaño, mercurio, plata, plomo, potasio, quinina, sacarina, salitre, sodio, yodo, zinc, cúrcuma, algodón hidrófilo, telas adhesivas, gasas, parafina, vaselina, dinamita, hierro con plomo, acero sin trabajar con carbón, redondelas de hierro galvanizado, resortes, acero, flejes hierro, bridas, codos, uniones, bombas manuales de hierro y bronce, calderas buque, compresores, motores, repuestos para arados, accesorios y repuestos de bicicletas, carrocería, transmisión y dirección, chasis, motor, encendido, bombas, locomotoras y máquinas agrícolas.

18 Por otra parte, las instalaciones de Rigolleau dieron formación continua a obreros calificados y técnicos, que luego fundaron "una variada gama de talleres subsidiarios en su zona" (Lombán, 1990, pp. 149-184).

22. La iluminación eléctrica, agua corriente y gas contó con el apoyo de la intendencia de Quilmes, gracias a la Ordenanza n.° 652 (1932), con las exenciones impositivas para 1932-1937 y una rebaja más para los tres años subsiguientes (Lombán, 1990, pp. 185-218). Compañía Química y el tándem Pilkington-Rigolleau importaron algún componente crítico, para cubrir cómodamente el creciente consumo doméstico. Si pensamos en aquellas ramas que ampliaron líneas de producción o renovaron catálogos de productos, queda el interrogante sobre los saldos de la producción final para la exportación.

Podemos refinar este análisis con los datos desagregados del distrito porteño (y suponer en dos tercios la gravitante participación de los tres municipios del sur del GBA sobre el total bonaerense). Substancias y productos químicos y farmacéuticos, metales y sus manufacturas y maquinarias y vehículos registraron en 1939 unos 4441 establecimientos porteños (estimamos otros 3229 bonaerenses) y ocupaban 1070 familiares (+1074), 7931 empleados (+2290) y 60.654 obreros (+24.984). En ese mismo año, el puerto y la aduana de Buenos Aires se convirtieron en un eslabón logístico de la ciudad-capital y sus alrededores, bajo el atractivo de la ya citada importación libre de derechos. En términos de volumen físico, las importaciones del "Título V. Substancias y productos químicos y farmacéuticos, aceites y pinturas" alcanzaron las 179.097 toneladas; mientras que las exportaciones del "Título VI, c)", arrojaron unas modestas 2645 t (RA, Ministerio de Hacienda, Dirección General de Estadística de la Nación [DGEN], 1940a, pp. 161-212, 233-279 y 445-468). Estas disparidades en la balanza comercial se replicaron en los otros renglones seleccionados, con la importación de 509.746 t, del "Título VIII. Hierro y sus artefactos", y la exportación de apenas 1586 t, del "Título VI, f)", similar. De igual modo, sucedió con las 60.067 t importadas en el "Título IX. Maquinaria" y motores en general, contra las 610 t exportadas en el "Título VI, a) Maquinarias, y vehículos", sin olvidar motores; y las 73.176 t importadas del "Título X, Metales, excluido el hierro y sus artefactos" frente a las 5602 t exportadas del "Título VI, h), Metales, excluido el hierro y sus artefactos". Sumemos "Vidrios y Cristales", como parte del Título XI, b), cuyas importaciones alcanzaron 1312 t y las exportaciones, Título VI, i), fueron 206 t (RA, Ministerio de Hacienda, Dirección General de Estadística de la Nación, 1940a, pp. 279-297, 303-311, 468-471 y 470). El total de 823.398 t importadas y unas magras 10.488 t exportadas sugieren que estamos frente a un polo de producción secundaria en expansión, que se volcaba a satisfacer la creciente demanda interna.

Gráfico 2. Índice de precios al por mayor, Nivel General y canastas de precios desagregadas, enero 1937-enero 1944

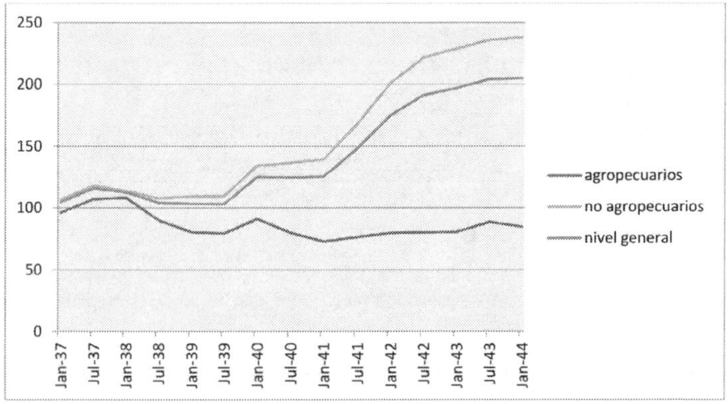

Fuente: *Suplemento estadístico, Revista Económica*, N.° 1-78, OIE, BCRA, Buenos Aires, enero 1937-enero 1944.

La variación mensual del índice de los precios mayoristas, cuyos valores eran tomados de las cotizaciones disponibles en la plaza porteña, ofrece evidencia de un segundo desacople, en este caso, de los precios de las manufacturas. El nivel general se componía de las oscilaciones de los precios de dos canastas ponderadas de bienes: los agropecuarios regulados y los precios no agropecuarios libres (entre los que se medían los valores de unos bienes importados, cada vez más escasos, y otros nacionales, cada vez más numerosos). A partir de enero de 1937 las dos canastas de precios comenzaron una bifurcación, que se hizo evidente a partir de enero 1940. Entre esas mismas fechas, el número índice de los precios agropecuarios regulados descendió de forma sensible de 96,1 a 91 y el número índice de los precios no agropecuarios libres saltó de 106,5 a 134,1. El resultado es que la primera canasta de precios fue el *ancla* del nivel general, a pesar de que no impidió el alza, de 104,5 a 124,9 (Banco Central de la República Argentina, Oficina de Investigaciones Económicas, junio 1941, p. 5). El incremento de los precios mayoristas presionó sobre los precios de bienes de consumo popular y motivó la primera reglamentación oficial de una lista de precios minoristas, sancionada en la primavera de 1939. Quedaron involucrados mayoristas, depósitos de acopio de mercaderías e importadores. Entre otros artículos en bruto o intermedios para la industria quedaban bajo control hierro, acero y otros metales no ferrosos, pinturas y barnices, materiales para la construcción y electromecánicos, drogas y hierbas medicinales, y artículos de farmacia y cirugía (RA, Ministerio de Agricultura, Comisión Nacional de Control de Abastecimientos, 1939). Entendemos que los precios de fábrica en alza reflejaban una ampliación de la demanda, así como el alza de los valores de componentes importados, dentro de cadenas de comercialización en plena sustitución de bienes extranjeros.

El parqué de la Bolsa de Comercio porteña y la creación de sociedades anónimas se convirtieron en otros canales del incremento de la actividad económica de la franja manufacturera. En 1937-1940 se estrecharon algunos componentes de las SA, tales como las fuentes de capitalización, la creación de sociedades y el valor de las firmas registradas de bienes manufacturados.

La Bolsa porteña acusó impacto inmediato de la expansión monetaria, incluso se tornó atractiva para los capitales flotantes provenientes del exterior. A lo largo de 1937 las casas comerciales interesadas en ingresar al parqué debían abonar una acción exclusiva de alrededor de $22.000.[19] No obstante, debemos advertir que las dos terceras partes de las operaciones diarias tramitaban la compra y venta de papeles públicos y títulos hipotecarios; el tercio restante eran colocaciones privadas. Entre los dos tercios estaban las colocaciones del Banco de la Provincia de Buenos Aires o los empréstitos de los municipios de Avellaneda y Lomas de Zamora; en el tercio restante, podían cotizar Olivos Golf Club, Droguería La Estrella o Cristalería Rigolleau. Algunos viernes, la transacción de papeles de empresas privadas en el recinto superó la cifra de 24.000 acciones. La racha, con sus bajas y alzas, llegó hasta marzo de 1940 ("Cambios y negocios en títulos, cereales y otros productos", 16 marzo 1940, p. 17).

En 1937-1940, las habilitaciones de sociedades anónimas (SA) en la ciudad-capital, a manos de la Inspección General de Justicia (IGJ), superaron a las sociedades de responsabilidad limitada (SRL). En aquel momento, esta última figura jurídica había facilitado la constitución inicial de empresas familiares (al punto que simplificaba la sucesión entre generaciones). Podemos deducir que algunas de las empresas familiares prosperaron y se convirtieron en SA (por su parte, las cooperativas porteñas perdían participación relativa a nivel nacional, frente a la continua creación de sociedades rurales equivalentes en las provincias de Buenos Aires y Santa Fe). ¿He aquí unas pistas sobre la dirección y transformación del capital residente en la ciudad de Buenos Aires? Norma Lanciotti y Andrea Lluch (2015, pp. 119-135) prueban la acotada presencia de capital extranjero

---

19 Hemos consultado la sección "Cambios y negocios en títulos, cereales y otros productos" del diario *La Nación*, todos los sábados, que comentaba el cierre del viernes y reseñaba la semana bursátil.

en la inversión industrial de 1937, cerca del 35 %, entre las grandes empresas del país. Entonces se alababa la fundación de SA "creadas en el país" para la industria y el comercio, que se vinculaba "a la constante intensificación de una mayor explotación de materias primas nacionales y al dominio del propio mercado consumidor" ("Datos comparativos sobre la marcha de S. A.", febrero 1938, pp. 33-34).

No todas las SA constituidas eran exclusivamente "industriales", pues había registros de "industriales y comerciales", o "financieras, industriales y comerciales"; sin olvidar categorías más específicas, como "productos químicos, médicos y quirúrgicos" o "cinematografía, radiotelefonía y aeronáutica". El registro porteño suponía la declaración de una oficina comercial (con una plantilla suplementaria de empleados, trabajadores manuales y puestos de jerarquía); mientras, la sede física del establecimiento podía ubicarse en algún otro barrio o en el sur del GBA. En 1939, todas las figuras societarias arriba citadas cubrieron cómodamente la tercera parte de las empresas constituidas en la ciudad-capital ("Sociedades anónimas autorizadas durante el año 1939", enero 1940, p. 5). Un año más tarde, se sumaron "editoras" y "metalúrgicas, motores y máquinas", y rubros cuya suma alcanzaron el 40 % del total de las firmas registradas ("Sociedades anónimas autorizadas durante el año 1940", enero 1941, p. 5). En la habilitación quedaron declarados el *capital autorizado* total por la IGJ para el futuro desenvolvimiento comercial de la sociedad, el *capital suscripto* que los socios se comprometían a aportar en el futuro, y el *capital realizado*, efectivamente abonado en el momento de la apertura.

Cuadro 2. Autorización de Sociedades Anónimas por la Inspección General de Justicia y capitales declarados en m$n, 1937-1940

Año	Número	Autorizado $	Suscripto $	Realizado $
1937	86	125.710.000	37.282.080	4.680.660
1938	88	119.538.000	37.458.390	14.527.108
1939	101	113.610.000	33.859.300	9.080.115
1940	109	113.525.000	40.528.800	13.747.825
1937-1940	384	472.383.000	149.128.570	42.035.708

Fuente: "Sociedades anónimas autorizadas durante el año 1941", *Monitor de Sociedades Anónimas*, t. LXVII, N.° 436, febrero 1942, p. 33.

En la estadística industrial de 1937, se declararon 2593 establecimientos porteños —con un giro comercial declarado de hasta $100.000 anuales por planta— que alcanzaron una producción total al costo de fábrica de $1.692.417.240 (RA, Ministerio de Hacienda, Dirección General de Estadística de la Nación, 1940b, p. 63). Dos años más tarde, quedaron registrados 2946 establecimientos con una producción de $1.873.995.000, bajo el mismo parámetro (RA, Ministerio de Hacienda, Dirección General de Estadística de la Nación, 1942, p. 121). En los años 1937-1940, surge a primera vista un respetable ritmo de creación de firmas y un interesante acumulado de capitales, en especial, suscripto y realizado. Existió un sólido flujo de inversión, más allá de la trayectoria de los papeles cotizados en la Bolsa y del ingreso y egreso del exterior de fondos flotantes a la plaza porteña, cuya *trazabilidad* fue monitoreada por el BCRA.

Podríamos sugerir que el curso ascendente del sector secundario, para el consumo interno y las aún incipientes exportaciones no tradicionales, estuvo promovido por unas directivas apenas indicativas de la política económica de la Concordancia. Sin duda, precondiciones cruciales fueron las devaluaciones, los aranceles a las importaciones, el control de cambio y un salario real porteño por debajo de la década precedente (Belini, 2021, pp. 30-31). Y las compras de las cosechas de la JNG y el crédito facilitado a tal fin por el Banco de la Nación inundaron de liquidez la plaza porteña, en una versión rioplatense del multiplicador fiscal. Los 615 km² se transformaron en un fluido entramado industrial, y también comercial, con más efectos multiplicadores gracias a las exenciones a las importaciones y la búsqueda de nuevos acuerdos bilaterales.

Vale destacar que la sólida marcha de la industrialización no se vio afectada por la sinuosa dinámica política. En el verano 1940-1941 sucedió el retiro definitivo del presidente Ortiz de la arena política, la renuncia de su gabinete y el ascenso a la primera magistratura del vicepresidente Castillo. Podríamos conjeturar la existencia de un exclusivo recambio dentro de la Concordancia, con la retirada del antipersonalismo ilustrado y el ascenso del conservadurismo raigal. En medio de todo, ocurrió el intenso paso de Federico Pinedo por el Ministerio de Hacienda. Fueron cinco meses plenos de expectativas públicas y anuncios políticos seductores para el empresariado industrial y los diputados demócratas progresistas, radicales y socialistas que debían aprobar la más ambiciosa propuesta desde el Plan de Acción Económica Nacional (1933-1935). ¿Acaso uno de los desafíos del profesor de derecho comercial, de origen catamarqueño, era congraciarse con la exitosa élite porteña? Esta, aliadófila y opuesta al neutralismo diplomático ante la guerra, y él, un político de tierra adentro, tolerante con el fraude. ¿Los antecedentes de Pinedo aplacarían las suspicacias? La audaz jugada política de Castillo tuvo corto impacto, ¿pero dejó diseminadas las *partículas elementales* sobre los alcances de un gran plan, tan expansivo como el anterior? La diferencia estribaba en la inflación minorista y mayorista, que se incorporaba como variable en una economía reconvertida y estimulada.

Ramón Castillo, el Comité de Exportación y de Estímulo Industrial y Comercial y la CPI

En otoño de 1941, en Agricultura se creó el Comité de Exportación y de Estímulo Industrial y Comercial y en el BCRA se constituyó la CPI. Formalmente, ambos organismos convivieron con la CIPPE. Los tres se enfocaron en incrementar la exportación de producción secundaria y primaria, ya sea agropecuaria de economías regionales, ya sea minería. El ministro de Agricultura Daniel Amadeo y Videla enarboló la premisa sobre "las posibilidades que nuestro país ofrece al desarrollo industrial" y las actividades complementarias con otras naciones limítrofes, a partir de tratados comerciales (*Memoria del Departamento de Hacienda correspondiente al año 1941*, II 1941, p. 1228; Amadeo y Videla, 1942, pp. 17-38). Del mismo modo, la memoria del BCRA dejó de lado las anteriores reservas y destacó que el esfuerzo manufacturero había aumentado la cantidad y mejorado la calidad de productos. Advertía que, sin embargo, la actividad estaba amenazada por la falta de piezas o materias primas importadas (BCRA, 1943: III-2 y III-3). Entre intenciones gubernamentales, coincidencias y advertencias, volvió Carlos Alberto Acevedo al Ministerio de Hacienda. Se convirtió en la segunda alternativa ante la exigente élite porteña, como mensaje de tranquilidad sobre el manejo de las cuentas públicas. Nada de lo dicho impidió la llegada de más inversiones extranjeras y la formación de SA, a pesar de la ampliación de la actividad bélica en el Atlántico Norte.

Las tareas de la CIPPE alcanzaron máximo protagonismo hacia 1941, con la firma de tratados comerciales de alcances variables. Un caso fue la misión especial española, que encabezó el canciller Eduardo Aunós y que amplió los pedidos de maíz y trigo, y sumó tabaco, algodón, aceite comestible y carne; a cambio, facilitó el envío de hierro para la creciente demanda de la industria metalúrgica argentina y aprobó despachar 60.000 t de petróleo. Otro caso fue a raíz de las necesidades de la maquinaria militar aliada; la

Comisión quedó a cargo de una delicada negociación sobre la exportación de minerales considerados estratégicos. Apremiado por el ingreso a la guerra, Estados Unidos dejó de lado sus reclamos por el ingreso de automóviles terminados al país (tal como puede leerse en la tesis de Salera, 1941, pp. 199-214), y acordó la compra directa en la Argentina de concentrados de zinc, mineral y óxido de berilo, mica, tungsteno. El plan de compras, con el pago al contado, a través de la Metals Reserve Co., con sede en Washington, no formó parte de ningún mecanismo de reciprocidad comercial. La cancillería argentina buscó afanosamente suscribir un tratado comercial, que si bien logró firmarse (octubre 1941), no logró agilizar el ansiado intercambio entre ambos países. Todo sucedía mientras la CIPPE, el BCRA y la Dirección General de Aduana advirtieron la conversión del puerto de Buenos Aires en un centro logístico de depósitos y reexportaciones entre, por ejemplo, países limítrofes y nórdicos (CIPPE, s/d, pp. 12-14 y 16-17). Todos estos antecedentes llevaron a sancionar un decreto reglamentario que alcanzó metales y mercaderías en tránsito.

El decreto 97.742/1941 ratificó los alcances del bilateralismo impuesto a la Argentina por las circunstancias internacionales ("Ministerio de Hacienda", 13 septiembre 1941, pp. 1-2). La plaza porteña tenía a la vista la recepción del exterior y resguardo de materias primas y artículos indispensables para la actividad secundaria nativa, que sin embargo eran reexportados a otros países (algunos ejemplos son alambre y clavos a Paraguay, piezas para armar maquinaria agrícola a Uruguay, chasis o camiones terminados a Chile o piezas, instrumental de precisión y motores para buques de cualquier bandera). Mientras, algunos países de origen de esas mercaderías sometían a los productos argentinos a un sistema de permisos de exportación lesivo al desarrollo nativo (tal era el caso de Estados Unidos). El decreto aspiraba a desalentar la tentación comercial nativa de colocar en el exterior productos esenciales para el consumo interno, la disminución de *stocks* y el encarecimiento de los artículos esenciales. El Ministerio de Hacienda sancionó un régimen de supervisión de exportaciones y reexportaciones consideradas estratégicas. Entre sus fines, quizá más general, asomó otra faceta del *Estado tuitivo*. En este caso, amparaba y protegía a la plaza porteña de malas prácticas mercantiles que afectarían el nivel de actividad alcanzado. Pero otro de los fines fue exigir —en particular, a los Estados Unidos— un compromiso de reciprocidad de artículos esenciales que la Argentina no podía conseguir por otro medio. Para entonces, la CIPPE se sumó un representante del Ministerio de Guerra, en momentos en que se replegaban los oficiales liberales y ascendían sus pares nacionalistas.

De la supervisión de las exportaciones surgió el Comité de Exportación y de Estímulo Industrial y Comercial. Lo organizó el Ministerio de Agricultura, encabezado por Daniel Amadeo y Videla, con el apoyo de la Bolsa de Comercio y la Unión Industrial Argentina (UIA), y contó con fondos provenientes de la JNG. Todo indica que estamos frente a una entidad de promoción público-privada, en un momento de auge tanto de la ideología corporativista europea como del gobierno corporativo (*Corporate Governance*) en Estados Unidos. Esta iniciativa convivió con la pugna del sector empresario porteño contra el alza de impuestos, con el Comité de Defensa Económica, organizado precisamente en la Bolsa de Comercio porteña. El fin inicial del Comité de Exportación fue expandir el comercio exterior argentino en las Américas, latina y anglosajona; luego, quedaron seleccionadas frutas, productos de la industria lechera, papa, cebo y metalurgia. Pronto se hicieron presentes los problemas de equilibrar los saldos exportables y el consumo doméstico. Así sucedió con las tramitaciones de los permisos de exportación, cuando se afirmaba que el "sesenta por ciento, aproximadamente, corresponde a artículos en los cuales entra el hierro como componente", y se intentaba verificar que, en el caso de cebo, los "prorrateos correspondientes al treinta por ciento [...] se reservan para el consumo interno" ("Comité de Exportación y de Estímulo Industrial y Comercial", 1943, pp. 40-41).

En el seminario dictado en la FCE (UBA), Raúl Prebisch (1945 II, pp. 325-326) se refirió a la Corporación para la Promoción del Intercambio como una decisión interna del BCRA. El fin inicial fue canalizar exportaciones a los Estados Unidos para compensar el egreso de divisas por la compra directa de automóviles terminados. El problema era la falta de saldo disponible en el mercado de divisas libres. Luego, continúa Prebisch, se sumaron maquinaria agrícola y repuestos, pero a lo largo de 1941 las dificultades de divisas se ahondaron. Solo quedaron los informes sobre ramas industriales. Uno de esos informes analizó la industria química (Corporación para la Promoción del Intercambio, 1944b, pp. 7-10 y 18-20). El informe contaba con datos industriales de 1939, al no tener disponible la estadística de 1941 ni de 1943. Con la información procesada mostraría una rama desarticulada, en apariencia. Sin duda, la ampliación de la actividad puso de relieve la escasez de técnicos. Un estudio matizado de las fuentes utilizadas permite observar una actividad pequeña y concentrada, claramente, lejos del podio liderado por alimentos, bebidas, tabaco y textiles. Y a pesar del punto de partida más modesto, mantuvo un crecimiento constante. Los procesos industriales encadenados e interdependientes de varias subramas y actividades auxiliares (soda cáustica y cloro; zinc y óxido de zinc, anhídrido sulfuroso y azufre importado) impedían distinguir del volumen de importación los efectos variables en las líneas de producción y en la competencia entre productores finales, nativos y extranjeros. El informe descubrió que los datos disponibles de la Oficina de Investigaciones Económicas del BCRA (bienio 1940-1941) no registraban la producción nacional de acetona cuando existía una importante planta de elaboración catalítica de ácido acético y otra planta más con un proceso de fermentación con el que se obtenía simultáneamente con el butanol. Algo no menos interesante ocurrió con la elaboración de agua oxigenada.

La importación no afectó la construcción de nuevas fábricas, pues los propietarios se declaraban capaces de satisfacer enteramente la demanda nacional con su producción.

La estadística industrial de 1941 presentó un escenario que superó los indicadores alcanzados en 1939 y motivó decisiones sugestivas. Allí se documenta que la franja manufacturera en cuestión mantenía el podio de las instalaciones y la ocupación de recursos humanos de toda la actividad secundaria. Contenía el 59 % de las fábricas y talleres, el 33 % de los propietarios, familiares y directores, el 48,4 % de los asalariados y el 49,2 % de los operarios y jornaleros. La 15.a circunscripción porteña y la ciudad de Avellaneda ratificaban el liderazgo como núcleos fabriles: San Bernardo computaba 2660 establecimientos de todo tipo, que ocupaban 989 familiares, 3347 empleados y 36.423 obreros; Barracas al Sud registraba 915 plantas, con 230 familiares, 4515 empleados y 43.517 trabajadores. De la instantánea emergía la convivencia de tres universos productivos de diferentes habilidades y productividades. En la base de la pirámide de establecimientos se ubicaban los talleres familiares de menos de cinco obreros, que declaraban dificultades a la hora de la declaración contable ante el fisco y en el llenado mismo del formulario de la encuesta. Encima de ellos se situaban las firmas de cinco o más obreros, el grueso de la actividad, en términos de consumo de servicios públicos, compra de bienes intermedios, contratos de empleo y valor de la producción. Otro reflejo de su mayor competencia fue la descripción y precisión en la declaración de los productos terminados (detalles de torneado, composición de los materiales que componían los artículos para la construcción, tipos de metales trabajados, etcétera). Esas aclaraciones redundaron a favor de una mayor desagregación de los rubros y las clasificaciones que componían los números finales de la encuesta (RA, MH, DGEN, 1944, pp. 5-6, 14-15). El tercer universo surgía del segundo, y lo conformaban las sociedades anónimas, que controlaban el 4,6 % del total de los establecimientos. En 1939-1941, habían crecido un sólido 19,4 %; en 1941, dominaban la actividad, al elaborar el 54,5 % de la producción total. Cuadruplicaban la suma de obreros y empleados de los talleres artesanales que se ubicaban en la base de la pirámide manufacturera, sin duda, bajo un marco contractual menos inestable.

La velocidad de la industrialización alcanzada —sin duda, acompañada de la satisfacción de la UIA por los indicadores logrados— estableció una *línea de eficiencia* de las fábricas de cinco o más obreros. Esta demarcación reescribió la visión, magnitud y composición sectorial de la ciudad de Buenos Aires y sur del GBA, pues allí se ubicaba el grueso de los talleres. Tengamos en cuenta que en 1941 implicó prescindir en la ciudad-capital del 55,5 % de los establecimientos, y en Avellaneda, Lanús y Quilmes del 72 %. Esto sucedía en medio del rebalanceo interno entre el sur y el norte del Riachuelo. En particular, la encuesta sobre "Substancias y productos químicos y farmacéuticos, aceites y pinturas", "Metales y sus manufacturas" y "Maquinaria y vehículos" exhibió un área porteña consolidada y madura y una zona bonaerense en crecimiento. La electricidad comprada subió 34 % (+62,3 % en la provincia de Buenos Aires), las materias primas empleadas, 16,7 % (+36,5 %), el consumo de combustible y lubricantes, 65,3 % (+124,2 %), y los productos elaborados 19 % (+34,6). Los 2025 establecimientos porteños (según la proporción de dos tercios realizada sobre 1939, estimamos otras 669 plantas ubicadas en el sur bonaerense) ocupaban a 210 familiares (+110), 9332 empleados (+3084) y 66.884 obreros (+27.776).

El volumen físico de las importaciones y las exportaciones seleccionadas desde el puerto de Buenos Aires en 1941 disminuyó, respecto de 1939: 517.882,4 t frente a 8388,3 t (RA, Ministerio de Hacienda, DGEN, 1942, pp. 221-267, 286-338, 343-347, 484-493, 497-514). Bajo el "Título V. Substancias y productos químicos y farmacéuticos, aceites y pinturas" se importaron 121.584 toneladas; mientras que, bajo el "Título VI, c)", se exportaron 4994 t. Con el "Título VIII. Hierro y sus artefactos" se importaron 291.523,6 t y con el "Título VI, f)" se exportaron 2004,6 t. Respecto al "Título IX. Maquinaria" y motores en general, se importaron 22.741 t, contra las 530,3 t exportadas en el "Título VI, g) Maquinarias, y vehículos", sin olvidar motores; en el "Título X, Metales, excluido el hierro y sus artefactos", se importaron 81.034 t frente a las 614,5 t exportadas del "Título VI, h), Metales, excluido el hierro y sus artefactos". Sumamos "Vidrios y Cristales", como parte del Título XI, a) y b), cuyas importaciones alcanzaron 999.1 t y las exportaciones, Título VI, i), fueron 244,9 t.

En 1941-1943, la Bolsa de Comercio porteña consolidó los montos operados en cada rueda. Los fondos públicos y títulos hipotecarios mantuvieron el liderazgo en las transacciones diarias, y las acciones y obligaciones negociables de las empresas superaron las alzas alcanzadas en 1937-1939. En una jornada podían negociarse unos $11,188 millones, más de 52.000 acciones y 485 obligaciones negociables transadas, tal como ocurrió el viernes 19 de septiembre de 1941 ("Cambios y negocios en títulos, cereales y otros productos",20 septiembre 1941, p. 17). Otros $11,276 millones, 43.032 acciones y 1822 obligaciones se operaron el 26 de marzo de 1943, con comentarios sobre el protagonismo de los papeles privados, a pesar de las oscilaciones de precios ("Cambios y negocios en títulos, cereales y otros productos", 27 marzo 1943, p. 17). El golpe militar no impedirá que en el segundo semestre de 1943 se superara el volumen negociado. A principios de diciembre se alcanzaron los $13,951 millones, con 21.119 acciones y 720 obligaciones negociables transadas. La crónica resumió la jornada como "otro día de gran animación en el mercado bursátil, que siguió muy entonado para todo y firme para los principales valores" ("Cambios y negocios en títulos, cereales y otros productos", 4 diciembre 1943, p. 9).

A su vez, las sociedades anónimas formadas en la ciudad-capital lograron una mayor diversificación y capitalización. Más sociedades de responsabilidad limitada readecuaron el estatuto comercial para convertirse en "anónimas".

La profundización de la guerra en Europa continental, y el esfuerzo bélico en el océano Pacífico, no impidió que empresas extranjeras ingresaron al país. Tal fue el caso de la húngara Tungsram (1941), dedicada a fabricar lámparas y aparatos de radio, las norteamericanas Dewey & Almy Compañía Química (1941) y Kolynos (1941), de higiene bucal, la francesa Laboratorio Annecy (1942) y la sueca SKF (1942), especializada en rodamientos. Alrededor del 42 % del total aprobado por el IGJ se declaraban empresas metalúrgicas, tanto fabricantes como importadoras; otras más estaban volcadas a la explotación y procesamiento de minerales[20], para la fabricación y comercio de una amplia gama de productos químicos (barnices, plásticos, pólvora, tinturas), farmacéuticos, medicinales y perfumería; le seguían compañías montadoras de máquinas-herramientas, algunas de precisión, instalaciones y artículos eléctricos y de telefonía, así como laboratorios de investigación científica. Una vez más, los capitales suscriptos y realizados fueron las señales de una mayor liquidez de la plaza porteña.

Cuadro 3. Autorización de Sociedades Anónimas por la Inspección General de Justicia y capitales declarados, en m$n 1941-1943

Año	Número	Autorizado $	Suscripto $	Realizado $
1941	151	164.831.900	52.502.230	20.761.757
1942	250	342.222.200	116.148.900	28.294.930
1943	244	271.620.000	79.146.000	13.013.520
1941-1943	645	778.674.100	247.797.130	62.070.207

Fuente: "Sociedades anónimas autorizadas durante el año 1941", *Monitor de Sociedades Anónimas*, t. LXVII, N.° 436, febrero 1942, p. 33 y nómina de autorizaciones subsiguientes.

20 Minerales tales como azufre, berilo, nitrato de potasio, ocre, sulfato de carbono y wolframio.

Con estos números de la actividad privada, las agencias estatales tomaron medidas y realizaron varias innovaciones. Todo sucedió más allá de las quejas sobre los costos del Estado y sin esperar cambios políticos rotundos. En la órbita del Ministerio de Guerra, se creó la Dirección General de Fabricaciones Militares (ley 12709, 1941). Se constituyó como entidad autárquica, en la búsqueda de más minerales considerados estratégicos para la fabricación de materiales de guerra, y para dar impulso a la descentralización industrial por fuera del Área Metropolitana de Buenos Aires (Flores, 2021, p. 153). Por su parte, la Dirección General de Aduanas tomó como declaración los importes contenidos en las facturas comerciales, que sustituían las desactualizadas tarifas computadas según un cálculo que se venía realizando desde 1916. Todas las actividades acusaron impacto de la corrección de los valores de los bienes importados, que, sin ser una devaluación, reajustaron costos y precios internos.

Una consecuencia fue que otra vez más quedaron deprimidos los precios de bienes primarios. La Oficina de Investigaciones Económicas del BCRA reaccionó con un *retoque* en el índice de precios mayoristas (recordemos que todas las cotizaciones se tomaban exclusivamente de la plaza porteña). El "reajuste de cifras" intentaba, sin confesarlo, una compensación nominal de poder de compra en la canasta agropecuaria, con otro rebalanceo de ponderaciones de valores de granos, carnes, cueros, lana, productos lácteos y forestales.[21] Así, en ese mismo julio de 1941, esta canasta obtuvo un módico 76,4 %, mientras los no agropecuarios llegaron a 168,1 %, con un nivel general de 148,4 %. Otra consecuencia fue la decisión del Ministerio de Hacienda de convocar a una comisión mixta, con funcionarios y delegados de entidades empresariales, para consensuar una "modificación de fondo" sobre aforos, derechos

---

21 *Suplemento estadístico de la Revista Económica*, Buenos Aires, n.° 48, julio 1941, p. 5.

y clasificación de las mercaderías que entonces dejaron de importarse y se producían en el país. Se trataba de avanzar en el estudio de "partidas que aplican un mayor derecho a las materias primas que a los productos semielaborados y elaborados en los que aquellas entran como componentes", sin descuidar el intercambio comercial existente ni los convenios vigentes.[22]

Un dato curioso surge del cuarto censo escolar nacional, realizado en el otoño de 1943, a raíz de las declaraciones individuales sobre la condición laboral y productiva de los vecinos adultos del norte y del sur del Riachuelo. Se entrevistaron a los padres varones (no madres), que declaraban ocupación, con hijos entre cero y veintiún años. El 45,7 % de los padres porteños declaraban una actividad comercial; en cambio, el 43,7 % de los radicados en Avellaneda, Lanús y Quilmes declaraban una actividad industrial (RA, I 1948, pp. 333 y 505-506). Esta distinción, ¿refleja cambios en la composición de la ocupación porteña o era el resultado de una autopercepción urbana, respecto de la suburbana? Mientras, en agosto de 1943, la embajada argentina en Londres acordaba con el Ministerio de Alimentos de Gran Bretaña, en nombre de las Naciones Unidas, un contrato de dos años para venta de 1,5 millones toneladas de carne envasada para destinos tan distantes como las tropas aliadas en los frentes de combate occidental y la Unión Soviética (*Monitor de sociedades anónimas*, agosto 1943, p. 247).[23]

Conclusiones

El interrogante sobre qué debe entenderse como una política industrial bajo los gobiernos de la Concordancia revela la

---

22 *Memoria del Departamento de Hacienda correspondiente al año 1941*, t. II, Buenos Aires, Pesce y Cía., 1942, pp. 1229.

23 *Monitor de sociedades anónimas*, N° 545, t. LXVII, Buenos Aires, agosto 1943, p. 247.

existencia de un conjunto de medidas oficiales con efectos múltiples, quizá lejos de las ambiciosas políticas favorables al sector secundario que sucederán en la segunda posguerra. De ese conjunto de medidas, el efímero Plan Pinedo tuvo un impacto coyuntural, que llenó de expectativas públicas a la UIA. En la segunda mitad de la década de 1930, la actividad manufacturera se vio estimulada por los recursos humanos formados, la infraestructura urbana y suburbana disponible, el relativo bajo costo laboral, más las devaluaciones de la moneda, los mayores aranceles y las cuotas de importación. A partir de 1937, se sumaron los fondos disponibles de la JNG, los acuerdos bilaterales y las franquicias oficiales a las importaciones. Esta combinación de procesos infraestructurales y decisiones gubernativas explicaría la conformación de un distrito industrial que cubrió la demanda del mercado interno en expansión, que no dejó de recibir inversiones extranjeras y que cobijó un embrionario parque exportador de bienes terminados. Todo ocurrió con el mismo vértigo en que la Argentina pasó de sufrir la vuelta de la depresión de precios agrícolas al ingresar como un proveedor secundario al escenario bélico del Atlántico Norte.

En los 615 km² sucedieron más cosas. El menos comentado aquí fue la acelerada urbanización que extendió la densificación de las circunscripciones de la ciudad-capital a los municipios de Avellaneda, Lanús y Quilmes, en un vecindario con municipios residenciales, como Lomas de Zamora o Vicente López. En la franja en cuestión se establecieron plantas y depósitos de diferentes escalas (debemos añadir las flotas de camiones y camionetas para la logística y distribución). La concentración fabril consumió más de la mitad de las materias primas y electricidad, y elaboró en esa misma proporción los bienes manufacturados del país. Se trabajó a tiempo completo, dentro de una movilidad socioespacial de obreros, administrativos, familiares, personal técnico y jerárquico, algunos bajo convenio colectivo y otros por jornales diarios. Un cálculo conservador podría afirmar que estamos frente a una localización regional del producto bruto interno per cápita superior al resto del país y que se ubicaría entre las áreas con mayores ingresos de América Latina. El impulso se ve reflejado en el volumen físico de las importaciones arribadas al puerto de Buenos Aires, en 1939, que disminuyeron en 1941. En cambio, la disparada de los precios mayoristas exige una explicación más comprensiva, que incluya otra ponderación de valores importados en disminución y nacionales en crecimiento, además de un deflactor con un año-base de la década de 1930. ¿He aquí el modelo de una economía y sociedad industrial lista para ser replicada en el resto del país? Pudo ser un deseo implícito, cuando Fabricaciones Militares tuvo entre su misión institucional la descentralización fabril de la franja en cuestión. La reglamentación a escala nacional de la firma de convenios laborales por rama de actividad, desde la Secretaría de Trabajo y Previsión, en noviembre de 1943, obró como un incentivo en esa vía. Pero no podemos omitir que la misma dinámica política de los militares nacionalistas también amplió la concentración fabril, hasta tomar forma el primer anillo en el sudoeste, continuado en el oeste del Gran Buenos Aires.

Las oposiciones binarias citadas en la introducción dan paso a una visión de mayor amplitud y matices cualitativos del distrito industrial. Aquí convivieron diferentes productividades y nichos de mercado. Por ejemplo, los talleres de menos de cinco obreros, con dificultades en el llenado del formulario de la encuesta y la declaración contable al fisco (podemos deducir las dificultades en el acceso al crédito) y el notable crecimiento de la composición de la subrama de productos químicos, farmacéuticos y médicos, a pesar de la falta de fuentes fiables y actualizadas para testear su desempeño. Mas no debemos olvidar que la continua creación de sociedades anónimas y la movilidad de capitales estimularon la inversión en la construcción de edificios de oficinas en el *microcentro,* en las circunscripciones porteñas de Montserrat y San Nicolás, antes de la sanción de la primera ley sobre propiedad horizontal (1952).

A partir de la exploración realizada, ¿qué decir de la CIPPE, el Comité y la CPI? En esta reconstrucción, salta a la vista el decisivo y discreto protagonismo de la primera, la concepción corporativista estatal-societal de la segunda y las relativas chances de la Corporación, según los dichos de Raúl Prebisch (hasta octubre de 1943, gerente general del BCRA y responsable de las divisas para operar en el comercio exterior). En otoño de 1944, las tres quedaron subordinadas a los ambiciosos *objetivos macroeconómicos* del Consejo Nacional de Posguerra. Nada impidió la participación de las exportaciones manufactureras no tradicionales en un 11 %. Resta desagregar la composición de las toneladas importadas y exportadas, en 1943, para profundizar el despliegue productivo de las ramas y subramas citadas, "Substancias y productos químicos y farmacéuticos, aceites y pinturas", "Metales y sus manufacturas", ferrosos y no ferrosos, "Maquinaria y vehículos" y "Vidrios y cristales". El interés aquí se relaciona con el valor agregado que articularon sobre el resto de las ramas secundarias.

Quedan sugerencias dispersas. Por ejemplo, las tesis bienintencionadas de Jorge Abelardo Ramos, sobre pequeñas industrias amparadas por el Plan de Gobierno 1947-1951, ¿conectan con los talleres segregados en la estadística industrial de 1941 y que serán reintegrados al empadronamiento del censo industrial de 1947? Sobre la propuesta de Marcelo T. de Alvear, materializada por Roberto M. Ortiz, de promover industrias que usaran materias primas extranjeras,[24] ¿sugiere la existencia en la UCR de otra línea

24 Otra hipótesis, pero hacia atrás, sugiere la existencia de una lenta materialización de una discreta política de Estado. Durante la presidencia de Roberto Ortiz (1938-1940), las directrices económicas neoconservadoras habrían retomado una línea heterodoxa esbozada por el presidente Marcelo Torcuato de Alvear (1922-1928). Entonces, Ortiz había sido ministro de Obras Públicas. El líder radical antipersonalista se había apartado de la interpretación de una industrialización basada solo en materias primas locales, para, en cambio, promover industrias que usaran materias primas extranjeras, en beneficio de la actividad interna del país (Villanueva, 1972, p. 468). He

directriz de política económica? Asimismo, existen fuentes que refieren a empresarios argentinos en viaje al exterior con apoyo diplomático, ¿quiénes fueron? Hacia adelante quedará el próspero quinquenio 1944-1948, que sin duda se expandió sobre esta base fabril, entrelazado con la desconfianza patronal y las ambiciosas directivas del nacionalismo económico.

Bibliografía citada

Amadeo y Videla, Daniel (1942). *El desarrollo industrial y la economía de guerra*, Buenos Aires, UIA, Instituto de Estudios y Conferencias Industriales.

Arana, Mariano (2021). "Usos y desusos de John M. Keynes en la academia y la política argentina a principios del siglo XX", *Desarrollo Económico*, Vol. 61, n.° 234, pp. 151-171.

Banco Central de la República Argentina (1943). *Memoria anual octavo ejercicio 1942*, Buenos Aires, Luis. L. Gotelli.

Banco Central de la República Argentina, Oficina de Investigaciones Económicas, *Suplemento Boletín Estadístico*, 1937-1944.

Belini, Claudio (2021). "La Gran Depresión, las políticas económicas y el crecimiento de la industria argentina durante la década de 1930", en Jáuregui, Aníbal y Belini, C. (compiladores), *Desafíos a la innovación. Intervención del Estado e industrialización en la Argentina (1930-2001)*, Buenos Aires, Teseo, 2001, pp. 21-65.

Belini, C. (2012). "Industrial Exports and Peronism Policies in Post-War Argentina", *Journal of Latin American Studies*, Vol. 44, pp. 285-317.

---

aquí las raíces para una reconsideración política sobre la discusión entre *industrias naturales* e *industrias artificiales*.

Belini, Claudio y Korol, Juan Carlos (2020). *Historia económica de la Argentina en los siglos XX y XXI*, Buenos Aires, Siglo XXI.

Beveraggi Allende (1954). *El servicio del capital extranjero y el control de cambios. La experiencia argentina de 1900 a 1943*, México, FCE.

"Cambios y negocios en títulos, cereales y otros productos" (1940). *La Nación*, Buenos Aires, 16 marzo, p. 17.

"Cambios y negocios en títulos, cereales y otros productos" (1941). *La Nación*, 20 septiembre, p. 17.

Comisión Interministerial para la Política Económica (s/d). *Memoria correspondiente al año 1942*, Buenos Aires.

"Comité de Exportación y de Estímulo Industrial y Comercial" (1943). En RA, Ministerio de Agricultura, *Memoria correspondiente al ejercicio de 1942*, Buenos Aires, Pesce, pp. 40-41.

Corporación para la Promoción del Intercambio, S. A. (1944a). *La estructura económica y el desarrollo industrial de la República* Argentina, Buenos Aires, 1944.

Corporación para la Promoción del Intercambio, S. A. (1944b). *Industria química argentina*, Buenos Aires, Platt.

"Datos comparativos sobre la marcha de S. A." (1938). *Monitor de las Sociedades Anónimas*, T. LXIII, n.° 388, Buenos Aires, febrero, pp. 33-34.

De Privitello, Luciano (2003). *Vecinos y ciudadanos. Política y sociedad en la Buenos Aires de entreguerras*, Buenos Aires, Siglo XXI.

Díaz Alejandro, C. D. (1983 [1975]). *Ensayos sobre historia económica argentina*, Buenos Aires, Amorrortu.

Flores, Dante (2021). "Dirección General de Fabricaciones Militares. Industria, defensa e impacto local (1941-1989), en Jáuregui, A. y Belini, C. (comps.), *Desafíos a la innovación. Intervención del Estado e industrialización en la Argentina (1930-2001)*, Buenos Aires, Teseo, 2001, pp. 153-204.

Gerchunoff, Pablo y Llach, Lucas (1998). *El ciclo de la ilusión y el desencanto. Un siglo de políticas económicas argentinas*, Buenos Aires, Ariel.

González Bollo, Hernán (2007). "Recepción en la Argentina de una obsesión demográfica occidental. Baja la natalidad, declina la población, se agranda el desierto, 1926-1943", en Salvatore, Ricardo, *Los lugares del saber*, Rosario, Beatriz Viterbo.

"Ha quedado constituida la Comisión Interministerial Permanente de la Política Económica" (1939). *Noticioso*, Año IV, n.° 77, Buenos Aires, pp. 7 8.

"Ha sido creada la Comisión Interministerial Permanente de Política Económica" (1938). *Noticioso*, Año III, n.° 33, Buenos Aires, 1938, p. 7.

Halperin Donghi, Tulio (1982). *Una nación para el desierto argentino*, Buenos Aires, CEAL.

Iñigo Carreras, Nicolás (2000). *La estrategia de la clase obrera*, Buenos Aires, PIMSA.

Jones, Charles (1992). *El Reino Unido y América: Inversiones e influencia económica*, Madrid, Mapfre.

Lanciotti, Norma y Lluch, Andrea, "Investing in growing markets: opportunities and challenges for multinationals in Argentina, 1900-1960", *Management & Organizational History*, Vol. 10, n.° 2, pp. 119-135.

Lattes, Alfredo E. y Recchini de Lattes, Zulma (1992). "Auge y declinación de las migraciones en Buenos Aires", en Jorrat, Jorge Raúl y Sautu, Ruth (comps.), *Después de Germani. Exploraciones sobre la estructura social de la Argentina*, Buenos Aires, Paidós.

Lombán, Juan Carlos (1990). *Nueva historia de Quilmes*, Quilmes, El Monje Editor.

Llach, Juan José (1984). "El Plan Pinedo de 1940, su significado histórico y los orígenes de La economía política del peronismo", *Desarrollo Económico*, Vol. 23, n.° 92, pp. 515-558.

Lluch, Andrea y Lanciotti, Norma (2012). "Las empresas europeas en Argentina: condicionantes, destinos de inversión y cambios organizativos entre la Primera y la Guerra Mundial", *Desarrollo Económico*, Vol. 52, n.° 205, pp. 119-146.

Memoria del Departamento de Hacienda correspondiente al año 1937 (1938). T. I, Buenos Aires, Pesce y Cía.

Memoria del Departamento de Hacienda correspondiente al año 1938 (1939). T. I, Buenos Aires, Pesce y Cía.

Memoria del Departamento de Hacienda correspondiente al año 1941 (1942). T. II, Buenos Aires, Pesce y Cía.

"Ministerio de Hacienda" (1941). *Boletín Oficial de la República Argentina*, Año XLIX, n.° 14.119, Buenos Aires, 13 septiembre, pp. 1-2.

Murmis, Miguel y Portantiero, Juan Carlos (1987 [1971]). *Estudios sobre los orígenes del peronismo*, Buenos Aires, Siglo XXI.

Peña, Milcíades (1986 [1964]). "Crecimiento (1935-1946) y estancamiento (1947-1963) de la producción industrial argentina", en *Industrialización y clases sociales en la Argentina*, Buenos Aires, Hyspamérica, pp. 9-44.

Prebisch, Raúl (1945). *La moneda y los ciclos económicos en la Argentina*, T. II, Buenos Aires, Rotaprint Argentina.

República Argentina (1937). *Presupuesto general de la Nación para el ejercicio de 1937*, Buenos Aires, Imprenta del Congreso Nacional.

RA (1948). *IV Censo Escolar de la Nación. Resumen de toda la República y parciales de la Capital Federal y Provincia de Buenos Aires*, T. I, Buenos Aires, Consejo Nacional de Educación.

RA, Ministerio de Agricultura de la Nación (1940). *Memoria correspondiente al ejercicio de 1939*, t. I, Buenos Aires.

RA, Ministerio de Agricultura (1941). *Memoria correspondiente al ejercicio de 1940*, t. II, Buenos Aires.

RA, Ministerio de Agricultura, Comisión Nacional de Control de Abastecimientos (1939). *Ley 12.591 y decretos, listas de precios, índice general, digesto de la ley*, Buenos Aires.

RA, Ministerio de Hacienda, Dirección General de Estadística de la Nación (1940a). *Estadística industrial de 1937*, Buenos Aires, Peuser.

RA, Ministerio de Hacienda, Dirección General de Estadística de la Nación (1940b). *Anuario del Comercio Exterior de la República Argentina correspondiente a 1939*, Buenos Aires.

RA, Ministerio de Hacienda, Dirección General de Estadística de la Nación (1942). *Estadística industrial de 1939*, Buenos Aires, Peuser.

RA, Ministerio de Hacienda, Dirección General de Estadís tica de la Nación (1944). *Estadística industrial de 1941*, Buenos Aires, Peuser.

"Sociedades anónimas autorizadas durante el año 1939" (1940). *Monitor de las Sociedades Anónimas*, Año LXV, n.° 411, Buenos Aires, enero, p. 5.

"Sociedades anónimas autorizadas durante el año 1940" (1941). *Monitor de las Sociedades Anónimas*, Año LXVI, n.° 423, Buenos Aires, enero, p. 5.

Torre, Juan Carlos (1990). *La vieja guardia sindical y Perón. Sobre los orígenes del peronismo*, Buenos Aires, Sudamericana/Instituto Torcuato Di Tella.

Torres, Horacio A. (1978). "El mapa social de Buenos Aires en 1943, 1947 y 1960. Buenos Aires y los modelos urbanos", *Desarrollo Económico*, Vol. 18, n.° 70, pp. 163-204.

Villanueva, Javier (1972). "El origen de la industrialización argentina", *Desarrollo Económico*, Vol. 12, n.° 47, pp. 451-476.

La crisis en la crisis: industria textil, Estado y empresarios, 1950-1953

María Helena Garibotti[1]

Introducción

Este trabajo se propone analizar la crisis de la industria textil argentina a principios de la década de 1950 a partir del análisis de documentos de la época y datos estadísticos oficiales. Entre 1950 y 1953, la industria textil atravesó una caída del consumo, de la inversión, del empleo, del volumen físico producido y de la productividad. La magnitud y la duración de la caída de la actividad de la rama textil entre 1950 y 1953 refieren más a una depresión que a una recesión. Mientras que la recesión implica una caída de la actividad económica por dos trimestres consecutivos, la depresión se caracteriza no solo por superar los dos trimestres consecutivos sino por la magnitud de la caída. A lo largo de este trabajo nos proponemos dilucidar las manifestaciones y las causas de la crisis de la industria textil argentina, ponderando no solo la evolución sectorial (consumo, inversión, producción y productividad) sino también la reacción de los actores frente a la crisis, así como el contexto internacional de la segunda posguerra.

La situación crítica que atravesó la industria textil a principios de los años cincuenta se dio en un contexto caracterizado por una doble situación de crisis que operaba en paralelo en dos niveles: el plano externo e interno. Por

1 Instituto de Historia Argentina y Americana "Dr. Emilio Ravignani", Programa de Estudios de Historia Económica y Social Americana (PEHESA), Facultad de Filosofía y Letras/ Facultad de Ciencias Económicas, Universidad de Buenos Aires.

un lado, la crisis textil a nivel mundial a raíz de la saturación de la demanda que implicó una mayor presión por parte de los socios comerciales de la Argentina a favor de la importación de textiles que no eran absorbidos por el mercado internacional. Por otro lado, la crisis de la industria textil local afectada no solo por la caída del consumo por efecto de la inflación, sino también por la crisis más general de la economía argentina a causa de la primera crisis de la balanza de pagos de la posguerra. La restricción externa implicó una menor disponibilidad de divisas para el financiamiento de las importaciones de insumos clave entre 1948 y 1952, situación que afectó el ritmo de producción de la industria. En consecuencia, la crisis de la industria textil constituiría un estudio de caso relevante en tanto expresión sectorial de los desafíos que enfrentaba el conjunto de las ramas manufactureras tradicionales en el marco de la industrialización sustitutiva de importaciones durante la década del cincuenta.

La primera parte de este capítulo analiza las manifestaciones de la crisis: la caída del consumo y de la producción de textiles para uso personal y del hogar. La segunda parte del capítulo analiza las causas de la crisis desde la perspectiva de los empresarios textiles. Desde la perspectiva empresarial, los problemas que aquejaban a la industria textil giraban en torno al control de precios, los controles cambiarios, el problema de los costos de producción y la caída de la productividad. Tanto el encarecimiento de la mano de obra por aumentos salariales como la caída de la productividad a causa del ausentismo o desgano obrero constituían los motivos de queja recurrentes por parte de los empresarios industriales. De esta manera, distinguiremos las manifestaciones concretas de las causas coyunturales y estructurales de la crisis que afectó a la rama textil a inicios de los años cincuenta.

La crisis de la industria textil a principios de la década de 1950

En 1946, el porcentaje de la participación de la industria textil sobre el total de la industria manufacturera era del 12,4 %.[2] Durante el primer peronismo, el crecimiento del sector textil estuvo liderado por la rama algodonera, que experimentó un período de auge, seguida por la fabricación de hilados y tejidos de rayón. Hasta comienzos de la década de 1950, la industria textil lideró el crecimiento del sector manufacturero con tasas del 9 % anual, cifra que casi duplicaba a la media del sector manufacturero (Díaz Alejandro, 1975, p. 220). Sin embargo, a partir de ese momento, otras ramas industriales como la química y la metalmecánica comenzaron a registrar un comportamiento más dinámico y lideraron el crecimiento sectorial mientras que la textil inició un período de estancamiento a raíz de la contracción de la demanda (Belini, 2009 y 2017).

Consumo

Durante los primeros años del gobierno peronista (1946-1955), las políticas económicas expansivas basadas en la distribución del ingreso y el incremento de los salarios reales habían ampliado la capacidad de consumo del mercado doméstico. En este contexto, industrias clave como la rama indumentaria conocieron una notable expansión. En 1950, el consumo per cápita promedio de textiles en el país duplicaba el resto de los países latinoamericanos. En Buenos Aires, la venta de indumentaria se había cuadruplicado entre 1946 y 1952 (Milanesio, 2014, p. 147). Este incremento se debió a la combinación de los aumentos de los salarios reales de los trabajadores, especialmente los obreros industriales, alentados por las políticas económicas y laborales del peronismo.

---

2 Cálculo propio con base en el *Censo Industrial 1946.*

Sin embargo, las sequías de 1949/1950 y 1951/1952 generaron una merma en la oferta de bienes agropecuarios y el consiguiente incremento del precio de los artículos alimenticios, principal rubro del presupuesto familiar. Ello derivó en una disminución de la partida presupuestaria destinada al consumo de confecciones textiles para uso doméstico o indumentaria. El año 1950 constituyó un punto de inflexión en tanto que la caída de las ventas y el aumento de los costos de producción generaron el inicio de un período de recesión. La crisis de la industria textil se manifestó a través de una caída en el consumo del rubro vestimenta en el mercado interno a principios de los años cincuenta. El debilitamiento de la demanda de artículos textiles generó una profunda crisis en el sector, particularmente afectada por el ascenso de la inflación interna estimada en un 31 % para 1949 y 39 % para 1952 (Vitelli, 1988). Las primeras manifestaciones de la crisis del sector textil comenzaron a evidenciarse hacia los últimos meses de 1950 y perduraron hasta profundizarse en la segunda mitad del año 1952.[3] La crisis de la industria textil generada por un descenso en las ventas provocó una acentuada paralización de la comercialización de textiles y la acumulación de *stocks* sin posibilidades de colocación en el mercado que obligó a un descenso del ritmo de producción.

Esta contracción de la demanda se acentuó en 1951, agravando la situación de iliquidez que afectaba a los establecimientos textiles.[4] En términos de volumen físico, las ventas de ese año fueron un 14 % menos que las de 1947 a pesar de que la población se había incrementado en un 6 % durante el mismo período.[5] Por otra parte, debido a las restricciones al comercio de importación, la industria textil

---

3 *The Review of the River Plate*, September, 29, 1953, p. 15-16. Véase el estudio estadístico sobre la recesión que afecta a la industria textil publicado por la asociación representativa de los comerciantes textiles, el Centro de Importadores y Mayoristas de Tejidos y Anexos.

4 Ídem, p. 17.

5 Ídem, p. 20.

no pudo mantener un nivel más o menos estable de producción dada la asignación insuficiente de permisos previos de cambio para la importación de insumos y repuestos clave.

En 1952, el consumo por habitante disminuyó con respecto al año anterior (4,53 contra 5,03 kg).[6] En este contexto, los márgenes de ganancia de los empresarios textiles se redujeron en un 41 % en el transcurso de cinco años (1947-1951).[7] Ello trajo como contrapartida dificultades financieras y una caída de la inversión en el sector. A pesar de la asistencia financiera de la banca oficial hacia la industria textil, los fondos se habían destinado durante los años iniciales de la posguerra a solventar los gastos corrientes de los establecimientos fabriles (salarios, materias primas e insumos y saldo de deudas) sin un correspondiente incremento en la inversión y renovación de capital (Girbal-Blacha, 2003; Rougier, 2001; 2007).

El debilitamiento de la demanda doméstica generó una profunda crisis en el sector. Desde el discurso oficial, se alegaba que la contracción de la demanda obedecía a la internalización del mandato gubernamental a favor de una mayor austeridad en el consumo. Según lo anunciado por propio presidente Perón en el IV Congreso Nacional de la Unión de Trabajadores Textiles de 1952, dado el aumento del consumo de textiles a raíz del incremento de la capacidad de compra entre 1946-1951, las necesidades habían sido satisfechas y por ello no existía el mismo nivel de gasto en vestimenta personal que antaño. En este contexto, el presidente aseguraba que la recesión que afectaba a la industria textil era consecuencia de la asimilación por parte de los consumidores del mandato del Plan Económico de 1952 de "producir y ahorrar".[8] Por otra parte, el llamado a consumir menos en vestimenta tenía como fin hacer frente a la

---

6 Banco de Crédito Industrial de la República Argentina, *Informe sobre propósitos y necesidades*, informa sintético N.º 16, Producción de tejidos de algodón, Coordinación industrial, p. 95, 1954.

7 Spinoza Cottela, J. E., "The Textile and Clothing Industry. A diagnosis of the present malaise" en *The Review of the River Plate*, June 6, 1952, pp. 17-21.

8 *The Review of the River Plate*, September 19, 1952, p. 5.

especulación de los empresarios en un contexto de aumento de la inflación interna.[9]

En cambio, desde la perspectiva de los empresarios textiles se destacaban otros factores como causantes de la contracción de la demanda. Según la Federación Argentina de Industrias Textiles, la caída de las ventas de manufacturas textiles en el mercado interno se debía a la conjunción de una multiplicidad de factores adversos:

> a) Repercusión del aumento de otros rubros del costo de vida, especialmente los comprendidos en el rubro "alimentación", restando capacidad de compra de otros bienes al público consumidor;
> b) Acentuada orientación al ahorro: las reiteradas exhortaciones oficiales en el sentido de incrementar los ahorros evitando despilfarros habían influido en el ánimo de los adquirientes en potencia, en forma tan acentuada que evidentemente habían dado resultados más amplios que los previstos y deseados, reduciéndose las compras drásticamente.
> c) Leve disminución en el nivel de ocupación: esta, a la vez causa y efecto, producía una disminución apreciable en el volumen de compras, al restar poder adquisitivo en magnitud equivalente a la de menor ocupación.
> d) Reducción de las compras de organismos estatales, las que configuraban un consumo de volumen importante;
> e) El vuelco en el mercado de importantes volúmenes de artículos importados en cumplimiento de convenios comerciales firmados en años anteriores contribuyó a agudizar el difícil momento por el que atravesaba el mercado. La importación de textiles osciló en 1951 en alrededor de 900.000.000 de pesos, que se desplomaron en el mercado en momentos en que mermaban las compras.
> Todos los factores adversos mencionados que gravitaban en el mercado textil se unieron a los derivados de la legislación para comprometer seriamente el panorama.[10]

---

9 *The Review of the River Plate*, February 20, 1953, pp. 7-8.
10 *Revista Textil*, noviembre de 1953, p. 22.

Entre las circunstancias ajenas a la industria derivadas de la legislación vigente se hallaban no solo las regulaciones sobre precios y comercialización de textiles que cercenaba la liquidez de los empresarios, sino también "la política restrictiva en materia de despidos y suspensiones seguida por las autoridades, la que impedía ajustar la mano de obra ocupada a las condiciones de la demanda".[11] En pocas palabras, la caída de las ventas de las confecciones textiles era atribuida mayormente a causas ajenas a la industria como lo era el impacto de la sequía y su efecto sobre el poder de compra de los asalariados o los desaciertos en la gestión de la política económica por parte del gobierno. A pesar del inicio de la reactivación económica hacia 1953, la industria instalada seguía sin operar a plena capacidad.[12] Recién a mediados de 1954 la industria textil comenzó a recuperarse bajo el impulso del mercado interno y la autorización de importaciones en el marco de los acuerdos comerciales bilaterales vigentes.

De todas formas, conviene advertir que algunas de las críticas adjudicadas a la gestión gubernamental eran más bien consecuencia de condicionantes externos impuestos por la situación de la industria textil en el contexto internacional. La crisis del rubro confecciones textiles por la caída del consumo en el mercado doméstico coincidió con una crisis de la industria textil en el mercado internacional a raíz de una sobreproducción generalizada que derivó en la saturación de los mercados y caída de la demanda. A principios de los años cincuenta, el subconsumo de hilados y tejidos generó una acumulación de *stocks* en los grandes centros internacionales ante una demanda insuficiente para absorberlos.[13] La saturación mundial del consumo de textiles afectó principalmente a los oferentes tradicionales como, por ejemplo, la industria británica y japonesa. Ello generó la

---

11 Ídem, p. 20.

12 *Revista Textil,* junio de 1953, p. 20.

13 *Gaceta Textil,* octubre de 1952, p.7.

paralización del mercado internacional del algodón y de la lana, así como la caída de los precios generando desaliento entre los proveedores de materias primas. La resistencia del mercado internacional a absorber la producción británica destinada a la exportación derivó en acumulación de excedentes, el descenso de los precios de las manufacturas textiles y el cierre de establecimientos fabriles.[14] La saturación de la demanda de confecciones textiles en el mercado internacional era en parte reflejo no solo del restablecimiento de la provisión de manufacturas textiles por parte de los oferentes tradicionales luego de la Segunda Guerra Mundial, sino también de la mayor oferta de países exportadores de artículos textiles competitivos de procedencia asiática en el comercio mundial. A modo ilustrativo, la crisis de la tradicional industria algodonera de Lancashire, destinada a la elaboración de vestimenta, sufrió la pérdida de mercados tradicionales a raíz del aumento de la oferta de materias primas y manufacturas textiles competitivas asiáticas en los años cincuenta en paralelo a la profundización de procesos de industrialización sustitutiva y políticas proteccionistas en defensa de la industria nacional que cercenó la recepción de textiles británicos en mercados de ultramar que anteriormente habían sido destinatarios habituales de las manufacturas inglesas (Singleton, 1986; Ocampo 2004). La crisis de los artículos textiles tradicionales también obedeció a cambios en la demanda tras la aparición de fibras sintéticas que ofrecían alternativas más económicas y resistentes que superaban la estandarización de las manufacturas elaboradas con fibras naturales.

En este contexto de exceso de oferta de manufacturas textiles en el mercado internacional, resultaba particularmente intensa la presión de los principales socios comerciales y oferentes de materias primas y confecciones textiles, como Brasil y Gran Bretaña, para garantizar la concesión de permisos previos de cambio a favor de las importaciones de

---

14 *Economic Survey*, 22 de marzo de 1949, p. 2.

estos artículos como condición para asegurar la colocación de las exportaciones argentinas en mercados externos, cada vez que se renovaban las cláusulas de los convenios comerciales bilaterales bajo principios de compensación. El 15 de septiembre de 1952, el presidente Perón recibió en Casa de Gobierno a delegados sindicales de industria textil. En dicha ocasión, Perón expuso fuertes críticas al manejo del crédito por parte de los empresarios textiles:

> La crisis textil no es una cosa de la Argentina; es del mundo entero. Hay países altamente industrializados en el orden textil que han tenido que cerrar el 50 por ciento de sus establecimientos. Por otro lado, en todos los convenios que firmamos nos quieren vender productos textiles. Es una cosa muy común. Hay una crisis generalizada en el mundo.[15]

Producción

A principios de los años cincuenta, la saturación de la demanda doméstica y los altos costos de producción generaron una caída del consumo de manufacturas textiles. Entre 1950 y 1953, el volumen físico de la producción de la rama textil descendió significativamente. La recesión en la industria textil se prolongó hasta 1953 inclusive, momento en que la industria tocó el punto más bajo del período, constatándose en ese año una caída del número de obreros ocupados, de los salarios y del volumen físico de la producción (véase cuadro 1). A mediados de 1954, la industria textil comenzó a recuperarse bajo el impulso del mercado interno.

---

15 *Gaceta Textil*, septiembre de 1952, p. 3. Véase discurso completo en Perón, Juan, "Ante los delegados al IV Congreso Obrero Textil 15 de septiembre de 1952", *Obras Completas*, Tomo XV, Buenos Aires: Fundación pro Universidad de la Producción y del Trabajo / Fundación Hernandarias, 1998, pp. 269-280.

Cuadro 1. Volumen de la Producción, empleo, hora obrero trabajada y productividad en la industria textil, 1943-1955. En números índices 1943: 100

Año	Obreros empleados	Salarios	Volumen físico de la producción	Hora obrero trabajada	Productividad
1943	100	100	100	100	100
1944	110	115	113	109	104
1945	116	118	122	110	111
1946	125	134	134	116	116
1947	132	162	137	119	115
1948	141	209	151	129	117
1949	143	219	157	132	119
1950	143	210	153	131	117
1951	145	178	151	134	113
1952	137	157	124	119	104
1953	122	145	123	108	114
1954	123	164	131	112	117
1955	123	157	139	113	123

Fuente: *Anuario Estadístico de la República Argentina. 1957*, Buenos Aires, 1959. Referencias: productividad: producto por hora obrero trabajada. La serie de salarios fue deflactada por el IPC (1943), tomado de Javier Villanueva, *The Inflationary Process in Argentina*, Buenos Aires, Instituto Di Tella, 1966.

La crisis sectorial también se manifestó en una retracción del porcentaje de participación de la rama textil sobre el total de las actividades manufactureras. La caída de la producción estuvo estrechamente relacionada con una caída en el consumo de manufacturas textiles durante el primer peronismo en un contexto de agotamiento de las ramas industriales de la primera etapa de la ISI.

En relación con la productividad de la mano de obra, se advierte una caída pronunciada entre 1950 y 1952. En 1952, la productividad alcanzó un nivel similar al del año 1943 (año base de referencia), tal como lo muestra el cuadro

1. La retracción de la productividad se daba en un contexto de incremento de los costos de producción provocados por la política salarial del gobierno. Mientras que la productividad se retraía al índice vigente diez años atrás, los salarios habían aumentado 10 veces respecto al mismo año de referencia.

Los actores socioeconómicos frente a la crisis

La agudización de la crisis en 1952 condujo a revisiones de las políticas de promoción sectorial implementadas en los años previos. En un informe elaborado por el Ministerio de Asuntos Técnicos del 26 de septiembre de 1952 titulado "Consideraciones sobre la actual situación de la industria textil", las autoridades enumeraron una serie de factores que habían contribuido a la crisis de la industria textil. En relación con el régimen de fomento sectorial, concretamente a la política crediticia del Banco Industrial, el informe criticaba la política oficial por haber favorecido a los "aventureros de la industria" sin proyecciones productivas a largo plazo.[16] Asimismo, se advertía con preocupación cómo "las pequeñas fábricas —huérfanas de vinculaciones— fueron casi totalmente absorbidas por los grandes establecimientos o consorcios textiles".[17]

En cuanto a la administración del comercio exterior, el informe advertía una situación muy parecida a lo acontecido en materia crediticia: las grandes industrias habían sido las más favorecidas por la política oficial. Según el informe, la administración del comercio exterior había reforzado el predominio de las grandes fábricas textiles sobre las pequeñas que elaboraban tejidos solamente (o sea sin hilandería)

---

16 Archivo General de la Nación. Fondo Secretaría Técnica, "Consideraciones sobre la actual situación de la industria textil", Ministerio de Asuntos Técnicos, Secretaría General, 26/09/1952, p. 2.

17 Ibídem.

al garantizar el "otorgamiento de permisos de exportación de materia prima (hilados) casi en su totalidad a los grandes fabricantes con elaboración de hilados (hilanderías) como así comerciantes mayoristas y otros importadores ajenos a la industria que ejercieron de tal manera un monopolio evidente en detrimento de las tejedurías carentes de hilanderías".[18] Además, se denunciaba que la misma situación se reiteraba en la distribución de las cuotas de materia prima (hilados) importada por el Instituto Argentino de Promoción del Intercambio (IAPI), en perjuicio de los pequeños fabricantes. Por otra parte, se advertía cómo la importación de tejidos por el IAPI y el régimen de distribución y colocación implementado perjudicaba a las pequeñas fábricas de tejidos provocando su paralización mientras el mercado consumidor absorbía las mercaderías o tejidos importados. Por último, denunciaba cómo "los grandes establecimientos hicieron que aumentaran fabulosamente sus gastos de organización inflándolos a cifras siderales con la consiguiente e irremediable elevación del precio de costo, sin preocuparse para nada de la calidad de la mercadería producida cuyo índice fue muy bajo" provocando "inflación en los precios de venta" mientras que "los probables beneficios de sabrosos dividendos" eran "llevados al exterior muy especialmente por los que fueron beneficiarios de permisos con uso de divisas". Concluía el informe que "si algún día se investigara la evasión de divisas producida por tal medio se llegaría a conclusiones muy desagradables".[19]

Desde la perspectiva gubernamental, la crisis se atribuía principalmente a la implementación de la política oficial que favoreció al empresariado textil concentrado al beneficiarlo con la asignación de divisas y a la incapacidad estatal para disciplinar a aquellos actores que cometían infracciones al régimen de cambio. Asimismo, se les adjudicaba la responsabilidad por

18 Ídem, pp. 2-3.

19 Ibídem. Esto podría relacionarse con las fábricas textiles de Uruguay. Véase Bertino (1996, 2009).

la inflación en los precios de venta dada su escasa propensión a la compresión de sus márgenes de ganancia o a mejorar la eficiencia de los procesos productivos. Por otra parte, los grandes establecimientos habían sido más favorecidos en la concesión de permisos de cambio en detrimento de los pequeños. Tal como se ha visto, las empresas más grandes integraban el desmontado de la materia prima, la producción de hilados y tejidos. Para revertir esta situación que perjudicaba a los establecimientos más pequeños, sobre todo aquellos vinculados exclusivamente a la producción de tejidos, las soluciones aconsejadas por el informe en materia de administración del comercio exterior eran racionalizar la exportación para descongestionar al mercado (saturado por una caída de la demanda del mercado interno en un contexto inflacionario), facilitar el ingreso de divisas o productos que necesitaba el país y la abolición de la importación de tejidos cuya elaboración efectuaba la industria nacional.[20] También se sugería la creación de una cooperativa con apoyo estatal para la instalación de una gran hilandería común en la zona de producción de la materia prima para solucionar los problemas de importación para las fábricas pequeñas que dependían de las grandes hilanderías. Se suponía que la cooperativa suministraría la materia prima no solo en cantidades suficientes sino también en precio inferior al de las hilanderías particulares.[21]

En este contexto, desde los ministerios del área económica se invitó a participar de la sesión del Grupo Económico del 21 de octubre de 1952 a los representantes de los fabricantes y comerciantes de la industria textil.[22] En dicha reunión, los empresarios textiles identificaron varios factores de incidencia negativa sobre la actividad del sector como la falta de crédito, el impacto del Plan Económico de 1952 sobre el consumo de artículos textiles, el mantenimiento de decretos y disposiciones sobre la comercialización

20 Ídem, p. 4.
21 Ídem, p. 5.
22 Grupo Económico, Acta 14 del 21/10/52.

y congelamiento de precios en un contexto de aumento de costos, la superposición impositiva, el incremento de "stocks" y la reducción de los márgenes de ganancia. En relación con la administración del comercio exterior y el control de cambios, los empresarios reclamaron al gobierno por "el vuelco en el mercado de fuertes contingentes de artículos textiles importados, similares a los de producción nacional" así como "la imposibilidad de realizar exportaciones de artículos textiles (…) por los tipos de cambio vigentes".[23] En efecto, las exportaciones se veían afectadas por el atraso cambiario. El desaliento de las exportaciones estaba vinculado con la tendencia a la apreciación de los tipos de cambio durante el gobierno peronista (Díaz Alejandro, 1981, p. 6). La aceleración de la inflación, en paralelo a la persistencia de cotizaciones relativamente estables, provocó una tendencia a la sobrevaluación de los tipos de cambio reales (indicador del poder de compra de una moneda frente a otra) que perjudicó la competitividad de las exportaciones.

Los principales reclamos de los industriales textiles giraban en torno a cuestiones vinculadas a la falta de permisos de importación para los repuestos de la rama, la carga impositiva, el incremento salarial y de los aportes patronales, el ausentismo obrero y la caída de la productividad de la mano de obra en los establecimientos fabriles que derivaban en reservas insuficientes y el retraimiento de nuevas inversiones.[24] En este contexto, las entidades empresariales apelaron al gobierno para implementar medidas que ayudaran a atravesar la crisis de la industria textil entre las que figuraban la derogación del régimen de limitación de precios, la ayuda crediticia, la asignación de permisos previos de cambio para el aprovisionamiento de las materias primas, insumos y maquinarias requeridas por la industria, el fomento de las exportaciones de artículos textiles y la

---

23 Ibídem.

24 *Gaceta Textil*, mayo de 1950, p. 7.

racionalización del trabajo "mediante la eliminación de las disposiciones legales que la traben o la imposibiliten y la adopción de métodos de trabajo más modernos".[25]

Control de precios

Una de las principales críticas de los industriales textiles giraba en torno a la regulación estatal de precios finales de los bienes de consumo en un contexto de aumento de los costos de producción. Desde la perspectiva empresarial, se insistía en la incompatibilidad de un régimen de congelamiento de precios con costos variables "por motivos ajenos al contralor empresario y estrechamente vinculados a la economía del país".[26] Durante el decenio peronista, la comercialización de los artículos textiles fue sometida a una regulación estatal de los precios dada la incidencia del rubro vestimenta sobre el costo de vida de los sectores populares.[27] El control de precios se llevó a cabo a través de medidas que fueron alternándose a lo largo de los años que básicamente consistían en acuerdos con las cámaras empresarias para la reducción de precios, la fijación de precios máximos o el establecimiento de regímenes de utilidades máximas (Belini, 2009). En materia de control de precios, la industria textil se encontraba regida por disposiciones establecidas en los decretos N.° 32.506/47; 15.717/48; 4995/49; resolución del Ministerio de Industria y Comercio N.° 1165/50, Decreto 9578/52 y Resolución de dicho Ministerio 687/52; los decretos N.° 24.574/49 y 5245/52 entre otras disposiciones complementarias y sucesivas modificaciones que congelaban los precios de los artículos de

---

25 *Revista Textil*, noviembre de 1953, pp. 20-21.

26 *Revista Textil*, octubre-noviembre de 1955, p. 18.

27 En realidad, la intervención estatal en el mercado de textiles se había acentuado durante la guerra. La Ley N.° 12591 sancionada el 9 de septiembre de 1939, apenas iniciado el conflicto bélico, autorizó al gobierno a establecer precios máximos con el objeto de frenar el incremento del costo de vida. Más tarde, el peronismo decidió mantener los precios máximos establecidos en 1942.

primera necesidad con destino al consumo interno como las confecciones textiles destinadas a la indumentaria personal y para el uso del hogar. La finalidad de estas medidas enunciadas en sus considerandos era la eliminación del agio y la especulación, limitando los precios de las mercaderías mediante la fijación de utilidades máximas a las empresas traducidas en porcentajes fijos sobre ventas anuales y regulación racional de la producción y distribución de las mercancías suprimiendo intermediaciones innecesarias. El 28 de abril de 1949 se creó por decreto la Dirección de Vigilancia de Precios y Abastecimiento dependiente del Poder Ejecutivo Nacional. El objetivo de esta dependencia estatal era la vigilancia y contralor del cumplimiento de las leyes de represión al agio y la especulación. Desde entonces, el cumplimiento de la normativa contemplada en las disposiciones de las leyes 12830, 12983 y 13492 en relación con la represión al agio, la fijación de precios y de abastecimiento quedaba bajo el control del Ministerio de Industria y Comercio.[28] En 1950 este Ministerio resolvió que las mercaderías destinadas a indumentaria personal y sus complementos, así como los artículos textiles destinados al uso del hogar y todas las materias primas utilizadas en su elaboración, quedaban sujetas al régimen de control de precios.[29] A fines de ese año, con la resolución N.° 1832/50 del 28 de diciembre, el Ministerio de Industria y Comercio fijó precios máximos para artículos de indumentaria personal, "respetando los márgenes de ganancias que deben existir en el comercio y permitiendo a la vez una contención efectiva e inmediata de los precios".[30] Resoluciones posteriores comunicaron sucesivas modificaciones sobre la comercialización de textiles a lo largo de los años, excluyendo del régimen de control

---

28 Poder Ejecutivo Nacional, Decreto N.° 10.102/49 (28/4/1949).

29 Ministerio de Industria y Comercio, Resolución N.° 1165 (16/8/1950) en *Revista Textil*, agosto de 1950, pp. 22-25. Publicado en *Boletín Oficial de la República Argentina*, N.° 16.707, Año LVIII, p. 6.

30 Ministerio de Industria y Comercio, Resolución N.° 1832/50 (28/12/1950) en *Revista Textil*, diciembre de 1950, p. 33.

de precios a determinadas prendas textiles por su impacto nocivo sobre la actividad industrial y el empleo obrero.[31] Por Resolución N.° 926 del 2 de agosto de 1951, el Ministerio resolvió que los importadores, fabricantes y mayoristas que operaban en Capital Federal o Gran Buenos Aires no podían modificar los precios máximos de las mercaderías vendidas al interior del país.[32] A principios de 1952, determinó que el precio de venta al público para determinadas mercaderías sería uniforme en todo el país y su marcación debía efectuarse sobre la misma mercadería por los productores o fabricantes, en forma indeleble y visible.[33] En el marco del Plan Económico de 1952 orientado a mantener el equilibrio entre precios y salarios[34], el Decreto N.° 5245 del 15 de marzo de ese año dispuso el congelamiento de precios y límites máximos para artículos esenciales destinados al consumo interno, entre las que se hallaban mercaderías destinadas a la indumentaria personal y artículos textiles para uso del hogar con algunas excepciones.[35] Según la nueva normativa sobre el régimen de comercialización de textiles, el "equilibrio de precios y salarios" imponía "la necesidad de disponer medidas tendientes a que un considerable volumen de mercaderías destinadas a la indumentaria personal y sus complementos, como así también de artículos textiles destinados al uso del hogar, lleguen al público a los precios más económicos posibles".[36] A lo largo de 1952 continuaron emitiéndose resoluciones relativas al control de precios sobre indumentaria que complementaban las disposiciones anteriores.[37]

---

31 Ministerio de Industria y Comercio, Resolución N.° 1372 (13/11/1950) en *Revista Textil,* enero de 1952, p. 30; Ministerio de Industria y Comercio, Resolución N.° 186/52 (4/2/1952) en *Revista Textil,* febrero de 1952, p. 24.

32 *Revista Textil,* septiembre de 1951, p. 24.

33 *Revista Textil,* febrero de 1952, pp. 25-26.

34 PEN, Decreto N.° 4592 (10/3/1952) en *Revista Textil,* abril de 1952, p. 26.

35 Ministerio de Industria y Comercio, Decreto N.° 5245 (15/3/1952) en *Revista Textil,* abril de 1952, p. 24.

36 PEN, Decreto N.° 9578 (14/05/1952) en *Revista Textil,* junio de 1952, p. 18.

37 Resolución N.° 687 (15/5/1952) en *Revista Textil,* junio de 1952, p. 19.

Las entidades empresariales manifestaron en reiteradas ocasiones su oposición al control de precios ya que, en un contexto de aumento de los costos de producción, generaba una reducción de los márgenes de utilidad.[38] En consecuencia, la posición de los industriales textiles condicionó las negociaciones sobre mejoras salariales a la autorización gubernamental de incluir las nuevas remuneraciones en los precios de venta de los artículos textiles.[39] Asimismo, los empresarios textiles sostenían que el congelamiento de precios y la limitación de ganancias obstruían el mejoramiento técnico y generaban una progresiva descapitalización.[40]

En 1952, tras numerosas gestiones efectuadas por organizaciones empresarias (la Federación Argentina de Industrias Textiles, la Confederación del Comercio, la Cámara de Grandes Tiendas y Anexos, la Cámara de la Industria del Calzado, la Cámara de Industrias y Comercios con Sucursales, la Cámara de Comerciantes Mayoristas, el Centro de Importadores y Mayoristas de Tejidos y Anexos, el Centro de Importadores de Paños y Casimires, la Cámara Industrial Argentina de la Indumentaria, la Cámara de Comercio del Casimir, la Federación Lanera Argentina, entre otras), el gobierno decidió modificar el régimen sobre la comercialización de textiles y dejar "librados al libre juego de la oferta y la demanda" a los precios de la indumentaria personal, textiles destinados al uso del hogar y las materias primas utilizadas en su elaboración, en tanto que "el estado actual del abastecimiento de los citados artículos, como asimismo la tendencia de los precios que rigen su comercialización, indica que pueden mantenerse normalizados por vía de la libre competencia".[41] La eliminación del control de precios por limitación de utilidades a porcentajes máximos admitidos mediante resolución N.° 819/52 del Ministerio

38 *Gaceta Textil*, abril de 1952, p. 3.

39 *Revista Textil*, junio de 1951, p. 23.

40 *Revista Textil*, junio de 1953, p. 20.

41 Ministerio de Industria y Comercio, Resolución N.° 819/52 en *Revista Textil*, enero de 1953, pp. 23-28.

de Industria y Comercio constituyó motivo de satisfacción para las entidades empresariales del rubro textil.

A pesar de las regulaciones oficiales, el resultado no fue el esperado ya que el rubro vestimenta continuó aumentando su precio, lo que generó, en consecuencia, un incremento significativo del costo de vida. El descontento por parte del gobierno ante esta situación quedó reflejado en los discursos presidenciales, como lo fue aquel pronunciado por Perón el 1.º de diciembre de 1953 en Casa de Gobierno en el marco de una audiencia que concedió a los representantes de las federaciones regionales de las provincias, de los territorios nacionales y de la Capital Federal, de las federaciones específicas y de las confederaciones de la Producción, de la Industria y el Comercio, agrupadas en la Confederación General Económica de la República Argentina. En aquella ocasión, tras criticar severamente el aumento de precios de los artículos textiles y el consecuente aumento del costo de vida, Perón sostuvo:

> Ustedes saben que no le vamos a sacar el cuero a los textiles acá...pero vamos a hablar de todo lo que sabemos. Las más grandes fortunas que se han amasado en la República Argentina son la de los textiles en estos últimos diez años. ¿Hay alguno de ustedes que duda de eso? En la época de las "vacas gordas" del 44, 45, hasta el 51, casi, fueron los mejores años para ellos. Está bien que después, con el Plan Económico, hubo dos años de retracción. Pero, ¿qué significa eso frente a los cinco años anteriores de "jáuja"? Y, el comercio es así; algunas veces va bien y otras no. Entonces, es lógico que si para mantener el equilibrio les pedimos un pequeño sacrificio a los hombres que han sido favorecidos por la fortuna, creo que no estamos pidiendo nada del otro mundo; estamos pidiendo comprensión y colaboración, buenamente, para que resolvamos un problema que, de lo contrario, se nos puede traducir en un descontento popular que nos llevaría a tomar medidas desagradables, como sería la congelación de precios, comprar en los mercados extranjeros más barato aquello que nosotros estamos fabricando y vendiendo más caro.
>
> Yo estoy de acuerdo que el pueblo se sacrifique para

> consolidar una industria inicialmente más cara y ponerla en una situación próspera en el país. Pero en lo que no estoy de acuerdo es en que se establezca una mala calidad y altos precios permanentemente. Eso no lo va a permitir el pueblo y cuando el pueblo no lo acepta, el "cabeza de turco" soy yo. Yo soy quien después tiene que tomar las medidas, porque soy instrumento de ese pueblo.[42]

Finalmente, Perón exhortó a la CGE para que mediara en la solución del problema de los precios de la indumentaria. El resultado de estas medidas no fue el esperado en tanto que el rubro textil siguió impulsando el crecimiento del costo de vida (Belini, 2009, p. 150).

Posteriores resoluciones reimplantaron la regulación de precios sobre textiles entre 1953 y 1955 ante el alza de precios que afectaba el "equilibrio entre precios y salarios". En diciembre de 1953, la resolución N.° 1973 del Ministerio de Industria y Comercio estableció el congelamiento de precios para los fabricantes de hilados y tejidos de lana, algodón y rayón y sus mezclas, destinadas a la indumentaria personal o al uso del hogar, a través de la obligación de venderlos a un precio que no superara el vigente al mes de noviembre de 1952.[43] Dicha resolución implicaba una modificación substancial del régimen de libertad de precios con declaración anual de beneficios implantado por la Resolución N.° 819/52. Ante esta situación, los representantes de la industria textil expusieron ante las autoridades económicas todos los argumentos sobre la inconveniencia del retorno a un sistema de márgenes de utilidad y de congelamiento de precios. Según la Federación Argentina de Industrias Textiles:

> Es imposible hablar de congelación de precios en una industria cuyos costos se ven incrementados constantemente por

---

[42] *Gaceta Textil*, diciembre de 1953, p. 4.

[43] Ministerio de Industria y Comercio, Resolución N.° 1973 (21/12/1953) en *Revista Textil*, diciembre de 1953, p. 30.

> aumentos en distintos rubros, particularmente en materias primas —acaso de la industria lanera—, fuerza motriz, combustibles, anilinas, transportes y otros de no menor importancia, máxime tratándose de una industria que trabaja con márgenes de utilidad muy reducidos y muchas veces soportando pérdidas como consecuencia de condiciones desfavorables del mercado. [...]. Con un mercado interno suficientemente abastecido que actúa como regulador de precios, no existe peligro alguno de su elevación excesiva como consecuencia de un régimen de mayor libertad [...].
> La industria deberá, pues, seguir insistiendo hasta llevar a las autoridades nacionales el convencimiento de una política más liberal no acarrearía perjuicios a la masa consumidora y en cambio contribuiría a alentar las inversiones en la actividad textil y, por ende, la consecución de uno de los principales objetivos del Superior Gobierno: el desarrollo y afianzamiento de la industria del país.[44]

En este contexto, la Federación Argentina de Industrias Textiles advertía con preocupación

> ... el retorno a un régimen de contralor de precios en su forma más severa: la congelación de estos a una fecha determinada, colocó a la industria en una muy delicada situación que se agravó con la iniciación de la discusión de los nuevos convenios colectivos de condiciones de trabajo y salarios, dada la consiguiente alza de estos.[45]

Tras el reinicio de los convenios en abril de 1954, las gestiones derivaron soluciones favorables a la entidad empresaria a través de la Resolución N.° 882/54 que modificó el régimen anterior y autorizó una adaptación de los precios en un porcentaje representativo de la incidencia de "los mayores salarios y cargas sociales" sobre los precios de venta.[46] Finalmente, al no haber sido derogada, continuó en

---

44 *Revista Textil*, octubre de1954, p. 23.
45 Ídem, p. 22.
46 Ministerio de Industria y Comercio, Resolución N.° 882/54 (25/07/1954) en *Revista Textil*, junio-julio de 1954, p. 25.

vigencia la resolución N.° 819 del 25 de noviembre de 1952 que volvió a la libertad de precios con determinadas limitaciones (es decir, siempre que no se opusiera a las Resoluciones 1973/53 y 882/54), contemplando en buena parte las aspiraciones de los empresarios industriales.[47]

Permisos previos de cambio para las importaciones textiles

Otro reclamo de los empresarios giraba en torno a la insuficiente asignación de permisos previos de cambio para la importación de insumos, maquinaria y repuestos para la industria textil.[48] La agudización de la restricción externa entre fines de 1948 y 1952 afectó la disponibilidad de divisas para garantizar el financiamiento de las importaciones esenciales demandadas por la industria textil. A pesar de la aceleración del proceso sustitutivo de importaciones desde la década del treinta, la industria textil aún dependía de la importación de maquinarias, repuestos e insumos clave. Si bien el criterio de asignación de las divisas disponibles establecido por el BCRA fue "una aplicación preferencial al pago de aquellas importaciones de materiales y elementos indispensables para el normal desenvolvimiento de las actividades del país y para las necesidades del consumo" que no pudieran "ser atendidas en el mercado interno por la industria argentina",[49] el sistema de permisos previos de cambio no siempre aseguró la asignación de divisas para satisfacer las necesidades de la industria textil. Durante el gobierno peronista se importaban principalmente hilados (de seda natural o artificial; de lana; de algodón); tejidos (de seda natural o artificial; de lana; de algodón) y medias (seda o mezcla; lana o algodón). Si bien en un principio la acumulación de los *stocks* como consecuencia de la disminución de

---

47 *Revista Textil*, octubre de 1954, p. 22.
48 *Gaceta Textil*, agosto de 1950, p. 6.
49 BCRA, *Memoria Anual 1946*, Buenos Aires, 1947, p. 82.

las ventas durante la crisis atenuó la gravedad del problema del abastecimiento, a medida que iban consumiéndose comenzó a sentirse nuevamente la falta de insumos clave importados.

Desde mediados de 1948, la falta de permisos de cambio para la importación de agujas y repuestos para la industria de medias, tejidos de punto y máquinas rectilíneas de punto constituyó uno de los reclamos recurrentes por parte de los empresarios textiles. Ante la agudización de las restricciones a las importaciones, la Asociación Textil Argentina impulsó reiterados reclamos a las autoridades económicas ante la demora en la asignación de permisos de cambio para remediar la escasez de insumos, repuestos y maquinaria que afectaba a la industria textil, particularmente hilados de algodón.[50] En las notas remitidas a las autoridades, los reclamos de las entidades de representación empresarial convergían con las organizaciones gremiales obreras para que el BCRA asegurara los permisos de cambio correspondientes como condición necesaria para mantener la actividad fabril y evitar desocupación de los trabajadores textiles.[51] Asimismo, la Asociación Textil Argentina advertía su preocupación en torno a las cláusulas de los acuerdos comerciales bilaterales bajo principios de compensación que garantizaban la importación de artículos textiles que competían con la industria nacional como condición para asegurar la colocación de las exportaciones argentinas en mercados externos.[52] La coyuntura crítica indujo tanto a entidades patronales como obreras a aunar esfuerzos y reclamar en forma conjunta ante las autoridades para evitar la paralización de las fábricas.[53]

En relación con la industria del algodón, la asignación de permisos de cambio para la importación de hilados no

50 *Gaceta Textil*, diciembre de 1946, p. 2; *Gaceta Textil*, junio de 1948, pp. 3-4.
51 *Gaceta Textil*, abril de 1947, p. 10.
52 *Gaceta Textil*, noviembre de 1948, pp. 2-4.
53 *Gaceta Textil*, junio de 1948, pp. 3-4.

producidos en cantidad o calidad suficiente por la industria nacional era particularmente sensible a las fluctuaciones en la disponibilidad de divisas. El aprovisionamiento de hilados finos de algodón que no se elaboraban en cantidad o calidad suficiente por la industria nacional era constantemente demandado por las máquinas de las tejedurías locales. La importación de hilados, en consecuencia, era necesaria para la preservación de la actividad y ocupación de la industria textil. Aun así, la asignación de divisas para las importaciones textiles distó de ser constante y generó reiterados intercambios entre la burocracia estatal y los empresarios.

En una sintonía similar, la industria de la seda denunciaba la escasez de materia prima como uno de los problemas que más afectaba la producción manufacturera. Concretamente, se denunciaba la falta de permisos de importación acordados por el BCRA para introducir al país el hilado de rayón necesario para el normal desenvolvimiento de la industria, situación que derivó en numerosas gestiones de entidades representativas de la rama de la seda ante las autoridades competentes. Los empresarios textiles exigían mayor celeridad a la autorización de los trámites para la concreción de las operaciones del comercio importador que perjudicaban el normal ritmo de la producción.[54]

Ante la agudización de la restricción externa entre 1949 y 1952, el gobierno advirtió la necesidad de tomar medidas que estimularan el ingreso de divisas a la economía. En este sentido, se buscó fomentar las exportaciones textiles hacia zonas comerciales donde los intercambios tuvieran lugar en divisas libres o convertibles a través de la liquidación de divisas a tipos de cambio más remunerativos (Garibotti, 2021). Ello suponía un desafío no menor para la colocación de los excedentes de la industria textil dada la saturación de la oferta de manufacturas textiles en el mercado internacional. En consecuencia, en un contexto general caracterizado por la saturación del consumo de textiles, existía una

---

54 *Revista Textil*, abril de 1949, p. 20.

mayor presión por parte de los países compradores de las exportaciones de la Argentina para que esta le comprara sus excedentes como contrapartida por sus ventas, imponiendo la inclusión de bienes no esenciales (como manufacturas textiles) en los convenios comerciales para los que la Argentina no tenía necesidad y que competían con la producción local como condición de reciprocidad en el intercambio bilateral. Por otra parte, los crecientes costos de producción restaban competitividad a los artículos nacionales en el mercado externo. Paralelamente, la resistencia oficial frente a la necesidad de actualizar las cotizaciones vigentes en un contexto inflacionario derivó en un atraso cambiario que contrarrestó las medidas de fomento a las exportaciones de bienes industriales.

Otra de las medidas adoptadas en el marco de la escasez de divisas para financiar importaciones fue la disposición del Banco Central de autorizar la importación de materias primas textiles a través del régimen "sin uso de divisas" que permitía efectuar el pago de las transacciones con proveedores externos a partir de fondos propios radicados en el exterior. Sin embargo, desde las entidades de representación empresarial, se denunciaba que tal resolución distaba de aportar soluciones a los reclamos sectoriales, en tanto que, según argumentaban, los industriales no estaban en condiciones legales para realizar importaciones sin uso de divisas, lo cual los obligaba a adquirir las materias primas importadas a través de intermediarios considerados "personas u organizaciones ajenas a la industria" pero que disponían de los medios necesarios para efectuar las operaciones de importación, interviniendo en ellas siempre que pudieran "ganar márgenes de ganancia interesantes, aumentando así, aún más, los precios ya de por sí altos que tiene que pagar el industrial si desea continuar con su establecimiento".[55]

Por otra parte, los altos costos de producción y la sobrevaloración de la moneda a raíz del atraso cambiario

---

55 *Revista Textil*, junio de 1953, p. 22.

horadaban la competitividad de las manufacturas textiles argentinas. A raíz de estas limitaciones, las gestiones de la Federación Argentina de Industrias Textiles ante los funcionarios públicos reiteraban las solicitudes a favor de la adopción de medidas de fomento a las exportaciones de artículos textiles como salida de la crisis ante la saturación de la demanda doméstica.[56] Según la Federación Argentina de Industrias Textiles,

> ... la colocación de nuestros productos en el exterior constituye una válvula de escape para la producción de la industria que no es asimilada por el consumo interno, creando serios problemas a la industria que no está en condiciones de financiar grandes stocks, a la vez que contribuye a solucionar los problemas del país en materia de divisas.[57]

Asimismo, a fin de acelerar al máximo las operaciones, se sugería una participación más activa de los empresarios industriales en el proceso de elaboración de medidas económicas vinculadas al comercio de exportación así como en la renegociación de los convenios bilaterales. En materia cambiaria, la Federación Argentina de Industrias Textiles proponía la liquidación del 50 % de las divisas obtenidas en concepto de exportaciones al tipo de cambio libre oficial[58] y la creación de un organismo representativo de los industriales textiles para asesorar técnicamente a las reparticiones del Estado en relación con el régimen de las exportaciones.

Los costos de producción y la productividad

Durante la crisis, los empresarios demandaron del gobierno mayor asistencia crediticia para compensar los crecientes gastos de explotación. Entre las causas del aumento de los costos de producción se destacaban, en primera instancia,

56 *Revista Textil*, noviembre de 1953, p. 24.
57 Ibídem.
58 Ídem, p. 25.

los incrementos salariales respaldados por la política oficial, así como los gastos operativos correspondientes a reposición de insumos y repuestos.

El aumento de los costos de producción en parte se relacionaba con la canalización del comercio exterior a través de acuerdos bilaterales basados en principios de compensación. La administración del comercio exterior suponía controlar importaciones condicionando sus valores a los saldos disponibles emergentes de las exportaciones realizadas. Así fue como se establecieron grupos de países a los cuales la Argentina debía dar preferencia en las compras. Ahora bien, este criterio preferencial de socios comerciales tuvo serias implicancias sobre la industria textil, tal como lo exponía la editorial de *Argentina Textil* en su publicación de octubre de 1947:

> Este criterio hasta cierto punto restrictivo, pero que en algunos casos se justificaba, tuvo derivaciones directas para la industria textil, no en lo que se refiere a los productos propiamente dichos, sino que orientó obligatoriamente la compra de gran número de maquinaria, equipos, implementos, etc hacia ciertos países exportadores, que si bien las cumplimentaban, lo cierto es que carecían de una serie de perfeccionamientos con relación a otras creaciones más avanzadas, amén de los precios encarecidos y dificultades en las entregas.[59]

En breve, la reorientación del comercio exterior hacia países con los cuales la Argentina mantenía saldos favorables o había firmado acuerdos comerciales bilaterales bajo principios de compensación obligaba a importar maquinaria e insumos textiles desde países que no garantizaban aprovisionamientos en calidad y precios favorables, afectando la competitividad de la industria nacional y encareciendo los costos de producción que ya venían incrementándose por el aumento de los salarios reales avalado desde el gobierno.

---

59 *Argentina Textil*, octubre de 1947, p. 1.

Por otra parte, la caída de la productividad de la mano de obra era un motivo recurrente de reclamo por parte de los empresarios, tal como lo evidenciaban las publicaciones *Gaceta Textil* y *Argentina Textil* que en reiteradas ocasiones denunciaban el incremento del ausentismo obrero en los establecimientos fabriles en paralelo a la creciente elevación de los costos de producción derivados de la política salarial homologada desde el gobierno en un contexto de congelamiento de los precios de los artículos textiles.[60]

No obstante, a pesar de los crecientes costos de producción en materia de contratación de personal, las remuneraciones obreras pesaban menos en términos relativos en comparación con otras ramas industriales del sector manufacturero. Según se desprende de declaraciones públicas de la Federación Argentina de Industrias Textiles de 1950, en plena recesión que afectaba a la rama textil,

> ... se registraba en casi todos los establecimientos un pronunciado éxodo de brazos y muy escasa afluencia de personal nuevo en razón de los mayores salarios abonados en otras industrias, lo que conjuntamente con las elevadas cifras del ausentismo ocasionaban paralizaciones de máquinas por falta de mano de obra con el consiguiente resentimiento de la población y el lógico aumento de los costos [...].[61]

Entre fines de los años cuarenta y principios de los cincuenta, durante las negociaciones por la actualización de las remuneraciones, los obreros textiles firmaban acuerdos en los que se ataba el salario al presentismo, pero desligando los aumentos de salarios de los incrementos en la productividad (Schiavi, 2013). En una nota titulada "Problemas de la Industria Textil" de la revista *The Review of the River Plate* se identificaba como una de las principales causas de la crisis

---

60 *Gaceta Textil*, diciembre de 1949, pp. 18-20; *Gaceta Textil*, Edición Extraordinaria de 1950, p. 36; *Gaceta Textil*, agosto de 1955, p. 6; *Argentina Textil*, agosto de 1948, p. 1.

61 *Revista Textil*, octubre de 1952, p. 29.

de la industria textil a la disparidad existente entre salarios en aumento y productividad declinante.[62] Según esta publicación, la causa de la recesión de la industria textil en parte se explicaba por la disparidad creciente entre la producción por hombre-hora trabajada y el costo/salario por obrero empleado. El artículo concluía que, en tanto que la baja de los salarios no era la solución para revertir dicha disparidad, la única alternativa era un incremento de la productividad por hora trabajada. No obstante, dada la situación de sobreproducción, se abogaba por una política gubernamental que contribuyera a una organización más eficiente, es decir, a una racionalización del empleo y la producción.[63]

Por otra parte, el aumento de la productividad en el rubro vestimenta, con la consecuente reducción de los costos de producción, tendría un impacto positivo sobre el poder de compra de los salarios reales en tanto dinamizador del consumo interno. En este sentido, la necesidad de incrementar la productividad fue una cuestión central desde el discurso gubernamental y en las relaciones entre capital y trabajo. Sin embargo, las negociaciones salariales no estuvieron atadas a niveles de productividad (Jáuregui, 2004; Schiavi, 2013).

Sin embargo, el período 1949-1952 dejó en evidencia que la restricción externa y la inflación interna habían puesto en jaque el esquema distributivo del trienio 1946-1948. Por lo tanto, continuar la política distributiva implicaba necesariamente moderar el consumo doméstico (a través de apelaciones oficiales a favor de la austeridad), así como aumentar la productividad y producción de bienes a repartir. La búsqueda de medidas consensuadas entre representantes del trabajo y del capital —los dos actores necesarios para lograr un incremento de la productividad a partir de una organización más eficiente de los factores de producción— daba cuenta de una redefinición de fuerzas,

---

62 *The Review of the River Plate*, February, 20, 1953, pp. 7-8.

63 Ídem, p. 8.

es decir, un proceso de reconfiguración de la interacción entre actores socioeconómicos que el mismo Estado proyectó desde 1952. Desde el punto de vista de las relaciones entre Estado y los sectores económicos, el Plan Económico de 1952 "implicó un cambio en el lugar que ocupaba el Estado, que pasó a ser el custodio de una estructura institucional que buscaba funcionar como ámbito de discusión para que los actores socioeconómicos propusieran políticas concretas" (Sowter, 2016, pp. 81-82). Desde esta perspectiva, el gobierno buscaba "correrse" del foco del conflicto sociopolítico pues ahora eran los actores (sindicatos, por un lado, empresarios por el otro) los que debían resolver los problemas en común acuerdo y luego elevar propuestas al gobierno. En definitiva, la industrialización por sustitución de importaciones habría incrementado el empleo y el consumo sin una correspondiente eficiencia en la utilización de los factores productivos. Las políticas económicas e industriales del peronismo estaban, en gran medida, subordinadas a la política salarial y a la redistribución del ingreso (Brennan y Rougier, 2013). A partir de la segunda presidencia peronista se inició una campaña, desde el Estado y desde los sectores empresariales, destinada a incrementar la productividad de los trabajadores y que continuó en los gobiernos posteriores a 1955 (Jáuregui, 2012).

En el marco del Plan de Emergencia Económica anunciado por el Poder Ejecutivo en febrero de 1952 con miras a restablecer el equilibrio entre los precios y los salarios, se firmó el convenio con la Asociación Obrera Textil el 28 de marzo de ese año y para empleados de la industria textil el 7 de mayo con una duración de dos años a partir del 1.° de marzo de 1952.[64] Hacia 1954, momento en el cual comenzaba a flexibilizarse el congelamiento de salarios estipulado por el Plan de Emergencia Económica de 1952, resurgieron los conflictos en la rama textil en el marco de la negociación convenios colectivos de trabajo (Schiavi, 2013). En términos

64 *Revista Textil*, octubre de 1952, p. 30.

generales, desde el movimiento sindical se bregaba por preservar las condiciones de trabajo y el aumento de los salarios, reivindicaciones que chocaban con las aspiraciones de empresarios y autoridades que buscaban condicionar tales aumentos en función del incremento de la productividad en los establecimientos fabriles. A fines del segundo mandato presidencial de Perón, la necesidad de incrementar la productividad adquirió mayor centralidad en el discurso gubernamental y en las relaciones capital-trabajo. En cambio, los principales reclamos de los trabajadores textiles durante los conflictos en establecimientos industriales eran el aumento de salarios y el mejoramiento de las condiciones de trabajo.

La elevación de los niveles de productividad mediante la racionalización del trabajo con miras al abaratamiento de costos constituía un reclamo recurrente entre las entidades de representación empresarial. En este contexto, el 25 de septiembre de 1954 partió del aeropuerto de Ezeiza una nutrida delegación integrada por miembros de instituciones gremiales de la industria textil y representantes estatales y sindicales de nuestro país. La delegación estaba conformada por representantes de la Federación Argentina de Industrias Textiles, Asociación Obrera Textil y del Ministerio de Trabajo y Previsión. Dicha delegación tenía el propósito de visitar en los Estados Unidos de Norteamérica, Canadá, Italia, España e Inglaterra varios establecimientos del ramo textil industrial, con el fin de estudiar en esos ambientes los diversos métodos y procesos de elaboración empleados en dichos países para incrementar la productividad y racionalizar el trabajo en las fábricas. Según la Federación Argentina de Industrias Textiles, el viaje tenía como objetivo

> ... la comprobación directa de los adelantos alcanzados en otros países de manufactura más desarrollada que el nuestro, servía para orientar a los trabajadores y empresarios en una tarea de productividad y racionalización, se habría alcanzado el anhelado objetivo perseguido por los mismos

> de incrementar el salario real del obrero y la productividad de las empresas por un método sano, técnicamente concebido que, sin duda alguna, incidiría beneficiosamente sobre la economía nacional.[65]

Con motivo de su partida, se celebró un acto durante el cual hizo uso de la palabra Federico Grether, el presidente de la Federación de Industrias Textiles Argentinas, quien auguró éxito a los delegados de la entidad en la misión por cumplir, destacando asimismo que, por vez primera y por iniciativa de los representantes del capital y del trabajo, integraban una comisión conjunta con funcionarios del Estado para realizar en el exterior estudios tendientes a lograr la implantación local de nuevos métodos de productividad y el conocimiento en la práctica de distintas normas de racionalización aplicadas a las actividades en los establecimientos textiles. Por último, Andrés Framini, dirigente sindical de la Asociación Obrera Textil, emitió palabras de agradecimiento para las autoridades de la entidad patronal, que propiciaba ese viaje, expresando también que veía con agrado el entendimiento a que se había llegado entre representantes patronales y obreros con vistas a un método de labor que habría de resultar beneficioso para ambas partes y a la postre para los altos intereses nacionales.[66] A fines de 1954, la Federación Argentina de Industrias Textiles se jactaba de ser la primera entidad gremial en encarar la realización de estudios concretos sobre productividad y racionalización en la industria textil.[67]

En el marco del Congreso de la Productividad y el Bienestar Social, la apelación a aumentar la productividad de la industria textil adquirió centralidad entre los discursos oficiales y los propios empresarios para reducir los costos de producción y los precios finales de las manufacturas textiles. El 16 de marzo de 1955, en un acto de los industriales

---

65 *Revista Textil*, octubre-noviembre de 1955, p. 26.

66 *Gaceta Textil*, septiembre de 1954, p. 4.

67 *Revista Textil*, octubre de 1954, p. 27.

textiles en la Bolsa de Comercio y como adhesión a las jornadas del reciente Congreso de la Productividad y Bienestar Social, R. Federico Grether, en su carácter de presidente de la Federación de Industrias Textiles Argentinas, emitió un discurso en el que exaltaba la necesidad de incrementar la productividad en los establecimientos fabriles:

> Nuestra industria encara con optimismo este movimiento que tendrá su concreción tangible en el Congreso de la Productividad y Bienestar Social. Lo encara con optimismo y con profunda esperanza. Las condiciones actuales de comercialización de los productos textiles, que la industria soporta desde hace ya varios años, bajo diferentes regímenes de regulación de precios, se deben principalmente al hecho de que la creciente demanda de artículos que la misma elabora, producidos por la elevación del standard de vida de nuestro pueblo, ha sido y es superior a la oferta de dichos artículos, produciéndose en consecuencia un cierto desnivel en el mercado. Es elemental suponer que un incremento de la productividad en el cual contribuyen con lealtad y buena fe por igual patrones y trabajadores, habrá de permitir que dicho desnivel desaparezca, y por efectos de la lógica disminución de los costos que traerá aparejada, se puedan lograr precios competitivos que posibiliten la derogación de las disposiciones que traban la libre comercialización en el mercado interno.[68]

Los datos disponibles sugieren que la recuperación e incremento de la productividad entre 1953 y 1955 no se debió a la incorporación de mayor cantidad de obreros empleados (por el contrario, el censo industrial de 1954 registró una caída del 4 % en el empleo de la rama en relación con 1950), sino a un leve incremento de la cantidad de horas por obrero trabajadas entre 1952 y 1954 (Gráfico 1).

---

68 *Gaceta Textil*, marzo de 1955, pp. 22-25.

Gráfico 1. Volumen de la Producción, empleo, hora obrero trabajada y productividad en la industria textil, 1943-1955. En números índices 1943: 100

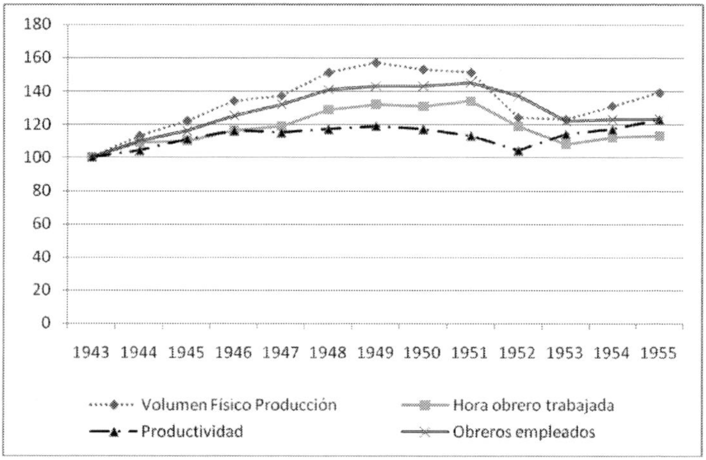

Fuente: Gráfico elaborado con base en la información provista por el *Anuario Estadístico de la República Argentina. 1957*, Buenos Aires, 1959.

El 3 de octubre de 1951, la Federación Argentina de Industrias Textiles había solicitado la autorización gubernamental a favor de los establecimientos textiles de todo el país para trabajar los días sábados, domingo y feriados, así como para emplear al personal femenino mayor a 18 años entre las 6 y las 22 horas durante todo el año bajo el argumento de promover una mayor y mejor producción para satisfacer "la gran demanda de artículos". El motivo esgrimido, ciertamente sorprendente en el marco de una depresión sectorial, podría deberse a la búsqueda de una mayor flexibilización de las normas laborales como respuesta a la crisis. Finalmente, la solicitud contó con una respuesta favorable desde el Ministerio de Trabajo y Previsión a través de la resolución N.° 2 del 9 de enero de 1952.[69] De todas formas, problemas estructurales como la insuficiente provisión de energía eléctrica para garantizar el funcionamiento de los establecimientos fabriles constreñía disposiciones como la precedente orientada a promover un incremento de la producción y de la productividad.[70] Las restricciones al consumo de energía eléctrica dispuestas por el Ministerio de Industria y Comercio obligaron a una reconfiguración de los horarios de trabajo.[71]

Sin embargo, tras alcanzar el pico en 1951, la cantidad de horas por obrero trabajadas permaneció constante entre 1954 y 1955 mientras que la productividad mejoró. Por lo tanto, la recuperación de la productividad de la industria textil se debió más bien a un incremento de la fuerza motriz instalada por obrero, tal como lo demuestra el cuadro 2.

Cuadro 2. Evolución del número de establecimientos, obreros ocupados, fuerza motriz instalada y valor de la producción de la industria textil, 1946-1953. Años seleccionados

	1946	1948	1950	1953
Establecimientos	2061	2529	2956	5597
Obreros	117.110	140.651	153.876	145.228
Empleados	9466	13.794	16.250	17.341
Total personal	127.161	155.227	170.965	164.521
Fuerza motriz en H. P.	169.466	219.189	301.141	361.967
Fuerza motriz por obrero	1,44	1,55	1,95	2,49
Valor de producción*	1.838.970	3.198.201	5.596.788	9.877.628
Porcentaje sobre el total de la ind. manufacturera	12,4	14,5	15,5	12,6

Fuente: Belini, Claudio (2003), p. 260. Elaboración sobre la base de los Censos Industriales de 1946, 1948, 1950 y 1954. Referencias: * en miles de m$n.

69 *Revista Textil*, octubre de 1952, p. 29.

70 Ibídem. Véase Resolución N.° 409 del Ministerio de Industria y Comercio de 1952.

71 Ibídem.

En efecto, la clave para un crecimiento en la productividad radicaba en un crecimiento de tipo intensivo, donde el mayor rendimiento de los factores de producción estuviera acompañado de una mayor capitalización. Sin embargo, esta modernización productiva a base de una mayor capacidad instalada exigía una intensificación del consumo energético. Las restricciones al consumo de energía requeridas por el aumento de la capacidad instalada revelaron la dificultad para garantizar la potencia requerida por la industria textil, generando desafíos y limitaciones a su modernización.

Algunas consideraciones finales

La coyuntura crítica que debió atravesar la economía argentina entre 1949 y 1952 puso en evidencia los desafíos a los que se afrontaba la industria textil. Por un lado, los condicionantes externos derivados de la depresión de la demanda internacional y la restricción externa que afectaba la disponibilidad de divisas requeridas para la importación de insumos, maquinaria y repuestos. Por otro lado, desde el plano interno, la saturación de la demanda doméstica, los altos costos de producción y el atraso cambiario que afectaba la competitividad de la producción textil local.

La saturación del mercado doméstico y el subconsumo del rubro vestimenta producto del aumento de los precios internos impulsó medidas gubernamentales tendientes a fomentar las exportaciones de los excedentes a partir de 1950 concediendo tipos de cambio más favorables. No obstante, el ingreso de nuevos competidores en el mercado internacional, como los países asiáticos; la deficiente organización y baja productividad de las plantas nacionales; la respuesta tardía de los empresarios a propiciar cambios en ese sentido en tanto que consideraban que el problema por resolver era principalmente el aumento de los costos laborales y el atraso cambiario contrarrestaron los esfuerzos oficiales. Por otra parte, la modernización del proceso productivo requería la provisión de energía en potencia suficiente para mantener en funcionamiento los establecimientos fabriles y garantizar previsibilidad a las inversiones a favor de una mayor capitalización para mejorar el rendimiento de los factores de producción. Los cortes en el suministro eléctrico generaban serias limitaciones a las iniciativas a favor de un incremento de productividad a partir de la modernización de los equipos.

En suma, la crisis evidenció las limitaciones de la industria textil que a la vez constituía la expresión sectorial de los desafíos que enfrentaba el conjunto de las ramas manufactureras tradicionales en el marco de la industrialización sustitutiva de importaciones durante la década del cincuenta: la dependencia de la demanda de un mercado interno protegido hacia donde orientaba mayormente su producción pero sus limitaciones al momento de insertarse competitivamente en mercados externos o su dependencia de equipos y maquinaria importados.

Fuentes

Revistas y semanarios

Argentina Textil
Economic Survey
Gaceta Textil
Revista Textil
The Review of the River Plate

Documentación oficial

Actas del grupo Económico, 1952-1954.
Anuario Estadístico de la República Argentina. 1957, Buenos Aires, 1959.

Archivo General de la Nación. Fondo Secretaría Técnica, "Consideraciones sobre la actual situación de la industria textil", Ministerio de Asuntos Técnicos, Secretaría General, 26/09/1952.
Banco Central de la República Argentina, *Memoria Anual. 1946,* Buenos Aires, 1947.
Banco de Crédito Industrial de la República Argentina, *Informe sobre propósitos y necesidades,* informa sintético N.º 16, Producción de tejidos de algodón, 1954.
República Argentina, Censos Industriales de 1946, 1950 y 1954. Dirección Nacional de Investigaciones, Estadística y Censos. Varios años.

Bibliografía

Belini, Claudio (2003), *La industria durante el primer peronismo (1946-1955): un análisis de las políticas y su impacto,* Tesis de Doctorado en Historia, Universidad de Buenos Aires.
Belini, Claudio (2009). *La industria peronista. 1946-1955,* Buenos Aires: Edhasa.
Belini, Claudio (2017). *Historia de la Industria en la Argentina. De la independencia a la crisis de 2001,* Buenos Aires: Sudamericana.
Bertino, Magdalena (1996). "Los orígenes de la industria, textil uruguaya y sus vínculos con Argentina y Brasil", *Ciclos,* Año VI, Vol. VI, N.º 11, 2.do semestre de 1996, pp.149-161.
Bertino, Magdalena (2009). "La industria textil uruguaya (1900-1960)", *América Latina en la Historia Económica,* Vol. 16, N.º 1, enero-junio, 2009, pp. 99-126.
Brennan, James y Rougier, Marcelo (2013). *Perón y la burguesía argentina. El proyecto de un capitalismo nacional y sus límites.* Carapachay: Lenguaje Claro.

Díaz Alejandro, Carlos, (1975). *Ensayos sobre la historia económica argentina*, Buenos Aires: Amorrortu.

Díaz Alejandro, Carlos (1981). "Tipo de Cambio y Términos del Intercambio en la República Argentina, 1913-1976". En CEMA Serie *Documentos de Trabajo*, N.° 22.

Garibotti, María Helena (2021). "Las políticas de regulación del comercio exterior y el fomento de las exportaciones textiles durante el primer peronismo (1946-1955)", *Anuario Centro de Estudios Económicos de la Empresa y el Desarrollo*, N° 15, junio-noviembre, 2021, pp. 23-60.

Girbal-Blacha (2003). *Mitos, paradojas y realidades en la Argentina peronista (1946-1955). Una interpretación histórica de sus decisiones político-económicas*. Bernal: Universidad Nacional de Quilmes.

Jáuregui, Aníbal (2004). "Prometeo encadenado: los industriales y el régimen peronista", en Berrotarán, Patricia; Jaúregui, Aníbal y Rougier Marcelo (comps.), *Sueños de bienestar en la nueva Argentina. Políticas públicas durante el peronismo, 1944-1945*, Buenos Aires: Imago Mundi, pp. 47-71.

Jáuregui, Aníbal P. (2012). "La productividad del trabajo: otra 'batalla' del desarrollismo (1955-1962)", *Anuario CEEED*, Vol. 4, 2012, pp. 191-228.

Milanesio, Natalia (2014). *Cuando los trabajadores salieron de compras. Nuevos consumidores, publicidad y cambio cultural durante el primer peronismo*, Buenos Aires: Siglo XXI Editores.

Ocampo, José Antonio (2004). "La América Latina y la economía mundial en el largo siglo XX", *El Trimestre Económico*, Vol. 71, N.° 284 (4), octubre-diciembre de 2004, pp. 725-786.

Rougier, Marcelo (2001). *La política crediticia del Banco Industrial durante el primer peronismo (1944-1955)*, Documento de Trabajo N.° 5, Buenos Aires: CEEED-FCE-UBA.

Rougier, Marcelo (2007). "Crédito e industria en tiempos de Perón", *Revista de Historia Industrial, 35*, pp. 79-113.

Schiavi, Marcos. (2013). *El poder sindical en la Argentina peronista (1946-1955)*, Imago Mundi: Buenos Aires.

Singleton, John (1986). *Homage to Lancashire: the cotton industry, 1945-65.* Tesis para optar al grado de Doctor en Economía, University of Lancaster.

Sowter, Leandro (2016a). "La experiencia del Congreso de la Productividad y la política de la cooperación económica durante el Peronismo", *Temas y debates,* 32, Año 20, julio-diciembre, 2016, pp. 135-154.

Vitelli, Guillermo (1988). *Cuarenta años de inflación en la Argentina, 1945-1985,* Buenos Aires: Hyspamérica.

Variaciones del desarrollismo en la Argentina, 1955-1973

Propuestas, programas y la "cuestión peronista"

Aníbal Jáuregui [1]

Introducción

El desarrollismo es un concepto usado en la Argentina en forma imprecisa. El origen de la amplitud y de la ambigüedad semántica proviene del hecho de que el término "desarrollo" es polisémico y el desarrollismo propiamente dicho aludía por una parte a una corriente no estrictamente política de pensamiento, volcada hacia el estudio y la promoción de la economía latinoamericana, alimentada desde la CEPAL (Comisión Económica para la América Latina), bajo el liderazgo de Raúl Prebisch y el chileno Jorge Ahumada, y por la otra se aplicaba al movimiento político dirigido por Arturo Frondizi y Rogelio Frigerio. Lógicamente los sentidos no estaban divorciados pero el universo nombrado era aún mayor y estaba constituido por un clima intelectual y por políticas gubernamentales que representaban *variedades de desarrollismo* dentro de un ciclo desarrollista en los años 50 y 60 cuando el Estado puso en marcha distintas formas de impulsar políticas públicas que priorizaban el crecimiento industrial.[2]

---

1 Universidad de Buenos Aires, Facultad de Ciencias Económicas, Centro de Estudios Económicos de la Empresa y el Desarrollo (CEEED). Instituto Interdisciplinario de Economía Política (IIEP). CONICET.

2 Era bastante común identificar el crecimiento industrial con la industrialización, aunque etimológicamente son conceptos diferentes.

En perspectiva regional, el desarrollismo se desplegó en América Latina en los años 50 como una ideología y una práctica de transformación de un capitalismo que se aceptaba periférico pero que impulsaba cambios en el ordenamiento interno de sus economías y en sus formas de inserción internacional. Su expansión fue la respuesta a un bajo nivel de inversión y una caída de los términos de intercambio que padeció la economía regional de fines de la década del 40 y del 50. Esta situación generó una etapa de inestabilidad económica y política en especial en Brasil, Argentina, Chile, Uruguay y México, ante la que se fue articulando progresivamente una respuesta que tuvo por centro a la ya mencionada CEPAL.

En el apogeo de la Industrialización por Sustitución de Importaciones (ISI) bajo la dirección del Estado, el núcleo duro de la propuesta desarrollista, pensada especialmente para los países grandes y medianos de la región, se abocaba a expandir la base industrial a través de eslabonamientos que impulsaran a las ramas de bienes intermedios y de capital, y que mejoraran la infraestructura de transportes, comunicaciones y servicios. Adjunta a la propuesta económica, la teoría de la modernización sociopolítica del desarrollismo latinoamericano, inspirada por académicos estadounidenses como John Johnson, consideraba que los actores fundamentales de esta transformación serían los industriales y los políticos de la clase media, un enfoque que sirvió como argumento decisivo del presidente John F. Kennedy para el lanzamiento de la Alianza para el Progreso en 1961 (Cavarozzi, 2018, pp. 349-351).

No hubo sin embargo un recetario único para aplicar políticas desarrollistas que necesitaban combinar crecimiento económico, sustento institucional y una moneda estable (una condición que solo se dio en México, el país en que más éxito tuvo el modelo). Si lo llevamos a nivel más concreto, existe una dificultad básica para definir a un gobierno como desarrollista: no es posible separar los componentes propiamente desarrollistas de un gobierno de los que no lo son. Tenía razón Alberto

Petrecolla cuando sostenía que "todos éramos desarrollistas en alguna medida" (Sikkink, 1996, p. 107). Debía haber aclarado que lo eran en el largo plazo. El problema consistía en que el desarrollo solo es posible con el paso del tiempo y su aplicación concreta en la gestión de gobierno quedaba muchas veces escondida o postergada ante los requerimientos de corto plazo que supone la gobernabilidad. Una política de crecimiento debe necesariamente estar acompañada de un componente fiscal, monetario y financiero, y solo es factible con la estabilidad y la continuidad.

En la Argentina, las diversas propuestas para encarar el desarrollo discontinuaron políticas públicas proindustriales y conspiraron contra su efectividad práctica, ya que se implementaron en medio de una persistente inflación mientras los cambios de regímenes fiscales, cambiarios, tributarios y sectoriales actuaban negativamente sobre los incentivos que tuvo el sector industrial para producir e invertir, trabando su capacidad de crecer.

¿Qué ocasionó estos cambios de política económica? Si bien se trataba de gobiernos con distintas concepciones, reparemos en que la era del desarrollismo, tal como la hemos definido aquí, coincide con los años en que la participación del peronismo en la actividad política estuvo impedida bajo distintos formatos. Como señala Amaral, el peronismo era el gran problema político de esos años y su marginación dificultaba, si no impedía, la resolución de los otros problemas que existían (Amaral, 2023, pp. 277-278), generando las condiciones de inestabilidad que impedían la conversión de las políticas desarrollistas en "políticas de Estado". De esta forma, un componente clave de cada gobierno consistiría en el modo de integración del peronismo. El fracaso de las distintas alternativas de incorporación del peronismo en la política argentina contribuyó a la frustración de los proyectos desarrollistas porque su marginación dificultaba la atenuación de la conflictividad social como la asociación del empresariado con las decisiones del Estado. En un círculo vicioso, el fracaso de los proyectos desarrollistas contribuyó a la irresolución de la "cuestión peronista".

El efecto de la inestabilidad puede observarse con claridad cuando lo comparamos con los otros países de la región que atravesaron esta era. Como se advierte en el gráfico 1, la Argentina, si bien alcanzó en los años en estudio un crecimiento económico significativo, tuvo una *performance* notablemente menor al promedio de la región y a la de los países grandes, como Brasil, México y Colombia. Aunque estos datos pueden ser relativizados por el hecho de que la Argentina partía de un punto más alto de producto per cápita, también ello le permitía tener una plataforma más adecuada para tener un despegue exitoso.

Gráfico 1. Tasa de variación media anual de producto bruto interno de América Latina y de los principales países de la región. 1950-1970

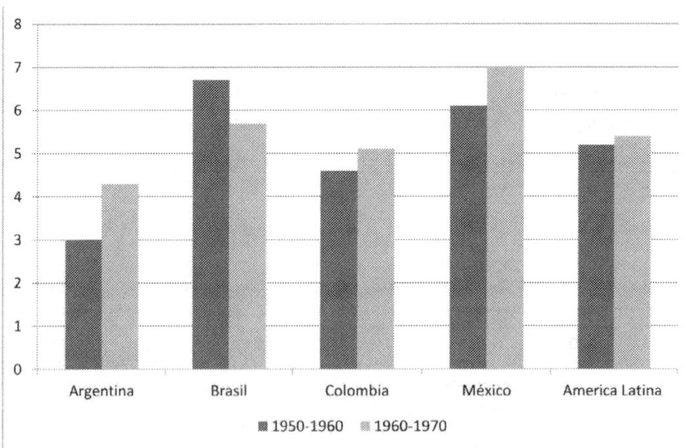

Fuente: Cepal CepalStat.

En este capítulo queremos recorrer la trayectoria del desarrollismo en la Argentina de 1955-1973, con el objetivo de intentar comprender la manera en que fueron concebidas las políticas proindustriales dentro de la institucionalidad de cada momento. Comenzaremos con el Prebisch de la "Revolución Libertadora", que normalmente está excluido en la zaga del desarrollismo argentino cuando ya era un exponente de la renovación del pensamiento económico latinoamericano. Después intentaremos determinar su significado concreto para el tándem Frondizi-Frigerio, tomando como eje el problema de la articulación entre Estado y mercado y su conexión con la inversión externa. A continuación, explicamos la puesta en marcha de la versión radical de la planificación en la búsqueda del equilibrio económico. Por último, nos sumergiremos en la versión autoritaria del desarrollismo, una expresión del convencimiento de que la actividad política era un obstáculo para el normal desenvolvimiento de la vida nacional, así como un factor que impulsaba la división de las Fuerzas Armadas. Este desarrollismo se caracterizará por colocar el eje en las megaobras de infraestructura y en el aliento a la inversión industrial con una preocupación por la preservación del orden, inspirada en el franquismo y en el catolicismo conservador.

Prebisch ante el espejo de la "Revolución Libertadora"

Las causas del golpe militar de la "Revolución Libertadora" de septiembre de 1955 deben buscarse en la difícil convivencia de Perón con la democracia pluralista y su vocación por la hegemonía. El desplazamiento de la oposición bajo el régimen peronista otorgó a los revolucionarios militares un acompañamiento civil de los que proclamaban la necesidad de "refundar" la democracia constitucional, bajo el argumento de que Perón debía ser desplazado ya que no pertenecía a un sistema de convivencia cívica. El alzamiento estaba encaminado a reorganizar las instituciones, teniendo como guía el ordenamiento de 1853. Si bien inicialmente el general Lonardi, como primer presidente revolucionario, propuso que no hubiera vencedores ni vencidos, su desplazamiento por el general Aramburu en noviembre de 1955 dejó victoriosa la línea dura que aspiraba a la impugnación no solo de Perón sino también del peronismo y del votante peronista.

La situación económica no tuvo relación directa con el golpe militar, aunque sí se cuestionaban aspectos como el exceso de gasto, la utilización política de los recursos públicos y el aislamiento internacional.[3] En otras palabras, el modelo económico no era sustentable en el mediano plazo tal y como estaba en funcionamiento. Ello se reflejaba en importantes desequilibrios que era necesario corregir ya que constituían amenazas reales para cualquier gobierno: los problemas de la balanza de pagos y, directamente relacionadas con estos, las deficiencias de la estructura productiva.

Para intentar dar respuesta a estos desafíos, Lonardi convocó en octubre de 1955 al entonces secretario ejecutivo de la Comisión Económica para América Latina (CEPAL), Raúl Prebisch, que se había convertido en una figura descollante entre los economistas latinoamericanos. Su participación en el gobierno de la "Revolución Libertadora" ha dado lugar a polémicas relativas a la coherencia entre lo que habría de proponer con la línea general de la CEPAL. Es evidente que hubo en el documento prebischiano una descripción sumamente negativa de la década peronista que las estadísticas posteriores de la misma CEPAL demostraron incorrecta. Prebisch justificó los errores de apreciación del Informe en la premura con que debió realizar el trabajo ya que solo pudo disponer de entrevistas personales, lo que

---

3 Las referencias que los opositores hicieron al frustrado contrato firmado con la Compañía California de Petróleo demuestra que el nacionalismo económico abarcaba mucho más que el peronismo.

explica la falta de datos duros. En su tarea tuvo la colaboración de antiguos funcionarios que se habían desempeñado con él en el Banco Central de la República Argentina, como Julio Alizón García, Carlos Coll Benegas y Adalbert Krieger Vasena, entre los que predominaba una inclinación ortodoxa.[4] A ellos suele atribuirse el sesgo más monetarista del Plan (Belini, 2018, p. 599), si bien también deben atribuirse los rasgos no desarrollistas a la influencia marcada dentro del gobierno provisional de ideas mentalmente favorables a las ideas económicas liberales.

Más allá de su pretensión de neutralidad, el diagnóstico de Prebisch sobre la Argentina, presentado en *Informe Preliminar* (1956a), representaba la mirada cerradamente negativa sobre el peronismo que predominaba entre los nuevos gobernantes. Su definición de la situación económica como "la crisis más aguda" de la historia nacional parecía ser tan solo una evolución posterior posible. Sin embargo, la descripción de las deficiencias de la economía argentina no era del todo incorrecta. Los problemas de infraestructura energética, de transportes y los problemas del sector externo estaban bien diagnosticados. De acuerdo al informe, el déficit del comercio exterior debía ser corregido con urgencia, modificando la discriminación a las exportaciones, algo que había sido la consecuencia de la regulación del IAPI y de una política cambiaria que valorizaba el peso, perjudicando a la producción agraria y, por ende, a las ventas externas. Tal orientación no había beneficiado a la manufactura ya que la política industrial había sido errática e inclinada a satisfacer a la demanda. Por esa razón, no se había puesto en marcha el plan de Savio para la industria siderúrgica. En su conjunto, la intervención estatal (que *a priori* no se condenaba) había sido "excesiva y desordenada". Las políticas monetarias y

4 Como bien sostiene Sikkink, no pueden considerarse a esos documentos como propios de la CEPAL más allá de que el economista tucumano sostuvo que las ideas del Plan eran consistentes con las que expresaba en la CEPAL, rechazando de plano la posibilidad de que no haya sido el autor de estos.

crediticias expansivas, acompañadas de "aumentos masivos de sueldos y salarios" en un marco de estancamiento de la productividad habían dado origen a una persistente inflación.[5]

Recomendaba una serie de medidas con el fin de recuperar el nivel de las exportaciones y estabilizar la moneda: la devaluación para alentar las ventas externas, la eliminación del déficit del IAPI para estabilizar la moneda, el reforzamiento del control sobre las importaciones, el aliento a la producción de petróleo y electricidad, la aplicación de una política antiinflacionaria que moderara los aumentos de precios resultantes de la devaluación y la contención de los aumentos salariales. Para incrementar las exportaciones y mejorar el perfil del comercio exterior, Prebisch propuso la apertura comercial externa y la adopción del multilateralismo con la incorporación a los organismos internacionales, decisiones que efectivamente fueron puestas en marcha por el gobierno provisional. El eje central de la propuesta anclaba en la necesidad de resolver la restricción externa. En su conversación posterior con K. Sikkink (1996, p. 223), Prebisch ratificaba que la CEPAL creía en la articulación entre agricultura e industria y por lo tanto se oponía a la discriminación contra el agro y las exportaciones. En consecuencia, nada indica que las recomendaciones del Informe pretendieran un retorno al pasado agroexportador, como sostuvo Jauretche[6]; se trataba más bien de un programa ortodoxo de estabilización que debía ser combinado con reformas

5 Si bien puede afirmarse que Prebisch retrocedía a posiciones ortodoxas en esta opinión negativa sobre las políticas intervencionistas del peronismo, la crítica está dirigida a la forma que asumía ese intervencionismo y no el intervencionismo en sí mismo (R. Prebisch, 1956, p. 12).

6 La interpretación que haría Arturo Jauretche puso a este programa en las antípodas del avance de la industrialización como predicaba la CEPAL, en verdad se intentaba regresar a la etapa primario-exportadora que supuestamente el peronismo había dejado atrás. Incluso Jauretche puso en duda que los documentos hubieran sido escritos por Prebisch, sino que suponía que los habían redactado sus colaboradores.

estructurales en vistas a continuar la industrialización, que era el nombre que entonces se le daba al desarrollo.

El segundo documento, *Moneda Sana o inflación incontenible,* no solo era el prólogo de la presentación del *Plan de Restablecimiento Económico* (1956b), sino también una advertencia a las autoridades acerca del peligro representado por la suba de precios. Insistía en la necesidad de mejorar la productividad agrícola, para lo que recomendaba la importación de repuestos para maquinaria agrícola y para camiones. Una inflación moderada sería compatible con la corrección de precios relativos que se buscaba. Lo peor que podría hacer el gobierno sería incrementar por decreto sueldos y salarios, haciendo subir nuevamente el nivel de precios. Favorable a la suba de los salarios reales que consideraba retrasados, estos debían crecer por la disminución de los beneficios empresarios y por aumentos de productividad. Subraya la necesaria complementación entre industria y agricultura indispensable para asegurar la provisión de bienes de capital e insumos. Para la recuperación de las exportaciones agrícolas era prioritaria la mejora tecnológica de la producción que según Prebisch se había mantenido muy retrasada bajo el peronismo.

Como bien señala Sikkink (1996, pp. 97-98), los escritos de Prebisch también se destacaron por algunas omisiones notables. No hubo menciones a la reforma agraria que la CEPAL recomendaba para los países de Latinoamérica. Tampoco hubo referencias a la caída de los términos de intercambio que estaba afectando fuertemente al comercio exterior. Ni hubo una postura clara en relación con la inversión de capitales extranjeros en el petróleo, aunque sí se pronunció en favor de la sustitución de las importaciones de combustible para contribuir a la resolución del estrangulamiento de la balanza de pagos.

Si bien Prebisch reconoció un compromiso inicial con el llamado de Lonardi, en los reportajes concedidos a González del Solar, a Sikkink y a Pollock se muestra bastante distante de las políticas adoptadas por el gobierno, insistiendo por una parte en su propuesta industrialista y en que el principal problema que tenía el gobierno provisional era el de la inflación. Incluso rechazaba la existencia de un plan Prebisch. Es verdad que la política económica sufrió los embates de la fragilidad del régimen. El Palacio de Hacienda estuvo en manos de cuatro ministros, un reflejo de la transitoriedad de los equilibrios políticos dentro de la coalición oficialista. El resultado de estas políticas, inspiradas de una manera u otra en la propuesta de Prebisch, estuvo a tono con la limitada aspiración del régimen que consistía en la preservación del estado de cosas existente, aun a costa de mantener los déficits en energía, transporte y comunicaciones, para llegar a las elecciones. Algunas de las propuestas estructurales sí se pusieron en práctica, como la creación del Instituto Nacional de Tecnología Agropecuaria (INTA), pero la cuestión crucial del déficit externo quedó postergada por la irresolución de la cuestión cambiaria. Para Prebisch, la devaluación era necesaria cuando ha habido un proceso previo de inflación porque es preciso corregir la valorización de la moneda nacional resultante. Estaba perfectamente justificada desde el punto de vista de la heterodoxia.[7] Pero si bien el régimen —a instancias de Prebisch— devaluó al llegar a la Casa Rosada, recuperando al menos parte del retraso cambiario, no alcanzó a corregir la totalidad del retraso que se agravó con la inflación posterior. La posibilidad de que se repitiera la devaluación inquietaba al mercado. La unificación cambiaria que se había pretendido implementar en octubre de 1955 no había llegado a ponerse en práctica. Se mantenía una diferenciación entre un mercado oficial y otro libre, utilizando las retenciones y los aranceles para adecuar el tipo de cambio real a las necesidades de cada operación.[8] La dificultad para

---

7 La devaluación no se justificaba (como argumentaban los economistas ortodoxos) como herramienta para promover las exportaciones y proteger a la industria (Pollock, Kerner y Love, 2001, p. 17).

8 "El peso argentino se sigue devaluando", *Que sucedió en siete días*, n.° 113, 15 de enero 1957, pp. 10-11.

dar una resolución más permanente a los problemas de la balanza de pagos radicaba en lo que Gerchunoff y Rapetti (2016, p. 228) han denominado la "brecha estructural", que consistía en la dificultad de hacer coincidir un tipo de cambio real de equilibrio económico con el tipo de cambio real de equilibrio social. Es decir que el tipo de cambio favorable al crecimiento de las exportaciones conspiraba contra la posibilidad de mantener la paz social en el interior del país.

El desfasaje cambiario tuvo un impacto en el nivel inflacionario ya que la suba de precios fue mayor al 10 % previsto por Prebisch. En 1956, la suba del IPC fue del 16,64 %, y en 1957, del 25,65 % cuando había sido de un 12,33 % en 1955. Aun así, la relación entre los precios internos agropecuarios y no agropecuarios se incrementó tan solo un 15 %, un resultado que estaba por debajo de las expectativas que tenía Prebisch acerca de los efectos positivos que tendría que haber tenido la modificación cambiaria para el sector agrario (Fliguer, 2017, p. 18). Las medidas adoptadas no alcanzaron en consecuencia a mejorar la *performance* exportadora.

La explicación de ese nivel de precios relativos radicaba en aumentos nominales de salarios del gobierno nacional en forma general sin seguir las recomendaciones de *Moneda Sana...*.[9] El gobierno de Aramburu quiso evitar un retraso salarial para no alimentar la potencia de la resistencia peronista; para ello optó por un aumento general del 10 % en 1956 y permitió deslizamientos en las negociaciones salariales ya que no parecía viable la propuesta de un aumento salarial a costa de los beneficios empresarios. Al mismo tiempo, el gobierno creó un Tribunal Arbitral establecido por decreto en reemplazo de la justicia laboral y las convenciones colectivas para arbitrar en las negociaciones

9 Prebisch coincide con *Economic Survey* en que los aumentos de salarios fueron la razón principal de la inflación. La revista que representaba la ortodoxia económica responsabilizaba de dichos aumentos al movimiento sindical pero también a la subsistencia de una justicia laboral que se hacía eco de las demandas sindicales.

entre empresarios y obreros.[10] La política salarial obtuvo en parte el resultado al que aspiraba el gobierno militar pero no el que pretendió Prebisch: contener los precios con base en una disminución de los beneficios. En el Gráfico 2 se advierte que, si bien el salario real se mantuvo en valores altos, incluso superiores a los de comienzos de la década, hubo una baja de la participación de los asalariados en el ingreso nacional que solo pudo producido con un aumento de los beneficios empresarios.

Gráfico 2. Salario real

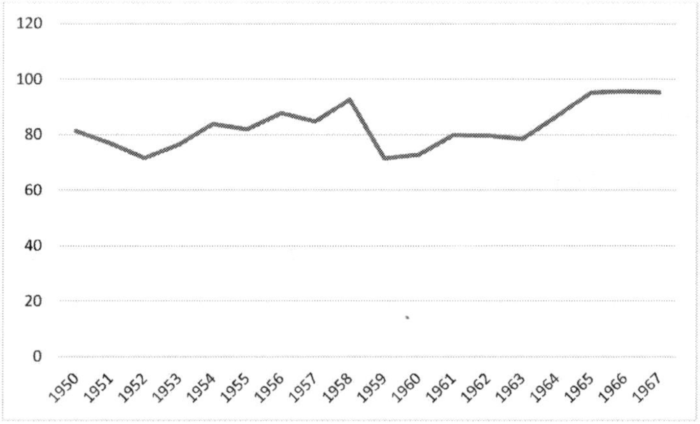

Fuente: Graña y Kenedy, 2008.

10 Esto le valió al gobierno ser considerado complaciente con el sindicalismo peronista por los medios de prensa más antiperonistas, al no avalar a las empresas que habían sancionado a trabajadores por las medidas de fuerza. Ver "De nuevo en mimeógrafo", *Economic Survey*, n.° 558, 13 de noviembre de 1956, pp. 1-2.

Gráfico 3. Participación de la remuneración al trabajo en el valor agregado

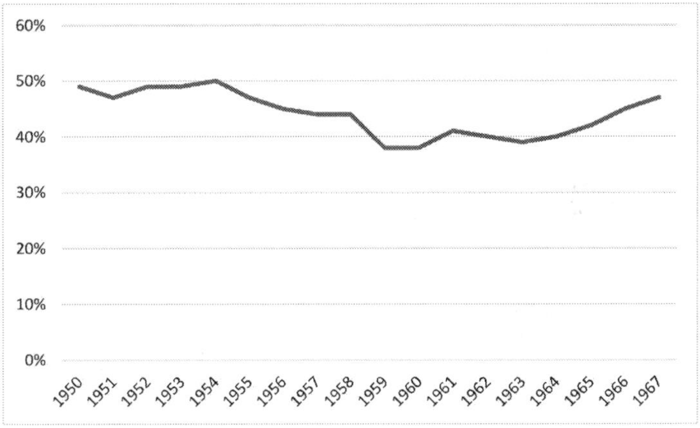

Fuente: Kydiba y Vega, 2015.

En síntesis, resulta indudable que el Plan Prebisch emergió en medio del fuerte antiperonismo dominante entre 1955-1958 con una propuesta de resolución transitoria de los desequilibrios y de preparación del terreno para recuperación del dinamismo industrial. Pero el plan efectivo no alcanzó los objetivos que se había propuesto Prebisch, aunque se compadecía con las aspiraciones de los líderes militares para encaminar la situación política. El programa de ajuste de corto plazo no logró estabilizar el comercio exterior, con la consiguiente caída de reservas internacionales. El empleo y el salario se mantuvieron a costa de un aumento de la tasa de inflación. Los retrasos en cuanto a infraestructura, energía e industria básica continuaron y constituyeron desafíos para el gobierno siguiente. La explicación de este balance infructuoso radica en la fragilidad del Gobierno Provisional, fruto de la inminencia de la convocatoria electoral y de las divisiones del elenco gubernamental y de su base política, pero también de dificultades estructurales que requerían una fuerza de la que el gobierno carecía.

El desarrollo según Frondizi y la integración por interpósita persona

Si nos atenemos a la familia de ideas de las que participaban tanto Prebisch como Frondizi, podríamos suponer que habría una continuidad del gobierno frondizista con las propuestas del Plan que hiciera el secretario ejecutivo de la CEPAL para el Gobierno Provisional. Nada de eso sucedió. La campaña electoral del candidato triunfador había adoptado un tono sumamente crítico hacia la política económica, que fue identificada como Plan Prebisch, aun cuando este había tomado distancia de la gestión de gobierno. Si bien Frondizi había estado rodeado de economistas encabezados por Aldo Ferrer, que eran próximos a las ideas de la CEPAL[11], al llegar a la presidencia fueron dejados de lado —se refugiaron en la provincia de Buenos Aires— ya que el presidente se inclinó por la propuesta encarnada por Rogelio Frigerio y el grupo nucleado en la revista *Qué sucedió en siete días* que no sintonizaba con dichas ideas, tanto que en esa revista Jauretche había publicado el ensayo crítico del Plan Prebisch.

Aun así, un gobierno constitucional como el de Frondizi estaba en mejores condiciones que el régimen militar de poner en marcha de un programa de desarrollo que Prebisch había prometido. Pero ese programa debía ser implementado por un gobierno que no tenía asegurada la gobernabilidad ante la amenaza real de las Fuerzas Armadas que se consideraban garantes de la herencia de la Revolución Libertadora y del peronismo que vigilaba el cumplimiento del acuerdo preelectoral. La propuesta de Frondizi para resolver ambos problemas consistía en una modernización

---

11 En enero de 1956, Ferrer, designado agregado comercial argentino en Gran Bretaña, le envía una carta a Frondizi en la que elogia el plan de Prebisch y en la que se mostraba comprensivo con el diagnóstico de Prebisch y con sus propuestas. Ferrer a Frondizi, Londres, 19 de enero de 1956. Carpeta Centro de Estudios Nacionales, Colección de Archivos Privados, Biblioteca Nacional Mariano Moreno.

económica que además incorporara al electorado peronista a través de una integración "por interpósita persona" (Smulovitz, 1990, p. 4) del que este sería beneficiario principal.

La concreción exitosa de esta doble operación —de integración y desarrollo— dependía, en la visión de Frondizi y Frigerio, de la rapidez con que se alcanzara el cambio estructural de la economía. El "shock" inversor estaba destinado a modificar el modelo de crecimiento, modernizarlo y permitir, con sus frutos, la superación del conflicto entre peronismo y antiperonismo. Su desarrollismo, a diferencia del que encarnaba Prebisch, era esencialmente político. Frondizi apostaba a una política abiertamente favorable a la libre empresa, aunque, como otros desarrollistas, no era liberal, a la que consideraba una ideología librecambista y opuesta a la industrialización (Altamirano, 2001, pp. 67-68). Por esta razón, Frondizi se mostró inclinado hacia la profundización del proteccionismo para restringir importaciones. Esa medida se basaba en dos supuestos efectos positivos: por una parte permitiría el equilibrio de la balanza de pagos[12] y por la otra sería un potente estímulo a la producción sustitutiva.[13]

La industrialización desarrollista, como hemos visto, comprendía el elemento clave de la integración, esto es, la normalización de sindicatos y de la Confederación General del Trabajo, que en la práctica implicaba un reconocimiento de la representatividad de las direcciones peronistas entre los trabajadores. La devolución de los sindicatos a las autoridades electas por los afiliados actuaría como un regulador de las relaciones laborales con el riesgo implícito

---

12 "La declinación general de los precios agropecuarios ha sido artificialmente agudizada por una errónea comercialización de los cereales, frutas y carnes argentinas [...], a corto plazo la única solución efectiva consistirá en limitar las importaciones a lo imprescindible". Frondizi, 2012, "Mensaje inaugural leído en la asamblea reunida el 1 de mayo de 1958" Tomo I, p. 29.

13 "La limitación racional de las importaciones no afectará la economía del país, puesto que, históricamente, *el desarrollo económico ha sido más demorado por el exceso que por la falta de importaciones*" (el destacado es mío), Frondizi, 2012, p. 30.

de potenciar al sindicalismo como actor social y político, una situación que comenzaría a visibilizarse prontamente. En aras de su estrategia de integración, el Poder Ejecutivo consiguió aprobar en el Parlamento una amnistía amplia y general para todos los que habían sido perseguidos en el gobierno militar. Al mismo tiempo decretó un aumento salarial del 60 % (con respecto a los niveles de febrero de 1956) para todos los asalariados del sector privado, con claras consecuencias inflacionarias. Poco después se sancionó la ley 14455 de Asociaciones Profesionales. Estas medidas fueron recibidas con desconfianza por los medios más influyentes. El diario *La Nación* alertaba sobre la fragilidad del orden legal, dada la subsistencia de acciones de resistencia por parte de sectores obreros e incluso estudiantes que apelaban a medios que consideraba violentos para desestabilizar el recién constituido gobierno. Subrayaba el peligro que significaba para el proceso de inversión la inseguridad proveniente de huelgas y acciones de la Resistencia que restaban posibilidades a las inversiones.[14]

A pesar de estas opiniones, el programa de desarrollo productivo ya había comenzado a ponerse de pie en julio de 1958 en un terreno como el de la energía que requería de soluciones urgentes y en el que había capitales internacionales dispuestos a arriesgarse en el negocio singular de la energía. Consciente del rechazo de la opinión pública a la intervención extranjera, que el propio Frondizi había estimulado con su famoso *Petróleo y Política* en 1954, la "batalla del petróleo" debía ser librada a "marcha forzada" para superar las resistencias y alcanzar con rapidez el equilibrio externo. La cuestión petrolera involucraba como ninguna al nacionalismo económico que impregnaba el discurso nacional y popular (tanto del radicalismo como del peronismo); a pesar de que la convocatoria al capital extranjero era impugnada por buena parte de la opinión pública, constituía para el gobierno la herramienta más

14 Editorial 15 de septiembre de 1958, p. 6.

adecuada para atraer grandes inversiones que crearan una corriente de interés por el país que permitiera superar con rapidez las restricciones de la economía. Según Frondizi, la concesión de contratos de prospección y extracción, aunque manteniendo el monopolio de YPF, suponía una afrenta a esa tradición nacionalista. Se entendía que los contratos respetaban plenamente la soberanía nacional al no entregar ninguna porción del territorio, como había sucedido en el acuerdo suscripto por Perón con la Standard Oil de California. Debía valorarse —argüía— que los contratos suponían una locación de servicios y no una concesión, figura jurídica que generaba una mayor permanencia de la empresa extranjera. Finalmente, los acuerdos alcanzados se pusieron en marcha, aunque no fueron aprobados por ley, algo sorprendente considerando la amplia mayoría oficialista en ambas cámaras del Congreso Nacional, abriendo un resquicio hacia el futuro.[15]

En una atmósfera de inquietud y de desequilibrios económicos preexistentes, el alza salarial decretada y la tentativa de resolverlos mediante políticas expansivas impulsaron fuertemente los precios al alza, obligando al gobierno a rectificar su política. Esta se hizo patente con el acuerdo *stand by* con el Fondo Monetario y el lanzamiento del plan de Estabilización en diciembre de 1958. Según Frigerio, el aumento salarial y la liberación de precios posterior eran mecanismos de sinceramiento de la economía para ponerla en marcha (De Pablo, 1986, p. 54), aunque lo cierto fue que

---

15 Ejemplo de esta división fue el abandono de Raúl Scalabrini Ortiz y Arturo Jauretche de la redacción de la revista *Qué...*, en la que habían desempeñado un papel destacado como puentes hacia el electorado peronista. Un buen ejemplo de esto lo daría su colaborador Frigerio, que en este punto no difería de Frondizi. Preguntado sobre las causas que habían llevado al divorcio con Scalabrini Ortiz y Jauretche, los calificó de populistas, en un sentido literal: creían que había que hacer lo que la gente pedía, una idea que, según Frigerio, no sabía reconocer la diferencia entre conciencia social inmediata y realidad económica (Díaz, 1977, p. 36). Ahí quedaba clarificada que las opiniones de Frigerio diferían radicalmente de la de ambos escritores.

el descontrol inflacionario limitó drásticamente el margen de acción gubernamental.

Sea como fuere, el Plan y el acuerdo terminaron de definir el rumbo de la presidencia, a través de un programa que, como sostiene Petrecolla (1984), era al mismo tiempo uno de estabilización (en el que la expansión monetaria sería neutralizada por la inversión) y uno de crecimiento. En el corto plazo, lo que provocó sin embargo fue una abrupta caída del salario, consecuencia del golpe inflacionario, y desató una creciente conflictividad laboral que fue enfrentada con dureza por el gobierno dejando transitoriamente de lado su aspiración a la concertación obrero-empresaria (Jáuregui, 2022, pp. 60-64).

Gráfico 4. Conflictividad laboral. Jornadas de trabajo perdidas. 1955-1962

Fuente: Jáuregui, 2022.

La puesta en marcha del plan, que incluía una devaluación contractiva, trajo aparejada una brusca alza de los precios y el consiguiente descenso del salario real. El indicador de conflictividad medido en jornadas perdidas (ver cuadro 1) muestra un fuerte incremento en 1959, que recién amainó al año siguiente. Como se sabe, el enfrentamiento de dicha oleada incluyó la aplicación del Plan CONINTES como respuesta a las presiones militares.

Mientras en el segundo trimestre de 1959 la tasa de inflación mostraba señales de disminución y el producto mantenía su caída, la situación política y sindical continuaba en el limbo. A mediados de 1959, Perón dio a conocer el documento que habría firmado con Frigerio para dar apoyo a la candidatura de Frondizi en las elecciones de 1958, cuya veracidad fue negada por el presidente pero que confirmaba las sospechas existentes al respecto. La crisis desatada por esa publicación fue resuelta por el presidente con la designación de Álvaro Alsogaray como ministro de Economía y Trabajo, entendida como un factor de "estabilización político-militar". La decisión presidencial fue rechazada por todo el arco político, incluyendo a la UCRI, que se opuso a esa decisión.

Con la designación de Alsogaray, se consolidó el programa de estabilización mientras que el de desarrollo continuó por otros rumbos. Los datos positivos de crecimiento económico tenían un valor político de mostrar logros palpables.[16] En medio de la recuperación productiva, en 1960 la tasa de inflación continuó su rumbo descendente. Pero se evidenciaba la existencia de una tensión entre estabilización y desarrollo, por el sesgo recesivo que tenía la primera, y que se expresaba en el conflicto entre el Palacio de Hacienda y el resto del gobierno. El protagonismo exacerbado de Alsogaray colisionaba con el sector frigerista, que lo atacaba casi abiertamente. El propio Frigerio publicó un folleto denominado *El país de nuevo en la encrucijada* (1960) en el que se cuestionaba el sesgo monetarista que adoptaba política oficial, algo que generaba una sombra de duda sobre su sustento interno.

---

16 Pronto se percibieron evidencias de que la aplicación del programa económico desarrollista, especialmente en sus políticas sectoriales industriales (automotriz, siderúrgica y petroquímica), tenía inconsistencias que se advertirían más adelante Belini (2017, pp. 332-340).

La influencia del ministro ponía en tela de juicio no solo las ideas presidenciales sino también el liderazgo gubernamental en medio de una gestión presentada como tecnocrática. Frondizi pretendía ser vislumbrado como un nuevo Perón de la clase media, capaz de controlar entre bambalinas los hilos de la situación.

> Todo anda mal. Lo social lo económico y lo político… ¿Puede creerse que Frondizi fue tomado por sorpresa por los acontecimientos que vivimos? Decimos que no. Y también podemos afirmar que los hechos no regulan su acción sino que por el contrario el presidente maneja los hechos.[17]

En la misma línea argumentativa, Félix Luna justificaría las contradicciones con el argumento de que "desde la perspectiva de los objetivos nacionales, las maniobras inevitables quedaban superadas por la grandeza de los móviles que posibilitaban".[18] Este estilo zigzagueante se mostró en mayo de 1961 cuando, tras la superación del intento de golpe de Estado del general Toranzo Montero, en un clima de aparente calma, Frondizi despidiera a Alsogaray del Ministerio.

Sin embargo, de a poco se fue desdibujando el panorama favorable. Varias iniciativas del segundo semestre de 1961 que no concluyeron exitosamente incidieron negativamente. Tal fue el caso de su encuentro secreto con Ernesto Guevara, que buscaba mediar en el conflicto entre Cuba y los Estados Unidos. De igual modo, la puesta en marcha

---

17 "Frondizi y su gobierno", *El Mundo*, 22 de diciembre de 1958, p. 8.

18 "Negociaciones y silencios, liquidaciones y retrocesos eran meros aspectos operativos que cubrían una estrategia dirigida a la conquista de objetivos de importancia suprema: el autoabastecimiento petrolífero, por ejemplo, el desarrollo siderúrgico o la devolución de la central obrera a los trabajadores. Lo demás resultaba marginal, secundario: debía serlo, necesariamente, ante la apreciación histórica de los fines señalados. En -un gobierno carente de tales objetivos, el estilo de Frondizi hubiera cubierto apenas un complejo de maniobras menores. Pero desde la perspectiva de los objetivos nacionales, las maniobras inevitables quedaban superadas por la grandeza de los móviles que posibilitaban". Luna, 1963, pp. 17-18.

del Plan Larkin de reorganización ferroviaria que apuntaba a la modernización general del sistema de transporte presupuso el riesgo de un agudo conflicto gremial que a la larga resultaría ruinoso para la marcha del plan económico, cuando el nivel de conflictividad sindical se mantenía bastante por debajo de lo que había sido en 1959, según vemos en la tabla 1.

En estas condiciones, la continuación de las elecciones para la renovación de diputados y gobernadores era una prueba difícil para el gobierno, aunque los comicios realizados en 1961 hubieran resultado exitosos para el oficialismo. La participación de candidatos peronistas, con el sindicalista combativo Andrés Framini para gobernador en la provincia de Buenos Aires, representaba el caso más punzante. Frondizi descartó proscribir las listas justicialistas, algo que además nadie había solicitado. Realizados los comicios en marzo de 1962, el oficialismo alcanzó un 26 % de votos, pero el triunfo de las listas peronistas, que, con un 35 % nacional, se alzaron con la gobernación de Buenos Aires y de otras nueve provincias. Si los guarismos del peronismo no reproducían los alcanzados en la década pasada y mostraban a un oficialismo todavía respaldado por una cuarta parte de la población, la suerte de la presidencia quedaba librada a la decisión de los altos mandos de las Fuerzas Armadas, que optaron, después de muchos amagues, por el derrocamiento del presidente constitucional. La pasividad social ante el final de un experimento constitucional herido por los mismos que lo habían acompañado en su ascenso era la demostración de que el modelo de integración propuesto por Frondizi había fracasado, más allá de las innovaciones y transformaciones logradas. Las Fuerzas Armadas consideraban que Frondizi era un grave problema para su unidad; el programa económico estaba lejos de ser un motivo suficiente para sostener una legalidad al que ellos le habían dado vida con la convocatoria electoral de 1958. La política de desarrollo había sido insuficiente tanto para los actores de la economía como para los de la política.

Después del derrocamiento, Frondizi y el movimiento desarrollista perderían predicamento electoral aunque mantuvieron protagonismo político. La integración y el desarrollo continuarían siendo, sin embargo, los dos aspectos centrales de la agenda futura.

El desarrollo "radical del pueblo" y la integración silenciosa

La crisis político-económica que atravesó el país entre marzo de 1962 y agosto de 1963 —por poner dos fechas tentativas— significó el final del frondizismo. Fue una típica crisis argentina de estrangulamiento externo, la contrapartida de la expansión 1960/1961, y se tradujo en una profunda depresión económica impulsada por el vacío gubernamental y las tensiones internas de las Fuerzas Armadas (enfrentamiento entre azules y colorados). Con todo ello se reavivaba la reacción antiperonista y antisindical de la Libertadora.[19]

Pasado lo peor de la crisis, la agenda del desarrollo volvió rápidamente al centro de interés de la opinión pública, que se expresó la reunión en Mar del Plata del Décimo Período de Sesiones de la CEPAL en mayo de 1963, un acontecimiento que tuvo una importante repercusión nacional. Raúl Prebisch retomaba allí un lugar destacado en el debate económico. Frente al clima de descontrol que se vivía en el gobierno, este acontecimiento marcaba el renacimiento de las expectativas positivas para la economía argentina, pero ahora en nuevo énfasis en la planificación económica que sería la forma de evitar los desequilibrios que venía mostrando la economía.

Por otra parte, la "cuestión peronista" tampoco podía ser dejada de lado, aunque se procuraría su resolución por otra vía

---

19 El análisis de esta crisis puede verse en Jáuregui y Keifman, 2021, pp. 8-13.

en un nuevo experimento integracionista. Llegaba de la mano de la propuesta del ministro del Interior Rodolfo Martínez de armar un frente electoral para los próximos comicios que incluyera a sectores neoperonistas junto a la Democracia Cristiana, el frondizismo y partidos menores, con la participación de la Unión Cívica Radical del Pueblo que debía contar con la aquiescencia de Perón. Lo más significativo de esta propuesta fue su fracaso y la renuncia de su ideólogo Martínez. El panorama político y electoral quedó sumido en la incertidumbre. Poco después, la otra propuesta (el Frente Nacional y Popular) motorizada por un sector "azul" terminó también siendo vetada. Las sucesivas tentativas integracionistas fracasadas limitaron las posibilidades de negociación de los votos peronistas a alguno de los demás participantes en la compulsa. Los comicios fueron finalmente celebrados en agosto de 1963. Al no haber canales partidarios, el peronismo se hizo presente mediante la abstención, que resultó primera en los cómputos y demostrando que su influencia seguía intacta. La elección desnudaba, una vez más, la falta de una solución a la "cuestión peronista".

Pero el gobierno de Illia asumió el poder sin considerar las deficiencias de la elección y la proscripción del peronismo; "intentó gobernar como un triunfador en una democracia consolidada" (Amaral, 2023, p. 294). Por esta razón, en vez de convocar a extrapartidarios para incrementar su base política, armó un gabinete solo con representantes de las líneas internas de la UCRP. La integración del peronismo se haría "naturalmente" mediante el mecanismo de legalización de las herramientas electorales —con la interdicción a Perón, como se pudo verificar en el fallido retorno de 1964—. Pero la participación electoral de los candidatos peronistas recién pudo materializarse en 1965; mientras tanto, el peronismo continuó actuando por otras vías, en especial a través del sindicalismo, que, de vuelta a las instituciones constitucionales, readquiría el músculo que había tenido en el pasado. Su protagonismo tenía implícita la posibilidad de reemplazar a Perón en el liderazgo del movimiento.

La gravitación política y social del sindicalismo hizo de la recuperación del empleo y del salario real el propósito central del gobierno del presidente Illia. Para alcanzarlo, hubo que recuperar el equilibrio externo, a través del crecimiento de la actividad agropecuaria y de sus exportaciones, que serían los soportes principales del plan de gobierno. Efectivamente, las exportaciones aumentaron en buena medida a raíz de la acción del Instituto Nacional de Tecnología Agropecuaria (INTA), creado en 1957, y también de la innovadora política cambiaria basada en el *crawling peg,* que se proponía mantener un valor constante al tipo de cambio (Mallon y Sourrouille, 1973). Esta decisión en el terreno cambiario era consistente con el gradualismo de la política económica en oposición a las políticas de *shock* implementadas por Frondizi y Guido. Por su parte, el superávit de la balanza comercial pudo obtenerse merced al impacto del ciclo de inversión del período frondizista y a la política de corto plazo de Illia que restringió la llegada de bienes de capital considerando que había una capacidad ociosa en 1963.

Una novedad que traía esta nueva experiencia desarrollista —a pesar de que rechazaba expresamente este término por su identificación con el frondizismo— fue la adopción de la planificación económica siguiendo la recomendación de la reunión de la CEPAL de Mar del Plata. El Consejo Nacional de Desarrollo (CONADE), que había tenido funciones poco relevantes desde su fundación en octubre de 1961, se encargó no solo de redactar un plan en regla sino también que asumió el rol de coordinación entre áreas. Además actuó en forma central en las relaciones con los organismos internacionales que le brindaron su apoyo (García Heras, 2008, pp. 120-121) y participó de la formulación de las políticas, existiendo una coordinación estrecha entre el Ministerio de Economía, el Banco Central y el propio CONADE (Jauregui, 2015). La conexión entre el corto y el largo plazo fue realizada a través del Plan Nacional de Desarrollo, confeccionado por el CONADE, que incluía metas e instrumentos para alcanzarlas. El objetivo consistente con el desarrollo general de la economía preveía una sustitución más eficiente de importaciones, la promoción de exportaciones manufactureras, el aliento de la productividad agrícola y el fortalecimiento de la infraestructura. Se establecieron prioridades para la inversión del sector público y medidas de estímulo al sector privado. Petróleo, energía eléctrica, transportes, siderurgia y servicios públicos serían las áreas prioritarias para la inversión pública. Cada empresa pública tenía objetivos de producción y límites a sus gastos de los que serían responsabilizados los funcionarios a cargo.[20]

Los datos de los logros alcanzados son elocuentes. El producto creció fuertemente, aunque más lo hizo la industria (Gráficos 3 y 4). El salario real promedio creció un 10 % en 1965, compensando la caída evidenciada de 1959-1963, y se comenzó a revertir la baja de la participación de los asalariados en el ingreso nacional que venía evidenciándose desde 1955 (Gráfico 2). A pesar de ello, la relación del gobierno con los sindicatos estuvo dominada por los conflictos, en buena medida porque la dirigencia sindical buscaba con su protagonismo competir por el liderazgo en el peronismo. El aumento del salario real pudo alcanzarse merced a un importante superávit comercial externo. No obstante, la continuidad de los aumentos salariales nominales, producto de la presión sindical sobre un empresariado no dispuesto a resistirla, devino en una aceleración inflacionaria en 1965 y 1966. Las subas salariales estaban por encima de la tasa de inflación, lo que presionaba sobre los precios (Gráfico 2), también impulsado por la necesidad de representar al movimiento peronista. Por otra parte, el empresariado tenía cierta animosidad hacia el gobierno, justificada en el rechazo de medidas gubernamentales como la Ley del Salario Mínimo, Vital y Móvil, pero también la anulación de los contratos petroleros y la sanción de la ley de medicamentos.

---

20 "Delineó el presidente su programa gubernativo". *La Nación*, 13 de octubre de 1965, p. 10.

Gráfico 5. Producto interno bruto trimestral. 1958-1963

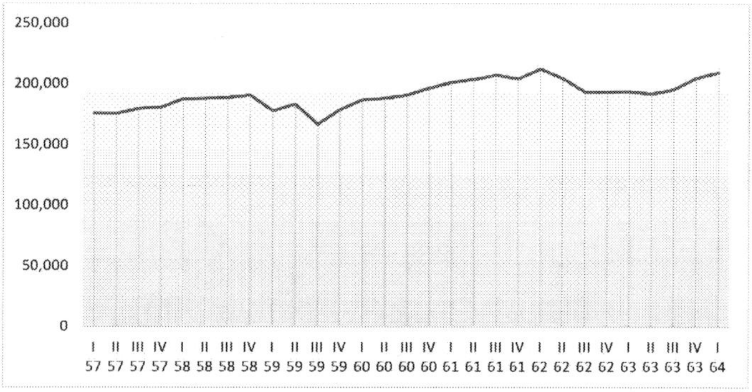

Fuente: BCRA. Base de datos IIEP UBA/CONICET.

Gráfico 6. Evolución de los sectores productivos. 1955-1965

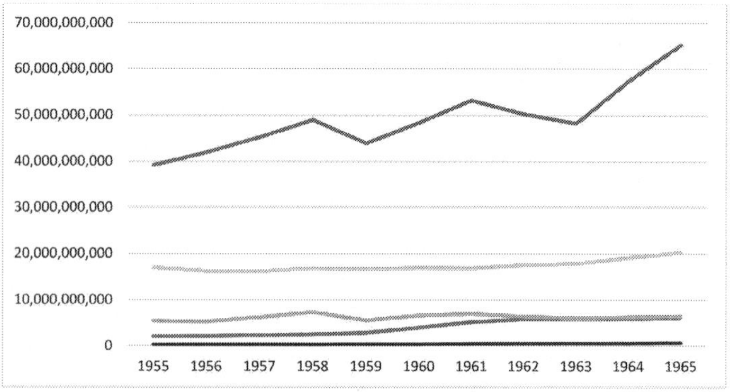

Fuente: Kydiba y Suárez. Aplicación de los Índices Encadenados al empalme de series. INDEC, elaborados por Kydiba y Suárez, 2017.

En estas condiciones surgió un consenso opositor en torno a la necesidad de una intervención militar pretoriana. El consenso fue justificando esta intervención a partir de la "ineficiencia" del gobierno para enfrentar fenómenos considerados perniciosos tales como el peronismo, el comunismo y el conflicto social. La "tortuga" como imagen del presidente reflejaba la supuesta lentitud y la carencia de resultados. Curiosamente vistos los datos, estas acusaciones surgían de cierto exceso de optimismo que parecía dominar a la opinión pública. En efecto, una de las imputaciones que sufrió el gobierno radicaba en una supuesta incapacidad de impulsar el desarrollo económico. Esto se traducía en una percepción de estancamiento que predominaba en amplios sectores de la opinión. Esta fue también una de las causas que según G. O'Donnell (1972) impulsaron la conformación del régimen burocrático autoritario. Los datos económicos aparecían distorsionados o minimizados en los medios. La revista *Primera Plana*, por ejemplo, restaba importancia a los datos de crecimiento ya que, en la Argentina cíclica, "el movimiento ascendente solo preanuncia el descendente. El ritmo de expansión alcanzado en 1964 del 8,2 % es imposible de repetir y esta declinación no puede dejar de repercutir en el mundo de los negocios".[21]

El Plan de Lucha de la Confederación General del Trabajo (CGT), conectada como estaba con la competencia por el liderazgo del peronismo, que culminó en 1964 con las tomas de fábricas, fue otra de las demostraciones de la ineficiencia gubernamental. Si bien la prensa señalaba como factor negativo al propio activismo sindical, responsabilizaba al gobierno por la falta de control de la actividad sindical. Por otra parte, otros sectores políticos como los partidos de izquierda, el socialismo y los sectores católicos censuraban la falta de atención a las demandas obreras. Asimismo, durante las tomas de fábrica, cuando el gobierno se inclinó

---

21 "Depresión, el incendio y las vísperas" *Primera Plana,* n.° 136, mayo 1965, p. 33.

por la resolución por la vía judicial con la lentitud que ello implica, se le pedía al gobierno una enérgica acción represiva. La situación representaba un fenómeno según Tcach y Rodríguez (2006) de dualidad opositora en la que dos coaliciones, enfrentadas entre sí, confrontan con el gobierno sin sumarse pero minando la gobernabilidad.

En este clima de opinión, en los primeros meses de 1966, la fuerza de las corporaciones y la fragilidad política se conjugaban para reforzar la imagen de un gobierno irresoluto. No sorprendería que finalmente, el 28 de junio de 1966, Illia fuera desalojado de su despacho tan solo por un grupo de policías, comandados por un general en actividad. Al parecer, la pasividad fue la única respuesta de la sociedad al golpe de Estado, algo que denotaba una forma de aprobación. Como se puede advertir, el derrocamiento de Illia no está conectado con la macroeconomía sino con su incapacidad de resolver la "cuestión peronista".

Desarrollismo autoritario e integración compulsiva en la Revolución Argentina

Las Fuerzas Armadas decidieron con el golpe de Estado de junio de 1966 prescindir de los partidos políticos, no solo el peronista; le encomendaron el mando al general Onganía —jefe del sector azul del Ejército—, que asumió formalmente el gobierno al estilo de dictadura romana; las Fuerzas Armadas se desentendieron de la gestión directa del poder para mantener su unidad y disciplina. El régimen de la Revolución Argentina encaró el problema de la proscripción del peronismo prohibiendo también al resto de los partidos, pero buscando la integración de los peronistas por medio de la cooptación de las dirigencias sindicales. Esto se advierte en la primera etapa de la gestión económica, que estuvo encaminada hacia la incorporación de los "factores de poder" cuando la cartera fue ocupada por el empresario de alimentación y copropietario de la empresa SASETRU Néstor Salimei, vinculado a la Iglesia, a las asociaciones gremiales y con relaciones con los sindicatos. La dirección económica no siguió sin embargo un rumbo definido, aunque mantuvo el gradualismo que había caracterizada la denostada administración del presidente Illia.

En diciembre de 1966, el régimen de Onganía cambió la dirección económica nombrando ministro a Adalberto Krieger Vasena, que si bien no abandonó la línea de integración de los dirigentes sindicales, suspendió el funcionamiento de las paritarias como parte de su programa de estabilización y también de reordenamiento sindical presente en los objetivos explícitos del régimen.[22]

En marzo del año siguiente, Krieger anunció la puesta en marcha de su Plan de Estabilización y Desarrollo. Este plan combinaba instrumentos ortodoxos y heterodoxos para mantener el nivel de actividad y estimular a la industria. De todos modos, la primera prioridad del plan fue la estabilización, a la que se consideraba clave de la "normalización" del país, a diferencia de lo que había sucedido en el gobierno radical del pueblo que había otorgado la primacía a la política antirrecesiva. Pero, al mismo tiempo, no se abandonaban los objetivos desarrollistas, incluyendo una planificación que figuraba en el Programa de Ordenamiento y Transformación inicial y que en 1967 se convirtió en el Plan Nacional de Desarrollo y Seguridad (Jauregui, 2019). En ellos estaba previsto incrementar la eficiencia productiva por medio de la reducción progresiva del nivel de protección industrial además del combate a las influencias monopólicas y a las interferencias especulativas. Existía una convicción en buena parte del *establishment* de que el proceso autoritario era necesario para impulsar el desarrollo ya

---

22 Directiva para el Planeamiento y Desarrollo de la Acción del gobierno. Presidencia de la Nación Argentina", 1967, Discursos del Presidente de la Nación Tte. Gral. Juan Carlos Onganía y Documentos de la República Argentina, Buenos Aires, p. 18.

que supuestamente la Argentina sufría un problema estructural de atraso relativo en su crecimiento económico que solo podía ser superado apelando a medidas de excepción que estaban fuera de la constitución del país.

Las políticas de Krieger Vasena, a diferencia de las de Frondizi, procuraban un crecimiento industrial equilibrado (Mallon y Sourrouille), sin aplicar un recetario monetarista. Se proponía manejar las expectativas inflacionarias a través de las anclas monetaria y salarial, con acuerdo de precios (Aromi y Gómez, 2022, pp. 200-201). Un intervencionismo estatal moderado, alejado del liberalismo que proponía el embajador en Estados Unidos, Álvaro Alsogaray (Guillermo O'Donnell, 1972).

Durante el bienio 1967-1969, el régimen militar consiguió clausurar con represión las protestas sindicales, contando a su vez con el control que ejercían las direcciones nacionales sobre sus organizaciones, pero la tensión derivada de la falta de canales de expresión y la propia estabilización emprendida terminó detonando donde menos se esperaba. Córdoba había sido uno de los centros de la nueva industria nacional y se suponía una provincia privilegiada en sus condiciones socioeconómicas. Sin embargo, el congelamiento salarial, si no implicó una pérdida sensible, trajo aparejada un empeoramiento de la distribución del ingreso. El estallido de la protesta se hizo presente allí donde la red de contención era más débil.

El Cordobazo determinó la salida de Krieger Vasena y provocó un debilitamiento del régimen, que perdió la bandera del orden con la que había llegado. Además, le significó la salida de una personalidad como Krieger, que contaba con la confianza del *establishment* local y de los organismos internacionales, a pesar del rechazo que provocaba en franjas del empresariado nacional y del sector rural. Una reacción al cambio de jefatura económica fue el incremento del sesgo industrializador y planificador del gobierno, que pasó a ser utilizado como un mecanismo difuso de inclusión política. La planificación industrializadora dentro del programa de modernización autoritaria tomó la delantera para desempeñar un rol central para un régimen que comenzaba a perder el rumbo.

La preparación de los planes fue encargada a la CONADE, que prestó el apoyo de expertos reconocidos como Adolfo Canitrot y Héctor Diéguez. Ellos se encargaron de darle forma al Plan Nacional de Desarrollo 1970-1974. El diagnóstico de estos ya no partía de la idea del estancamiento y crisis que había dominado a Prebisch y a Frondizi. Por el contrario, para sus redactores, el crecimiento había devenido en un dualismo estructural generado por el desarrollo desbalanceado, algo que detonó en una oleada de tensiones laborales y sociales que tuvo su punto superior en el Cordobazo. Esa tendencia solo podía ser quebrada con un programa económico consistente que, entre otros objetivos y mediante la iteración global-sectorial, lograra un crecimiento del PBI del 5,5 % anual acumulado.

Este programa fue dejado de lado sin muchas explicaciones tras la caída definitiva de Onganía del gobierno y la asunción de un grupo militar al frente del régimen encabezado por el presidente Levingston. El plan pretendía adoptar el perfil más nacionalista y distribucionista sin abandonar el objetivo de industrialización. Al frente de esta tentativa estaba el equipo liderado por el ministro de Obras Públicas primero y de Economía después, Aldo Ferrer, quien impulsó el mecanismo de Compre Nacional para favorecer a las firmas nacionales.

El nuevo Plan Nacional de Desarrollo 1971-1975, que fue encargado al CONADE, encabezado por Eduardo Zalduendo, fue hecho con el aporte de datos del recién creado INDEC con el designio de atenuar la agitación laboral y política. La meta de crecimiento del producto fue colocada en un imposible 8 % anual, que reflejaba las exigencias de la "profundización" de la Revolución. El diagnóstico mantenía el sesgo estructuralista del programa anterior, aunque le agregaba un componente dependentista, que tomaba nota de las inquietudes provocadas por la influencia creciente de las empresas multinacionales y las presiones del comercio internacional (Jauregui, 2015, p. 155). Pero el cambio de guardia en el régimen autoritario, con el ingreso del general Alejandro Lanusse a la presidencia y la aceptación del retorno del peronismo y del general Perón, hizo del PND 1970-1974 un documento de biblioteca. La política económica perdió gravitación con la desaparición del Ministerio de Economía; el área quedó en manos del secretario de Hacienda.

El desarrollismo autoritario no solo fue incapaz de contener las demandas de los sectores populares, tampoco pudo satisfacer las del empresariado, que comenzaba a recelar del avance de las grandes empresas nacionales y extranjeras. El corporativismo lanzado como propuesta integracionista, con énfasis en el sindicalismo obrero, fue recibido con recelo por las entidades empresarias, ya que estaba impregnado de la pasada experiencia peronista y del peligro de un fortalecimiento de las direcciones gremiales.

Este último fracaso de una experiencia desarrollista con proscripción franqueó el regreso pleno peronista que significaba un reconocimiento por parte de los actores políticos de la representatividad y de la importancia del liderazgo de Perón. Por su parte, la nueva situación conllevaba la aceptación de este último de la convivencia democrática con los otros partidos. Este nuevo escenario permitía que el modelo de desarrollo nacional tuviera como eje el acuerdo entre empresarios y sindicatos bajo la gestión del ministro José Gelbard y el Plan Trienal de 1973. Sin embargo, las condiciones políticas internas y económicas externas hicieron que este proyecto naufragara en los años siguientes.

Una reflexión final en torno al complejo problema de la conexión entre instituciones y economía

Cuando se trata de fechar el comienzo y el fin de una etapa histórica, siempre se pueden encontrar hitos adecuados como fronteras temporales. Podríamos haber iniciado nuestro estudio en 1952 con el lanzamiento del Segundo Plan Quinquenal, de indudables rasgos desarrollistas; aunque inscripto en una lógica más distribucionista que inversionista, traza más una línea de continuidad que de ruptura. Pero es indudable que en 1955 hubo un corte profundo con la Revolución Libertadora que atravesó todos los aspectos de la vida social. En la política económica, ese punto de partida, que fue mucho más aparente que real, fue señalizado por el Plan de Prebisch. Por la razón inversa, 1973 cumple acabadamente con la función de hito final de la era en estudio. 1971 anticipa varios aspectos terminales de la Era del Desarrollo por tres condiciones principales. Primero, es el momento en que se publica el último de los planes de desarrollo realizado por el Consejo Nacional de Desarrollo. En segundo lugar, se inician las conversaciones del presidente de las Fuerzas Armadas, general Lanusse, con el general Perón. Por último, el *Nixon shock* trajo la suspensión de la convertibilidad oro del dólar norteamericano, puso fin al ciclo iniciado en Bretton Woods e inicia el proceso de globalización. Como consecuencia, se comenzó a reducir la capacidad de acción de los Estados nacionales, que era el instrumento esencial de las políticas de desarrollo.

Como hemos señalado, no se trata de una etapa con un balance negativo dentro de la historia económica argentina donde los ciclos económicos fueron atenuados, se incrementó la exportación industrial y, salvo el período 1959-1963, se evitaron las crisis de balanza de pagos. La era del desarrollo trajo aparejada una transformación de envergadura, pero transcurrió sin poder sobrepasar los límites a su capacidad de resolver los estrangulamientos externos de su economía. Las distintas variantes desarrollistas ensayadas a lo largo de más de quince años mostraron breves períodos de éxito (1960-1961, 1963-1965, 1967-1969), aunque no pudieron tener continuidad.

A partir de estos datos, vuelve a ponerse en el tapete el impacto de las turbulencias políticas y las reiteradas crisis institucionales vividas en esa época sobre la evolución económica. ¿Cuánto debió a dichas turbulencias y crisis el hecho de que el círculo virtuoso del crecimiento quedara a medio camino? Las ciencias sociales no han podido dar respuestas contundentes a esta pregunta porque supone una evaluación contrafáctica que, como todas, es ciertamente dudosa. El institucionalismo ha buscado cuantificar el efecto económico negativo buscando estimar el incremento de los *costos de transacción,* provocado por la debilidad institucional y normativa. Sin embargo, el fenómeno puede tener cierta circularidad en la medida en que el estancamiento tiene su propia capacidad destructiva y que el crecimiento genera en sí mismo un fortalecimiento de las instituciones y las normas. Sea como fuere, resulta evidente que los problemas de gobernanza que se evidenciaron en estos años dificultaron la construcción de certidumbre y confianza y afectaron las decisiones de los agentes económicos.

Para concluir, las políticas desarrollistas no alcanzaron los objetivos de largo plazo más por la debilidad y discontinuidad de la economía política que por las inconsistencias técnicas o rigideces ideológicas de cada equipo, que también las hubo. Aun así, nada indica que las distintas tentativas de solucionarla estuvieran destinadas al fracaso. El resultado final no fue generado por una estructura determinante o contexto internacional sino por la confluencia de factores negativos, que harían eclosión en la gran crisis iniciada en 1975.

Bibliografía

Altamirano, Carlos (2001). *Bajo el signo de las masas (1943-1973)*, Buenos Aires, Ariel.

Amaral, Samuel (2023). *El conductor y la masa. Ensayos sobre Perón y el peronismo*, Buenos Aires, Editorial Dunken.

Aromí, Daniel y Gómez Juan (2022). "Eficiencia y desarrollo autoritario: el tiempo económico de la Revolución Argentina", en Gerchunoff Pablo, Heymann Daniel, y Jáuregui Aníbal (comps.), *Medio siglo entre tormentas: fluctuaciones, crisis y políticas macroeconómicas en la Argentina (1948-2002)*, Buenos Aires, EUDEBA, pp. 183-220.

Belini, Claudio (2018). "El Plan Prebisch de 1955, los dilemas del desarrollo argentino y las controversias en torno a los legados económicos del peronismo", *Revista de Indias,* n.° 273, pp. 593-629.

Cavarozzi, Marcelo (2018). "El desarrollismo y sus etapas: un fenómeno latinoamericano. A Francisco Delich, eximio sociólogo y gran tipo", en E. Torres y J. Russo (comps.), *Francisco Delich y América Latina,* Libro Digital, CLACSO.

Coviello, Ramiro (2018). *Las problematizaciones de la cuestión industrial y el despliegue de la planificación estatal: entre el giro desarrollista y el consenso exportador industrial (Argentina, 1949-1965)*, Tesis de Maestría, UNSAM.

De Pablo, Juan (1986). *La Economía que yo hice*, Buenos Aires, El Cronista Comercial.

Díaz Fanor (1977). *Conversaciones con Rogelio Frigerio sobre la crisis política argentina*, Buenos Aires, Colihue/Hachette.

Fliguer, Federico (2017). *La política económica durante la Revolución Libertadora*, Libro Digital, Buenos Aires, UBA/FCE.

Frigerio, Rogelio (1960). *El país de nuevo en la encrucijada. La falacia de la estabilización monetaria sin expansión económica*, Buenos Aires, Francisco Colombo Editor.

Frondizi, Arturo (2012). *Mensajes presidenciales 1958-1962,* Buenos Aires, Fundación Frondizi.

García Heras, Raúl (2008). *El Fondo Monetario Internacional y el Banco Mundial en la Argentina. Liberalismo, populismo y finanzas internacionales*. Buenos Aires, Lumiere.

García Heras, Raúl, Heymann, Daniel y Montero, Gustavo (2022). "Episodio cíclico y cambio estructural. El Plan de Estabilización y Desarrollo, 1958-1962", en Gerchunoff Pablo, Heymann Daniel, y Jáuregui Aníbal (comps.), *Medio siglo entre tormentas: fluctuaciones, crisis y políticas macroeconómicas en la Argentina (1948-2002),* Buenos Aires, EUDEBA, pp. 91-136.

Gerchunoff, Pablo y Rapetti Martín (2016). "La economía argentina y su conflicto distributivo estructural (1930-2015)", *El Trimestre Económico,* Vol. 330, abril-junio.

Gilbert, Jorge; Rougier, Marcelo y Tenewicki, Marta (2000). "Debates en torno a la propuesta económica del Plan Prebisch", *XVII Jornadas Historia Económica,* San Miguel de Tucumán.

Jáuregui, Aníbal (2015). "El CONADE; organización y resultados (1961-1971)", *Anuario IEHS,* Universidad del Centro de la Provincia de Buenos Aires, Tandil, pp. 141-158.

Jáuregui, Aníbal (2019). Empresarios y política económica en la "Revolución Argentina" (1966-1973). En Belini, Claudio (Editor), *La burguesía argentina: crisis y reconfiguración.* Lenguaje Claro.

Jáuregui, Aníbal y Keifman, Saúl (2021). *1962-1966: Crisis y desarrollo bajo control pretoriano,* Documento de Trabajo 58, Instituto Interdisciplinario de Economía Política, Facultad de Ciencias Económicas, UBA.

Jáuregui, Aníbal. (2022). "Concertación a palos: política económica y conflictividad gremial en la Presidencia de Arturo Frondizi (1958-1962)", *H-Industria,* n.° 31.

Jauretche, Arturo (1984). *El Plan Prebisch. El retorno al coloniaje.* Buenos Aires, Peña Lillo.

Laguado Duca, Arturo (2009). La construcción de la cuestión social en el desarrollismo post-peronista en la Argentina, Tesis de Doctorado, Facultad de Ciencias Sociales, Universidad de Buenos Aires.

Mallon, Richard y Sourrouille, Juan (1973). *La política económica en un país conflictivo,* Buenos Aires, Amorrortu.

Mallorquín, Carlos (2006). "Textos para el estudio del pensamiento de Raúl Prebisch". *Cinta moebio. Revista de Epistemología en Ciencias Sociales,* 25, pp. 17-63.

O'Donnell, Guillermo (1972). *Modernización y autoritarismo,* Buenos Aires, Paidós.

Persello, María Virginia (2007). *Historia del radicalismo,* Buenos Aires, Edhasa.

Petrecolla Alberto (1984). *El desarrollo desequilibrado, 1958-1962,* Buenos Aires, Instituto Di Tella.

Pollock, David, Kerner, Daniel y Love, Joseph (2001). "Entrevista inédita a Prebisch: logros y deficiencias de la CEPAL", *Revista de la CEPAL* n.° 75, Santiago de Chile.

Prebisch, Raúl (1956a). "Informe Preliminar acerca de la situación económica argentina", *El Trimestre Económico, 89*(1), enero-marzo.

Prebisch, Raúl (1956b). *Moneda sana o inflación incontenible. Plan de restablecimiento económico,* Buenos Aires, Secretaría de Prensa de la Presidencia de la Nación.

Sikkink, Kathryn (1996). "Una conversación con Raúl Prebisch". *Estudios Latinoamericanos, 3*(5), pp. 217-236.

Smulovitz, Catalina (1988). *Oposición y gobierno: los años de Frondizi*. Buenos Aires, Centro Editor de América Latina, Vol. I.

Smulovitz, Catalina (1990). *Argentina en busca de la fórmula perdida 1955-1966,* Documento CEDES, n.° 51, Buenos Aires.

Smulovitz, Catalina (1993). "La eficacia como crítica y utopía. Notas sobre la caída de Illia" *Desarrollo Económico,* n.° 131, octubre-diciembre, pp. 403-423.

Spinelli, María (2005). *Los vencedores vencidos. El antiperonismo y la "revolución libertadora".* Buenos Aires: Biblos.

Spinelli, María (2017). "El fracaso de la modernización democrática", *Estudios digital*, 37, enero-junio, pp. 149-177.

Stepan, A. (1988). *Repensando a los militares en política. Cono sur: un análisis comparado.* Buenos Aires, Planeta.

Tcach, C. y Rodríguez, C. (2006). *Arturo Illia. El sueño breve*, Buenos Aires, Edhasa.

La Industrialización por Sustitución de Importaciones (ISI) y los vaivenes mundiales, de la superación del viejo ciclo al Rodrigazo, 1964-1976

Lucas Terranova[1]

El 3 de febrero de 1976 asumió el último ministro de Economía de Isabel Perón, Emilio Mondelli, en un marco sumamente conflictivo y con escasas probabilidades de mejora: "Si yo algo tengo que pedir es un lapso, durante el cual, no pido adhesión, lo único que pido es una expectativa no combativa para ver, si Dios me ayuda, si podemos realizar algo".[2]

¿Cómo fue el pasaje de una situación récord en materia de reservas internacionales y de crecimiento industrial ininterrumpido, alcanzada un año y medio antes, a una coyuntura como la que le tocó en (des)gracia a Mondelli?

A lo largo del presente capítulo, ahondaremos en este sendero de crisis económica, con eje en el devenir del esquema de Industrialización por Sustitución de Importaciones (ISI). En línea con otros trabajos que han abordado estos años, como los de Rougier y Fiszbein (2006) y Kacef, Robbio y Vitto (2022), creemos necesario no solo dar cuenta de la evolución de la economía nacional, sino también considerar los impactos del cambio de etapa de la acumulación global de capital sobre la Argentina. En este sentido, avanzaremos

---

1 Universidad de Buenos Aires, Centro de Estudios sobre Población, Empleo y Desarrollo (CEDEP), Facultad de Ciencias Económicas. Instituto Interdisciplinario de Economía Política (IIEP). Becario doctoral del Conicet. E-mail: lucasterranova@gmail.com.

2 *Mercado*, 12 de febrero de 1976, Año VII, No. 336, pp. 13.

con la hipótesis de que fue la crisis del petróleo el primero y más significativo de los que dieron paso a la Nueva División Internacional del Trabajo (NDIT), motivo por el que daremos suma preeminencia al devenir del sector externo. La combinación de sus efectos, de la estructura industrial existente y de las políticas adoptadas internamente degeneró en una dinámica de crisis que tuvo al Rodrigazo como su máximo exponente.

En vista de ello, el capítulo se organiza de la siguiente manera, por fuera de la presente introducción. En la primera sección analizaremos el devenir industrial argentino durante los mejores años de la ISI (1964-1974). Si bien esta etapa ha sido profusamente visitada, esperamos aportar elementos para comprender algunas de las tensiones a las que se enfrentaba el esquema. En complemento, indagaremos en las formas concretas mediante las cuales se consolidó la NDIT hacia mediados de los setenta. En la segunda sección veremos de qué manera este proceso de cambio interactuó con el plano de la política económica doméstica, centrándonos en la tercera experiencia peronista. En la última sección presentamos algunas breves reflexiones finales.

La ISI era una fiesta (1964-1974)

Durante la década que medió entre la crisis del sector externo de 1962/3 y la de 1975/6 tuvo lugar un afianzamiento de la industria argentina, en el marco de una secuencia madurativa de más largo aliento. Estos años suelen destacarse como los últimos de la segunda etapa de la ISI (Katz y Kosacoff, 1989), y estuvieron signados por el florecimiento de las inversiones (principalmente extranjeras) realizadas durante el gobierno de Arturo Frondizi (Odisio y Rougier, 2020), lo que generó la fuerte presencia de filiales locales de empresas multinacionales en las ramas más dinámicas del espectro manufacturero argentino.

Son fundamentalmente dos los aspectos que se destacan a la hora de argumentar por esta nueva etapa del proceso de industrialización argentino: por un lado, el ininterrumpido, aunque oscilante, crecimiento del producto industrial (Llach y Gerchunoff, 1975; Ferrer, 1977), evolución extensiva para la productividad del trabajo, el nivel de ocupación y de remuneraciones[3]. Por el otro, una serie de dinámicas determinó que se apaciguaran los recurrentes ciclos de *stop and go* previos (Braun y Joy, 1968). Entre ellas se destaca el continuo y acelerado incremento de las exportaciones (tanto agropecuarias como manufactureras) (Rougier y Odisio, 2019), así como el creciente endeudamiento externo (Basualdo, 2006).

La industrialización argentina en contexto

En el Gráfico 1 presentamos las variables que retratan el positivo devenir industrial durante 1964-1974. En primer lugar, el valor agregado a precios constantes creció un 77 % entre puntas, aunque no de forma armoniosa: coexistieron momentos sumamente expansivos con otros más bien modestos (10,8 % de variación interanual entre 1968 y 1969; 1,5 % entre 1966 y 1967).[4] Segundo, el nivel de ocupación también se incrementó (18 % entre 1964-1974), atravesando momentos de caída (1965-1966 y 1967-1968), de relativo estancamiento (1969-1970) y de fuerte suba (entre 1970 y 1974).[5] Tercero, la productividad del trabajo presentó un crecimiento ininterrumpido entre 1964 y 1974 (50 %). Esta dinámica también tuvo ritmos diferenciados: en 1966-1967 aumentó poco más de 1 %,

3 Se destaca también el desarrollo de tecnología propia y las redes de proveedores especializados que operaban en torno de las empresas (Schorr, 2006).

4 Entre puntas, el peso del sector industrial en el total de la economía se mantuvo prácticamente inalterado (32,6 % en 1964 y 33,9 % en 1975), con un valor máximo de 35 % en 1965 (Graña y Terranova, 2020).

5 Esta dinámica expansiva se vinculó a las ramas vegetativas (Gerchunoff y Llach, 1975). Por otro lado, el peso de la ocupación industrial sobre la total se mantuvo relativamente constante, en torno del 20 %, con un máximo en 1965, prácticamente idéntico al del año previo (21,6 %) (Graña y Terranova, 2020).

mientras que lo hizo un 11 % en 1967-1968 y 9 % en 1969-1970. De igual forma, debe tenerse presente su relativo estancamiento desde 1970, dado que entre ese año y 1974 la suba acumulada fue del 7 %. Finalmente, los salarios reales exhibieron una evolución mucho más irregular que las otras variables, creciendo significativamente entre puntas (54 %). Así, además de sensibles subas anuales (24,8 % entre 1964 y 1965), encontramos caídas significativas (4/5 % en 1967-1968 y 1971-1972).

Gráfico 1. Evolución de variables seleccionadas para la industria argentina. 1964 = 100. 1964-1975

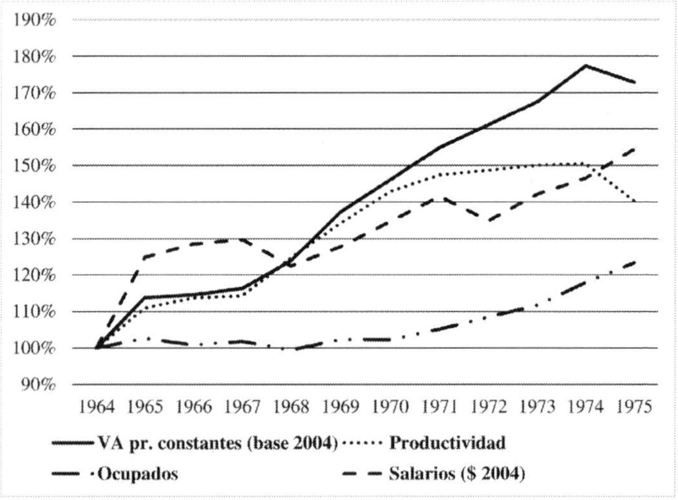

Fuente: elaboración propia con base en Graña y Terranova (2020).

En suma, estas trayectorias dieron forma a los mejores años de la industrialización sustitutiva en la Argentina. La crisis de 1975 echaría por tierra algunos de los avances, considerando las caídas interanuales en el producto a precios constantes (-2,5 %) y la productividad (-6,8 %), entre otras variables no consideradas aquí (inversión, por ejemplo). Independientemente de su magnitud, la relevancia de estas mermas se explica por el hecho de que representaban destrucción neta de producción nacional. Por su parte, tanto los salarios como la ocupación evidenciaron subas de importancia entre 1974 y 1975 (4,5 % y 5,4 %, respectivamente).

No obstante, dichas evoluciones refieren a la industria nacional versus ella misma, lo que, si bien sirve para dar cuenta de los progresos realizados, no brinda un panorama completo. Comparando algunos guarismos con Brasil y México, cuyo dinamismo industrial, además de generalizado, incluso superó las tasas de variación del Producto sectorial argentino.[6] En complemento, si nos detenemos en otra variable clave como lo es la productividad del trabajo, veremos que una de las constantes de la industria argentina (y de la mexicana y brasilera) fue su menor nivel relativo en comparativa internacional, en torno del 40 % de la de Estados Unidos, el país más industrializado y centro de la acumulación global en esta etapa (Graña, 2012).

Ahora bien, durante estos años existieron tendencias diferenciadas, en línea con lo visto en el Gráfico 1. El dinamismo de la industria nacional determinó un acercamiento relativo con la estadounidense, lo que tuvo lugar hasta 1970. Este proceso tuvo en su centro el *shock* productivo que representó la instalación de las empresas extranjeras, caracterizadas por un tamaño de establecimiento y una productividad mayores (Rougier y Odisio, 2019), incluso considerando que en muchos casos contaban con tecnología obsoleta en sus países de origen. Tras la disrupción inicial,

---

6 Considerando el Informe Anual del Banco Interamericano de Desarrollo (1977), para los subperíodos 1966-1970 y 1971-1975 la variación media anual del valor agregado industrial a precios constantes de la Argentina estuvo por debajo de la de Brasil, México y del promedio latinoamericano. De igual forma, debemos matizar esta lectura a partir de considerar el estadio del desarrollo en que se encontraba cada país: la Argentina era el país de Latinoamérica con mayor participación industrial (32,2 % en 1975), seguido por Brasil (25,6 %) y México (24,1 %).

estos rubros "dinámicos" pasaron a tener un crecimiento más moderado, en línea con el estancamiento de productividad posterior (Katz y Kosacoff, 1989). Entre otras razones, esto se vinculó al tamaño reducido del mercado local, dado que la única manera de acceder a las ventajas de escala era ampliando mercados vía exportación. Como un círculo vicioso, esta alternativa estaba disponible de forma limitada, como veremos a continuación.

La industrialización argentina y la restricción externa

Uno de los aspectos más destacados de esta etapa de la ISI es la inexistencia de crisis externas, lo que se debió a varios factores: la reactivación de las ventas al exterior de productos tradicionales (productos primarios —PP— y manufacturas de origen agrario —MOA—), que abandonaron el estancamiento que las había caracterizado desde la década del treinta (Ferrer, 1977; Odisio y Rougier, 2020). También se subraya la novedad del ingreso de divisas por exportación de manufacturas de origen industrial (MOI), que creció sostenidamente desde mediados de los sesenta, no solo en términos absolutos, sino también relativos. Entre puntas, considerando las diversas estimaciones existentes, las ventas al exterior de MOI prácticamente triplicaron su participación en el total exportado (Ablín y Katz, 1976; Basualdo, 2006), pasando de un nivel en torno al 7 % en 1964 a más del 20 % para mediados de la década del setenta.

El hecho en sí de exportar este tipo de bienes manufactureros, así como las ventas de plantas "llave en mano" y de manufacturas de proceso/ingeniería, daba cuenta de las capacidades técnicas sistémicas (Odisio y Rougier, 2020).[7]

---

7 Las exportaciones industriales estaban fuertemente concentradas en las filiales de empresas extranjeras (Sourrouille 1976), lo que implicaba salidas de divisas por remisión de utilidades, entre otras. Además, su accionar estuvo regido por las estrategias globales de las firmas, que buscaban aprovechar la protección arancelaria de algunos países y, así, contar con beneficios del tipo "mercado cautivo" (Katz y Ablín, 1976; Ferrer, 1977). Así se comprende

Además de los progresos sectoriales, es de destacar la continuada política pública de promoción de exportaciones no tradicionales (Ablín y Katz, 1976). Los reintegros, los *draw-back*, las desgravaciones impositivas, las preferencias comerciales y los acuerdos internacionales son algunos de los mecanismos más destacados, cuya influencia operaba sobre una variable clave, el tipo de cambio efectivo para los exportadores (Belini, 2017).

Si bien la industria local tenía un sesgo mercadointernista[8], el crecimiento de las exportaciones manufactureras invita a analizar el grado en que estas ventas posibilitaron una mayor participación de nuestro país en el comercio internacional. Al respecto, retomamos la comparación con Brasil y México, que también pudieron insertarse como exportadores industriales, incluso de productos con cierto grado de complejidad técnica, y con características comunes a la Argentina —regímenes de promoción, fuerte presencia de subsidiarias extranjeras, etcétera— (Ablín y Katz, 1976).

Entre 1964 y 1975, la Argentina prácticamente sextuplicó sus exportaciones; Brasil, el caso más impresionante, las multiplicó por 29, mientras que México más que las cuadruplicó.[9] Ahora bien, ¿cuánto incidieron estos países en el comercio mundial de manufacturas? Exceptuando Brasil, que quintuplicó su participación, hacia el final del período tanto la Argentina como México exhibían valores similares a los iniciales.[10] Esto se debió a que, durante esos años, las exportaciones mundiales de manufacturas crecieron 4,5

---

que la gran mayoría de las exportaciones argentinas tuviese como destino principal a la Asociación Latinoamericana de Libre Comercio —ALALC—.

8 El peso de las exportaciones en el producto total industrial era reducido —menor al 10 %— (Odisio, 2019).

9 Para 1964, el porcentaje de exportaciones manufactureras sobre el total era del 5,33 % en Brasil y del 25 % en México. Para 1974, dichos guarismos habían subido al 25 % y 48 %, respectivamente.

10 Las proporciones fueron calculadas a dólares corrientes. Para la identificación utilizamos los capítulos 5, 6, 7 y 8 de la Clasificación Estándar del Comercio Internacional (SITC 1, por sus siglas en inglés), empleando COMTRADE como base.

veces. No obstante estos movimientos relativos, lo cierto es que lo comerciado por estos países era marginal: sumando las tres participaciones para 1973, año con mayor penetración exportadora, no alcanzan el 1 % del total industrial mundial (la Argentina representaba el 0,21 %).[11]

En suma, y más allá del alcance limitado de la expansión exportadora, estas ventas permitieron contar con ingresos de divisas no disponibles previamente. A pesar de ello, el devenir del sector externo estuvo lejos de ser holgado, como puede verse en el Gráfico 2. Si bien el signo del intercambio de mercancías fue ininterrumpidamente positivo desde 1963 hasta 1974, tuvo fuertes variaciones y, en muchos casos, magnitudes ciertamente reducidas (1971 y 1972). La cuenta corriente (CC), conformada por el propio comercio de mercancías y servicios/rentas, y por las transferencias netas, exhibió superávit hasta 1967, seguido de déficits hasta 1973/4, para retomar valores fuertemente negativos en 1975.

En el marco del empeoramiento de la CC se comprende la mayor gravitación de la cuenta de capital (CK), cuyo saldo positivo entre 1967 y 1970 contrapesó los déficits de la primera, dando como resultado superávits en el Balance de Pagos (BP).[12] Ahora bien, buena parte de los capitales eran sumamente volátiles y de corto plazo, lo que quedó de manifiesto con la crisis de 1971[13] (Kacef, Robbio y Vitto, 2022), momento en que se hicieron evidentes problemas en todos los componentes del BP. Contrariamente a lo acontecido

---

11 En complemento, que las evoluciones más virtuosas hayan tenido lugar principalmente en rubros con menor dinamismo tecnológico —en términos de movimiento de la frontera tecnológica internacional (Katz y Ablín, 1976)— también alertaba sobre las capacidades locales de inserción en otros rubros "de punta", lo que no niega la existencia de nichos aprovechados por nuestro país.

12 En el número 11 (junio de 1968) de *Información Económica de la Argentina*, se sostiene que febrero de 1967 constituyó un punto de quiebre en la apertura de mercados internacionales de capitales para nuestro país, lo que coincide con la mayor gravitación de la CK en el Balance de Pagos.

13 Banco Central de la República Argentina, *Memoria 1971*, p. 51.

con anterioridad, fue la recuperación de la Cuenta Corriente en 1973/4 la que determinó renovados resultados positivos en el BP. De igual forma, dicha dinámica se evidenció transitoria, ya que para 1975 el sector externo en su totalidad se encontraba en una coyuntura crítica.

Gráfico 2. Saldo de Cuenta Corriente, de Cuenta de Capital y del Balance de Pagos. En millones de dólares corrientes. Argentina. 1964-1975

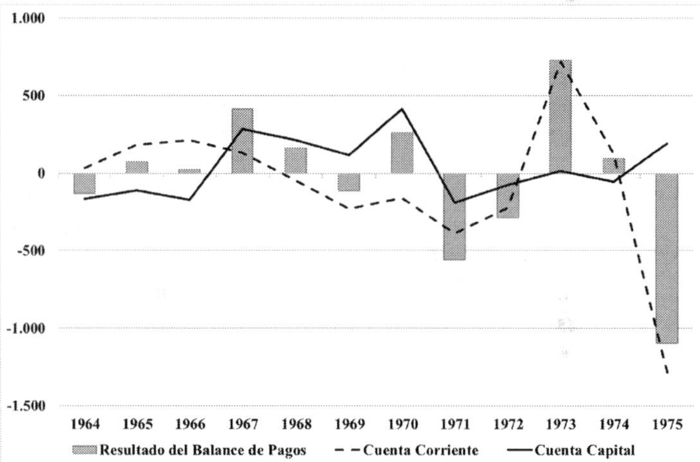

Fuente: elaboración propia con base en Ferreres (2010).

Como corolario de estas evoluciones, se desprende una evolución errática de las reservas internacionales, con variaciones interanuales sumamente bruscas, de signo positivo (170 % entre 1972 y 1973) y negativo (-56 % entre 1974 y 1975).[14] Es aquí donde queda de manifiesto la relevancia del endeudamiento externo —capitales compensatorios— (Basualdo, 2006). De alguna manera, así como las novedosas exportaciones no tradicionales hicieron más holgado el

14 Banco Central de la República Argentina, *Memoria 1975*, p. 189.

saldo de CC, la deuda fue relevante en materia de acumulación de reservas internacionales, aportando a la atenuación de los *shocks* externos (Gerchunoff y Llach, 1975), aunque no sin complicaciones asociadas a su repago. En este sentido, Azpiazu *et al.* (1976, p. 611) advertían que "el creciente endeudamiento externo no es sino la postergación a lo largo del tiempo de la crisis estructural" del Balance de Pagos.

A partir de las estimaciones disponibles queda de suyo que, desde 1968, el endeudamiento con el exterior creció de forma persistente (más que duplicándose para 1972), evidenciándose entre 1970 y 1972 las tasas anuales de variación más elevadas del período, lo que se condice con los préstamos ratificados con el FMI (Brenta, 2006; García Heras, 2021).[15] Para 1975, la deuda total continuaba creciendo (180 % respecto de 1968), dividida prácticamente en partes iguales entre el sector público y privado.[16]

Hasta aquí, buscamos matizar los dos aspectos que se destacan como signos de la "superación del viejo ciclo" por parte de la ISI: el crecimiento ininterrumpido y la ausencia de crisis externas. Sin negar los avances que tuvieron lugar entre 1964 y 1974, evidentemente quedan ensombrecidos cuando se los pone en diálogo con otros países de la región y del mundo. El no tan extraordinario crecimiento del Producto, las complejidades del sector externo (incluso en un marco de exportaciones industriales crecientes) y el rezago productivo, entre otras, permiten situar de manera más precisa las innegables mejoras transitadas por el esquema ISI, así como iluminar las tensiones a que se enfrentaba.

Sin embargo, dichas tensiones no constituyen evidencia de que la ISI estuviera en sí misma agotada. Es más, en tanto producto de una etapa de la acumulación global de

15 Además, destacan acuerdos con bancos internacionales y las colocaciones de bonos (Banco Central de la República Argentina, *Memoria 1972*, p. 44).

16 Banco Central de la República Argentina, *Memoria 1975*, p. 75.

capital caracterizada por una relativa autarquía productiva de los países, era un *tipo* de industrialización perfectamente pertinente (aunque con problemas). Ahora bien, a lo largo de esos años (fines de la década del sesenta y mediados de los setenta) tuvieron lugar procesos que determinaron modificaciones en las formas globales de organización de la producción. Bajo estas nuevas dinámicas, la discusión en torno de la sustentabilidad del esquema ISI cambia radicalmente. Sobre ello nos abocaremos en lo próximo.

La industrialización argentina en diálogo con las etapas de la acumulación global de capital

Entre finales de la década del sesenta y comienzos de la siguiente tuvieron lugar fenómenos que, en conjunto, determinaron la entrada en vigencia de la Nueva División Internacional del Trabajo (NDIT).

En primer lugar, el más relevante fue la crisis en los países industrializados fordistas (aunque con implicancias mundiales), que, ya clara hacia finales de los sesenta, estaba vinculada a la merma en el crecimiento de la productividad del trabajo, lo que repercutía negativamente sobre la tasa de ganancia de las empresas (Aglietta, 1976). Las causas de estas tendencias las podemos encontrar en una crisis de sobreproducción que se conjugó con el agotamiento de la base técnica del fordismo, esquema caracterizado por una elevada inflexibilidad: la obtención de mayores ventajas en relación con las economías de escala pasaba por la concentración de la producción en una reducida variedad de productos finales (series largas de productos indiferenciados) (Graña, 2012). En el marco del surgimiento de una demanda diferenciada con base en la fragmentación (interna y mundial) de la fuerza de trabajo, la incapacidad del fordismo para adaptarse a estas nuevas condiciones (producción de series cortas/largas de productos heterogéneos) determinó su agotamiento (Coriat, 1992). Para comprender enteramente la crisis, es necesario adicionar, por un lado, la creciente competitividad de algunos países de Europa Occidental y Japón, que ponían en duda la capacidad de Estados Unidos para continuar liderando la acumulación global de capital. Por el otro, la consolidación del poder político de los trabajadores, quienes incluso en el marco de un estancamiento de la productividad eran capaces de presionar y conseguir mejoras salariales.

En segundo lugar, las empresas se habían embarcado en la búsqueda de formas alternativas de organización/producción que permitieran dar un nuevo impulso a la acumulación. Entre ellas, destacan las mejoras en los transportes, las comunicaciones y en el propio proceso productivo que, en conjunto, habilitaron la deslocalización y consecuente internacionalización de la producción industrial (Fröbel *et al.*, 1980). Fueron particularmente relevantes la robotización de la línea de montaje y la automatización, al elevar la productividad del trabajo y posibilitar un nuevo avance sobre el control obrero del proceso de producción (Iñigo Carrera, 2013).

En tercer lugar, los descalabros financieros, destacándose el proceso de abandono del patrón oro (comenzado por Estados Unidos en 1971) y la crisis del petróleo en 1973. El primero estuvo vinculado a la pérdida de competitividad estadounidense, marco en que sus autoridades recurrieron a la expansión monetaria para sostener el ritmo de crecimiento. Estos fondos incrementaron los flujos internacionales de capital y la especulación financiera, incrementándose así la oferta monetaria mundial. Dado que el Tesoro de Estados Unidos estaba comprometido a respaldar dicha oferta, y que su expansión fue de gran magnitud, el gobierno estadounidense decidió abandonar la tasa de cambio del dólar con el oro. Una de las consecuencias de dicho abandono fue la creciente incertidumbre y volatibilidad a escala mundial (Issawi, 1978; Cleaver, 1989), con correlato sobre el precio de las materias primas (Kacef, Robbio y Vitto, 2022). La decisión de administrar el comercio por parte de los productores agrupados en la Organización de Países Exportadores de Petróleo (OPEP) fue una respuesta a esta coyuntura, repercutiendo sobre el precio internacional del hidrocarburo. Los resultados de estos movimientos fueron mayores tasas de inflación, creciente recesión y desempleo, así como crisis generalizadas en las economías industrializadas.

En suma, la crisis del esquema fordista fue contemporánea a la posibilidad de enviar partes del proceso productivo a donde fuera más económico, así como de controlar en tiempo real dicha producción. Los descalabros financieros, en tanto subproducto de la crisis, debilitaron y disciplinaron al conjunto de la clase trabajadora. En particular, el *crack* petrolero constituyó una suerte de punto de no retorno, en el sentido de habilitar a las empresas a poner en una escala mayor las experimentaciones que ya venían realizando.

La profundidad de estos cambios fue tal que dio paso a la NDIT, con una renovada geografía de la producción manufacturera mundial. A diferencia de su predecesora, en la que la distinción existente era entre países industriales y productores de materias primas, el primer grupo retuvo las tareas industriales más complejas, mientras deslocalizaba las más sencillas a países con condiciones laborales más precarias, convirtiéndolos en plataformas de exportación para el mercado mundial (Fröbel *et al.*, 1980).

Estas nuevas dinámicas globales representaron un desafío para los países que adoptaron esquemas de industrialización a lo largo del siglo XX, particularmente para los que habían priorizado el mercado interno como horizonte, avanzando hacia etapas más "complejas" de la producción industrial. Por un lado, porque de forma general estaban rezagados en relación con la productividad industrial mundial. Por el otro, debido a que su nivel salarial no era comparable al de países que recibían las inversiones para convertirse en plataformas de exportación (Graña y Terranova, 2022).

Considerando lo anterior, la pregunta por el agotamiento de la ISI implica una reflexión en torno de cómo el esquema podía funcionar en esta nueva etapa de la acumulación global. En otras palabras, el interrogante no pasa por el hecho de si, en sí mismo, el esquema ISI portaba con las potencialidades para su definitiva consolidación, sino por la viabilidad de ese *tipo* de estrategia en una división internacional del trabajo diferente a la imperante algunas décadas atrás. En el próximo apartado nos detendremos en el proceso histórico que dio forma concreta a estas consideraciones, esto es, el devenir de la industria nacional durante el pasaje a la NDIT.

El proceso concreto de la crisis industrial (1973-1976)

Gelbard: la contradicción entre los objetivos domésticos y los vaivenes globales

Los objetivos de la gestión de José Ber Gelbard al frente del Ministerio de Economía (mayo de 1973-octubre de 1974) estuvieron materializados en el *Plan Trienal para la Reconstrucción y la Liberación Nacional (1974-1977)* (Rougier y Fiszbein, 2006; Vitto, 2013).[17] En complemento del acento puesto en el capital nacional, sobre todo aquel nucleado en la Confederación General Económica, se buscaba alcanzar una mejor distribución del ingreso para los asalariados, lo que debía lograrse en el marco de una expansiva acumulación de capital y de "una política de reargentinización de empresas desnacionalizadas en períodos anteriores".[18]

Más allá de la falta de claridad sobre fuentes de financiamiento y mecanismos concretos de implementación, el Plan trazaba metas respecto del crecimiento del Producto y de la inversión, así como un objetivo

[17] Constaba de una batería de programas para la práctica totalidad de los sectores de la economía, desde la petroquímica al plan nacional de agua potable y cloacas, pasando por proyectos nucleares y portuarios.

[18] Poder Ejecutivo Nacional, *Plan Trienal para la reconstrucción y la liberación nacional*, tomo I, p. 15.

general vinculado a alcanzar un saldo positivo y creciente en cuenta corriente (vía expansión de las exportaciones industriales) (Vitto, 2010). Respecto de la cuestión externa, se proyectaron las importaciones a partir de los montos promedio del trienio 1971-1973. Minando estas suposiciones, de forma prácticamente paralela a la presentación del Plan (octubre/noviembre de 1973), tuvo lugar el embargo de la OPEP y el posterior incremento del precio internacional del petróleo crudo. Así, tempranamente, aparecieron las primeras, y cruciales, presiones sobre la planificación de la tercera experiencia peronista.

De igual forma, el efecto neto inicial fue neutro e, incluso, positivo: si bien el impacto de la "inflación importada" se hizo patente[19], una de las consecuencias del descalabro monetario global fue el aumento en el precio de las materias primas, y en particular de los productos de exportación nacionales (trigo, maíz y carne), lo que generó términos de intercambio favorables (Vitto, 2010). Esto se montó sobre los crecientes saldos exportables de dichas *commodities* (Kacef, Robbio y Vitto, 2022). Por su parte, las exportaciones de MOI cumplieron un papel también relevante.[20] Como resultado de estas dinámicas, el saldo de Cuenta Corriente para 1973 no solo volvió a ser positivo, algo que no tenía lugar desde 1967, sino que constituyó un valor récord, en lo que parecía ser el alejamiento de las turbulencias de 1971/2.

Además de la favorable coyuntura, Gelbard potenció lo existente en materia promocional, vía reembolsos, líneas especiales de crédito y apertura de nuevos mercados,

---

19 En volumen físico se redujeron, lo que da cuenta de la relevancia del efecto precio (procesos inflacionarios y de reevaluación de monedas en países industrializados). Si bien existieron restricciones a los artículos "prescindibles", muchas de las mercancías encarecidas eran insumos clave. Banco Central de la República Argentina, *Memoria 1973*, p. 67.

20 Se destacaron calzados, material de transporte, textiles, entre otros. Ídem.

estrategia que el propio ministro vinculó al escenario de crisis internacional[21]:

> ... nos conviene comprarles los productos industriales que necesitamos porque no nos van a importar inflación porque no la tienen. En ellos (países de Europa del Este y Unión Soviética, LT) la crisis del petróleo prácticamente no repercutió para nada [...] al diversificar las áreas en las que procuramos la tecnología y el comercio, sobre la base de pagar nuestras importaciones con productos argentinos, estamos expandiendo nuestra economía sin crear nuevas deudas.[22]

En suma, si al resultado del sector externo adicionamos las evoluciones industriales vistas en el apartado previo, se comprende el clima de bonanza económica de fines de 1973 y comienzos de 1974. Además, el congelamiento de precios había sido efectivo en la contención de los niveles inflacionarios, lo que determinó, a su vez, subas en los salarios reales y en el consumo, renovado motor del crecimiento económico (Kacef, Robbio y Vitto, 2022).

Si bien en los primeros meses de 1974 se aprobaron legislaciones específicas[23] y campañas publicitarias centradas en la cuestión energética, las preocupaciones oficiales sobre el sector externo eran, cuanto mucho, moderadas y de corto plazo, como se desprende de este discurso del presidente Perón en febrero de 1974:

> ... la crisis de combustible y energía en que se debate el mundo actual y la imprevisión y descuido en que se ha vivido, tenían también que alcanzarnos a nosotros, desde que en ese mundo

---

21 Entre 1973 y 1974 se firmaron acuerdos con Cuba, la Unión Soviética, países de Europa del Este y del mundo árabe. También, se fortalecieron lazos comerciales con la ALALC.

22 *Mercado*, 23 de mayo de 1974, Año V, n.° 254, pp. 17-18.

23 Se fijó un tipo de cambio especial para cientos de insumos en complemento de los derechos de importación móviles (buscando compensar el incremento del costo de las materias primas). En abril, además de autorizarse ciertos reajustes de precios, se rebajaron selectivamente las tasas de interés y se dispusieron mayores márgenes de comercialización (Rougier y Fiszbein, 2006).

> vivimos. Las medidas que ya se han tomado permitirán, sin embargo, neutralizar sus efectos sin grandes sacrificios, como está ocurriendo en otras partes.[24]

La idea de que la política oficial había neutralizado los efectos de los *shocks* externos también tuvo lugar en mayo, cuando Gelbard presentó el informe de su primer año de gestión ante la Asamblea Legislativa:

> ... el esquema fue sencillo: simplemente decidimos comerciar con todos los países del mundo y así lo estamos haciendo [...]. Comerciar sin fronteras supone, por ejemplo, aumentar las relaciones con los países en que la crisis energética no tiene mayores alcances, y que no exportan su inflación a los que no tenemos posibilidad de establecer las reglas de juego en el mercado internacional. Esta forma de intercambio es, por así decirlo, un modo de ejercer y no de declamar el antiimperialismo.[25]

La confianza oficial no era descabellada, sino que se basaba en el resultado fuertemente superavitario del Balance de Pagos del primer semestre, lo que determinó un nivel récord de reservas internacionales (2020 millones de dólares).[26] De igual forma, para ese entonces empezaron a materializarse las consecuencias de la crisis petrolera, ensombreciéndose así el panorama inmediato futuro (Vitto, 2010). Aportaron a ello, por un lado, la salida neta de capitales privados de corto plazo, el mayor volumen importado y el empeoramiento en los términos de intercambio. Esto último se evidenció tanto en las mercancías agrarias (caída en los precios de la lana y la carne) como en los productos

---

24 "El mundo de hoy demuestra que hay que crecer con solidez y sin puntos vulnerables. Nada se improvisa ni se obtiene de la noche a la mañana sin esfuerzo", Mensaje de Juan Domingo Perón, 4 de febrero de 1974. Citado en Mac Donell (2014, p. 47).

25 José Ber Gelbard, *Informe de gestión* (1/5/1974).

26 Banco Central de la República Argentina, *Memoria 1974*, p. 57. Además, se incluyó al peso argentino entre las monedas elegibles por el FMI para ser usadas en préstamos de la institución.

industriales (suba del precio de combustibles y lubricantes, que importábamos, en detrimento de los de los bienes finales, lo que exportábamos). Por el otro, complejizando aún más el panorama, en julio se dio a conocer el efectivo cierre del Mercado Común Europeo (MCE) a las importaciones cárnicas de terceros países[27], medida motivada por los generalizados problemas de balanza de pagos causados por el *shock* petrolero (Rougier y Fiszbein, 2006).

En adición a estas tensiones, eran cada vez más claras las contradicciones existentes entre los objetivos internos (expansión de la demanda interna) (Kacef, Robbio y Vitto, 2022) y los vinculados al comercio exterior, lo que quedó particularmente de manifiesto en el nivel del tipo de cambio (Vitto, 2010) y la política antiinflacionaria en curso.

Respecto de esto último, una de las metas de Gelbard se conoció como "inflación cero", para lo cual la principal herramienta utilizada fue el congelamiento de precios, vigente desde junio de 1973 hasta marzo de 1974.[28] De allí en más, se aprobaron algunos incrementos, aunque con topes fijados desde el Estado. Los empresarios sostenían que, con el creciente nivel de costos internos, los márgenes de ganancia estaban siendo nulos o negativos, lo que desincentivaba inversiones. La referencia a los costos tenía dos grandes bases: por un lado, los aumentos en los precios de las materias primas y los insumos importados; por el otro, las mejoras salariales decretadas por el Ejecutivo.

Dado este panorama, el acatamiento de los precios máximos fue cada vez menor, generalizándose tanto el incumplimiento de las disposiciones oficiales como el

---

27 Ídem, p. 53.

28 Al congelamiento se adicionaron medidas que iban desde la marcación indeleble de los precios a la suspensión del lanzamiento de nuevos productos. Banco Central de la República Argentina, *Memoria 1973*, p. 92.

desabastecimiento de ciertos productos.[29] Esto impactó sobre el nivel de precios domésticos y, por extensión, sobre los salarios reales de los trabajadores, lo que derivó en una serie de movilizaciones y reclamos.[30] Uno de los puntos más álgidos de estas disputas tuvo lugar hacia mediados de 1974, cuando la CGT exigió, como medida excepcional, el cobro de un medio aguinaldo adicional, lo que fue objetado por el secretario de Comercio, Miguel Revestido, quien sostuvo que

> … debemos comenzar a tener conciencia que la economía se está recalentando en momentos que al industrial le resulta muy difícil lanzarse a una expansión. Esa dificultad no es consecuencia de la política de precios, como algunos aseguran, sino que tiene un origen más conflictivo. En estos momentos, en todo el mundo, los precios de los equipos y las maquinarias están atravesando su punto máximo y no resulta muy saludable lanzarse a planes de expansión cuando todo sube.[31]

Revestido dejaba en claro la posición oficial respecto de los reclamos sectoriales, al poner el acento en la inflación importada y no en la política doméstica de control de precios. No obstante, es de destacar el cambio en el discurso, dado que en mayo se celebraba la ausencia de impactos de la crisis energética mientras que, dos meses después, se achacaba buena parte de las problemáticas sufridas al adverso contexto externo.

Como mencionamos, el otro aspecto que se presentaba contradictorio a la hora de conciliar la política externa con la interna lo constituyó el nivel del tipo de cambio. Vinculado a la política antiinflacionaria, Gelbard priorizó

---

29 Una excelente síntesis del vínculo entre aumentos salariales, caída de la inversión y desabastecimiento puede consultarse en Canitrot (1975).

30 Según el Banco Central, el aumento en el índice de precios al consumidor para 1974 fue del 24,2 %, aunque considerando el período entre los meses de diciembre 1973 y 1974 ascendió a 40,1 %.

31 *Mercado*, 4 de julio de 1974, Año V, n.° 259, p. 17.

sostener la paridad cambiaria prácticamente inalterada a lo largo de toda su gestión.[32] En un marco como el descrito, de aumento de los precios internos, esto determinó una creciente sobrevaluación del tipo de cambio, con impactos ciertamente nocivos sobre el comercio exterior, dado que implicaba pérdidas de competitividad, sobre todo para las exportaciones no tradicionales. A diferencia de las agropecuarias, gran parte de estas dependía fuertemente del tipo de cambio efectivo para colocar productos en el exterior.[33]

De esta manera, ya para el tercer trimestre de 1974 era evidente la conjunción entre las presiones del frente externo y las propias de la política doméstica, lo que tomó forma concreta en el saldo negativo de la balanza comercial, una constante a futuro que presionaría sobre las reservas internacionales (Kacef, Robbio y Vitto, 2022) y, por ende, sobre el sostenimiento del esquema ISI. En esta coyuntura signada por crecientes niveles inflacionarios, con su consecuente impacto sobre la puja distributiva, la inversión y la competitividad externa de la manufactura, Gelbard presentó su renuncia.[34]

Gómez Morales: el reconocimiento oficial de la crisis

El designado para suceder a Gelbard y capear la conflictiva situación económica fue Alfredo Gómez Morales (octubre 1974-junio 1975), quien ya había sido ministro de Economía durante la segunda presidencia de Perón (1952-1955), y que era presidente del BCRA. Su gestión constituyó el reconocimiento de la crisis por parte del oficialismo y, en

---

32 En 1973 y 1974 operaban dos mercados, uno comercial y otro financiero. El primero cotizaba a $5 por dólar estadounidense, mientras que en el segundo $9,93 y $9,98 (comprador y vendedor, respectivamente).

33 Además, la sobrevaluación incentivaba la importación, abaratando relativamente las compras externas.

34 Si bien nos enfocamos en los condicionantes económicos, otros factores tuvieron rol relevante. Por caso, la pérdida de apoyo político tras la muerte de Perón, las causas judiciales por corrupción, entre otras (Seoane, 2003).

consecuencia, el primer intento explícito por encauzar la situación, desde una óptica gradualista (Marongiu, 2006).

El diagnóstico del nuevo ministro quedó de manifiesto ya en su asunción, cuando señaló que

> ... se avecina una etapa de austeridad, que no significa una política de miseria, sino una política de responsabilidad, prudencia, equilibrio, de sensatez. Esto es indispensable para que la Argentina no caiga en los procesos inflacionarios que hoy están cubriendo a buena parte del mundo.[35]

La referencia a los efectos globales de la crisis debía funcionar como alerta para la política interna (ya sumida en niveles inflacionarios de relevancia, por cierto). Los objetivos a este respecto, condensados en la "austeridad", giraban en torno del gasto público y la emisión monetaria, así como, si bien de otro orden, la evolución del sector externo. Vinculado a esto último, el cuarto trimestre del año presentó un déficit de balanza comercial superior a los 100 millones de dólares (Marongiu, 2006; Vitto, 2010), lo que dio como resultado un último semestre sensiblemente deficitario (a lo que también aportó la salida neta de capitales no compensatorios). De igual forma, dado lo positivo de los primeros trimestres, el año cerró con superávits, tanto en Cuenta Corriente como en el Balance de Pagos, aunque el nivel de este último representó una caída superior al 80 % respecto del de 1973.[36]

En ese marco, se comprende la cautela de Gómez Morales sobre el futuro de la economía, lo que a su vez le permitía matizar lo positivo del devenir previo, y reconocer que la coyuntura no era tan holgada como se había sostenido:

> No es que exportáramos más en 1973. Nos favorecieron los precios internacionales. Eso creó un falso espejismo porque sirvió para proyectar el Plan Trienal con metas excesivamente

35 *Mercado*, 24 de octubre de 1974, Año VI, n.° 272, p. 13.
36 Banco Central de la República Argentina, *Memoria 1974*, p. 49.

> ambiciosas [...]. La congelación de precios establecida en mayo de 1973 fue un error porque se prolongó demasiado y, en esa medida, provocó la creación de un tremendo mercado negro.[37]

Las perspectivas para los meses siguientes no eran mejores, lo que en buena medida quedó condensado en los debates por el nivel del tipo de cambio: aun con una inflación mensual creciente[38], la nueva gestión económica no era permeable a la idea de devaluar el peso. Gómez Morales, haciéndose eco de estas discusiones, bregó nuevamente por la selectividad de las políticas (sobre todo en materia de subsidios y regímenes especiales) y por la necesidad de jerarquizar sectores en particular, de forma tal de establecer prioridades. Respecto de las ventas al exterior de manufacturas, señaló que

> ... ya pasó la época de exportar cualquier cosa a cualquier costo [...] ahora debemos exportar productos con gran valor agregado, que aprovechen materias primas y tecnología local preferentemente.[39]

Queda claro que, en un escenario crecientemente complejo, se dificultaba el sostenimiento de las herramientas de fomento industrial, siendo la paridad cambiaria una de las cuestiones más espinosas. Al respecto, no deja de ser llamativa la relevancia que portaba una herramienta de política económica particular, lo que no hace más que exponer las dificultades competitivas de buena parte de las producciones industriales locales. Prueba de ello fueron los reclamos esgrimidos, en febrero de 1975, por diversas cámaras en pos de lograr un salto devaluatorio, arguyendo el riesgo de no poder sostener sus ventas al exterior, y llamando la atención sobre el abaratamiento de las importaciones que

---

37 Citado en Muchnik, D. (1978, p. 85).
38 Entre enero y marzo de 1975, la inflación acumulada (IPC) fue del 15,6 %.
39 *Mercado*, 24 de octubre de 1974, Año VI, n.° 285, p. 18.

dicha paridad cambiaria generaba, incluso en rubros con autoabastecimiento.[40]

Más allá de la reticencia inicial del equipo económico, en marzo de 1975 se decidió devaluar los tipos de cambio un 50 % (de $5 a $10 el comercial, y de $9,93 a $15,05 el financiero), así como se decretó la implantación de distintas valuaciones (para turismo, por ejemplo), la reducción de los reintegros para las ventas al exterior (compensados con el cambio en la paridad), la instauración de cuotas a la importación, entre otras.[41]

¿Qué explica este cambio? Además de las presiones sectoriales, el primer trimestre del año había cerrado con el máximo saldo negativo del período 1973/6 en la Cuenta Corriente, lo que no pudo ser compensado con ingreso de capitales no compensatorios, detentando así un Balance de Pagos fuertemente deficitario. En el comunicado oficial del Ministerio de Economía que informaba los motivos de la devaluación, se señaló explícitamente la pérdida de competitividad de la industria, lo que se achacó al aumento de los costos internos. También, se mencionó la pérdida de reservas (superior a los 400 millones de dólares solo en ese primer trimestre) y la presión que implicaban los reembolsos y reintegros sobre el presupuesto público.[42]

Si bien el cambio en la paridad era un pedido explícito del arco exportador, fue considerado tardía e insuficiente por parte de diversos agrupamientos (AIERA —Asociación de Importadores y Exportadores de la República Argentina—, la Cámara de Exportadores, etc.), además de una contribución al proceso inflacionario. El comunicado de la Cámara Argentina de Comercio (CAC) es elocuente al respecto:

---

40 *Mercado*, 27 de febrero de 1975, Año VI, n.° 289.

41 Banco Central de la República Argentina, *Memoria 1975*, pp. 76-78.

42 *Mercado*, 13 de marzo de 1975, Año VI, n.° 291.

> ... el constante crecimiento de los costos internos [...] había alejado notoriamente de la realidad la relación del peso argentino con las monedas extranjeras. Las exportaciones argentinas estaban registrando dificultades de colocación, insuperables en la mayoría de los casos [...] debido a la tardanza incurrida la decisión resulta insuficiente, a pesar de constituir una de las devaluaciones más drásticas registradas en la historia de la economía argentina.[43]

A todas luces, la situación se tornaba cada vez más preocupante, a lo que el ministro hizo referencia en el mes de mayo, de forma pública y privada. En su discurso en la Apertura de Sesiones de la Asamblea Legislativa consideró "indispensable" referirse a las características de la economía mundial que "desde el segundo semestre del año pasado" presentaba dificultades. Como la Argentina no era un caso aislado, "no pudimos ni podemos escapar a las consecuencias de esta coyuntura". Pese a ello, sostenía, la situación no podía calificarse de grave, aunque solo podrían cumplirse las previsiones de crecimiento "si no se producen graves problemas en el sector externo de la economía y si se adopta una política realista de balance de pagos", que superara los efectos desfavorables de los términos de intercambio.[44] Contrastando con este moderado optimismo, a los pocos días le presentó a Isabel Perón un informe en el que analizaba la situación económica y proponía una serie de medidas con carácter urgente.[45] Si bien no dejaba de señalar el escaso margen de acción con que contaba para reducir el gasto público, el centro del diagnóstico giró en torno del sector externo:

43 Ídem, p. 41.

44 Alfredo Gómez Morales, discurso en la 100.a Apertura de Sesiones de la Asamblea Legislativa, 1.° de mayo de 1975.

45 En el Capítulo VIII el ministro sugiere, entre otras, reprimir drásticamente asignaciones de fondos para viajes al exterior, las operaciones del mercado clandestino de cambios y las transferencias por servicios financieros y tecnología.

> … la magnitud y velocidad de la caída de reservas que el país ha experimentado en los mercados cambiarios, en los últimos meses, compromete la capacidad del Banco Central para hacer frente a situaciones inesperadas del balance de pagos.[46]

A lo sostenido por el ministro habría que agregar que la capacidad de pagos del país no estaba comprometida únicamente ante situaciones inesperadas, sino que, hacia junio, las reservas líquidas solo permitirían hacer frente a dos meses de importación.[47] Esto era resultado del cuarto trimestre consecutivo de saldo negativo en la Cuenta Corriente (incluso existiendo controles a las importaciones y menor actividad económica), en un marco en el que el ingreso de capitales no compensatorios era cada vez más reducido.

El informe nunca fue respondido por la presidenta, quitándole así todo apoyo a la gestión ministerial. En efecto, hacia fines de mayo se dispusieron incrementos salariales del orden del 38 %, superiores al tope señalado por Gómez Morales. Ante la perspectiva de que dichos aumentos dieran un nuevo empujón al déficit público, y con el trasfondo de la relación rota con Isabel Perón, el ministro presentó su renuncia y, con él, se alejó también la perspectiva gradualista para afrontar los problemas económicos.

Tres ministros en seis meses: el ajuste después del ajuste

A poco de asumir como ministro de Economía de la Nación en reemplazo de Gómez Morales, el ingeniero Celestino Rodrigo (junio a julio de 1975) anunció un plan de ajuste extraordinario, dada la brusquedad de las variaciones estipuladas:

---

46 *Mercado*, 22 de mayo de 1975, Año VI, n.° 301, pp. 16-17.

47 Se había pasado de 1946,6 millones de dólares en julio de 1974 a 694,7 millones para el momento de la renuncia de Gómez Morales, sin contar los vencimientos de deuda para 1975 y 1976 (García Heras, 2021).

> … la situación económica que tomamos como punto de partida de nuestra gestión es grave. Las medidas que vamos a implementar serán, necesariamente, severas, y durante un corto tiempo provocarán desconcierto en algunos y reacciones en otros. Pero el mal tiene remedio […]. Mañana me matan o mañana empezamos a hacer las cosas bien.[48]

Dado que el sector externo[49] constituía el problema más apremiante, no sorprende el anuncio de una devaluación para todos los tipos de cambio existentes (del orden del 160 % en el comercial y 100 % en el financiero), al tiempo que se creaban nuevas cotizaciones, con el objetivo de promover las exportaciones y mantener los mercados recientemente abiertos para las manufacturas locales. De igual forma, Rodrigo manifestó que no estaba liberalizando el comercio exterior porque continuaban los controles cambiarios y los cupos para importación. Las otras medidas giraron en torno de la preocupación por el nivel de precios, dado que en la visión del ministro las causas de la inflación se vinculaban con el déficit presupuestario y la puja distributiva. En este marco se comprenden la liberalización general de los precios (excepto los de unos pocos productos) y los aumentos, tanto en las tasas de interés[50] como en las tarifas públicas.

En suma, lo que se buscaba era una readecuación de los precios relativos de la economía, con centro en la caída del salario real, lo que posibilitaría la recuperación de

---

48 Celestino Rodrigo, 23 de junio de 1975. Recuperado de http://sedici.unlp.edu.ar/handle/10915/30905

49 Gómez Morales trató de conseguir nuevos acuerdos con los organismos multilaterales. Ahora bien, en el marco de otro de los impactos del descalabro monetario post *shock* petrolero, los países industrializados estaban implementando políticas antiinflacionarias (contracción monetaria y aumento de la tasa de interés), lo que imposibilitó que las negociaciones llegaran a buen puerto. Si bien en junio de 1975 se usaron reservas para el pago de algunos préstamos de 1972, la necesidad de renegociar estaba a la orden del día (García Heras, 2021).

50 Esto minaba uno de los pilares del esquema ISI, las compensaciones a las que accedían los capitales industriales que operaban vendiendo al mercado interno (Rougier y Sember, 2018).

la rentabilidad, liberaría saldos exportables y reduciría las importaciones, entre otros supuestos efectos beneficiosos (Kacef, Robbio y Vitto, 2022). De esta manera, se socavaban las bases, ya debilitadas, de la estrategia original de Gelbard (Ábalo, 1976).

Debido principalmente a las resistencias políticas y sociales que despertó, el plan no pudo instrumentarse de manera plena, dado que terminaron autorizándose aumentos salariales que sobrepasaron lo estipulado originalmente (Brunetto, 2011; Criado, 2018).[51] La incertidumbre a este respecto, así como las elevadas tasas de interés que regían para los préstamos bancarios, operaban en favor de una coyuntura cada vez más recesiva. El círculo vicioso se completaba con el agravamiento del proceso inflacionario, inaugurando una etapa que algunas investigaciones denominaron "régimen de alta inflación" (D'Amato y Katz, 2018).

El caos económico, en complemento de una situación política cada vez más desgastante, llevó a la renuncia de Rodrigo y de ministros de relevancia como López Rega, a menos de un mes y medio de haber asumido (Criado, 2018). Esta duración, igualmente, superó a la de su sucesor, quien para mediados de agosto ya no regía la cartera económica. En efecto, Pedro José Bonanni ni siquiera tuvo tiempo de elaborar un plan, sino que mantuvo reuniones con diversos sectores para tratar de consolidarse como una suerte de ministro de "consenso". El nulo apoyo político con el que contaba determinó su rápido abandono del cargo.

Lo reemplazó Antonio Cafiero (agosto 1975-febrero 1976), cuya gestión estuvo atravesada, además de por la crítica coyuntura, por las obligaciones externas que el país debía afrontar y para las cuales las divisas no eran suficientes (Kacef, Robbio y Vitto, 2022). Al respecto, el tercer trimestre presentó nuevamente déficit en Cuenta Corriente (aunque menor al del segundo, por los controles existentes)

---

51 Tiempo después, el propio Rodrigo puso el acento en los acuerdos paritarios como la principal razón para el fracaso del programa (De Pablo, 1986).

y un exiguo valor positivo para los capitales no compensatorios. La pérdida de reservas internacionales, si bien algo menor, seguía latente.

En este marco es que el repago de los vencimientos se tornó una condicionalidad acuciante para la economía nacional, dado que una parte relevante de ellos iba a tener lugar en los últimos meses de 1975, lo que ya era advertido desde el año previo. En septiembre, Cafiero se reunió con representantes del FMI para lograr refinanciar los pagos al propio organismo y a bancos privados. Si bien se consiguieron algunas postergaciones de importancia para los primeros (en cuotas a pagar durante 1976)[52], las de los bancos privados fueron pactadas a 180 días, por lo que debían afrontarse en los primeros meses del año siguiente. Dado que el gobierno argentino requería financiamiento adicional, las negociaciones continuaron. Entre octubre y diciembre, el FMI concedió nuevos fondos, en concepto de facilidades petroleras, sujetos a ciertas condicionalidades, y de financiación compensatoria (Brenta *et al.*, 2009).

En paralelo, durante agosto, la administración Cafiero creó un nuevo tipo de cambio (financiero especial), a la vez que tomó medidas para incentivar la exportación y frenar el creciente contrabando: autorizó a que más operaciones pasaran por los tipos de cambio más atractivos (dejando sin vigencia el mercado comercial en noviembre) y encaró un programa de minidevaluaciones para acompañar el movimiento de los precios domésticos.[53]

Más allá de los intentos de los diversos ministros por encauzar el frente externo, el Balance de Pagos fue también negativo en el cuarto trimestre, impulsado no solo por la Cuenta Corriente, sino también por el egreso neto de capitales no compensatorios. Si bien se vislumbró cierta mejora en el segundo semestre, se debió a los controles sobre las importaciones, que cayeron prácticamente a la mitad, lo

---

52 Banco Central de la República Argentina, *Memoria 1975*, p. 85.

53 *Mercado*, 4 de septiembre de 1975, Año VII, n.° 315.

que igualmente no aparejó superávit en la balanza de bienes (además de atentar contra la recuperación industrial).

Así, durante 1975 volvieron los déficits en CC y en el BP (primera vez desde 1972), pero también en el saldo de mercancías, lo que no tenía lugar desde 1971. Sobre esto último, hay que destacar que las exportaciones continuaron en niveles históricamente altos, aunque menores a las de 1974, lo que se debió a una mala cosecha gruesa, a los menores precios internacionales, al mantenimiento de las prohibiciones del MCE y a la recesión económica mundial vigente durante 1975 (Kacef, Robbio y Vitto, 2022).[54] Los productos promocionados sufrieron fuertes mermas, entre los que destaca la caída en las exportaciones industriales, 25 % menores que las de 1974, de acuerdo con COMTRADE.

Dada esta situación de drenaje de divisas (cayeron 56 % entre 1974 y 1975), se recurrió a capitales compensatorios de corto plazo, provistos por bancos extranjeros. Ante las dificultades económicas y la falta de apoyo político, Cafiero renunció a su cargo en febrero de 1976, en el medio de nuevas negociaciones con el FMI. Su sucesor fue Emilio Mondelli, último ministro de Economía del gobierno constitucional. De su breve gestión se destaca la aprobación del último giro de los fondos en concepto de financiación compensatoria por parte del FMI, aunque se desaprobaron otros instrumentos por las debilidades de las políticas fiscales y de ingreso propuestas previamente por Cafiero (García Heras, 2021).

Mondelli presentaba la alternativa de recurrir al FMI como la única salida para la superación de la crítica situación externa[55], lo que reconoció en un almuerzo de la Comisión de Presupuesto y Hacienda de la Cámara de Diputados.

---

54 Banco Central de la República Argentina, *Memoria 1975*, pp. 70-71.

55 Visión compartida incluso por la CGT (*Mercado*, 19 de febrero de 1976, Año VII, N.° 337).

> ... el primer problema, el más angustioso, el más grave y que no se sabe por qué no se ha enfatizado acerca de él para que lo conozca la República, es el problema del sector externo [...] si se logra una más fluida asistencia del crédito, podemos pasar este puente angustioso del sector externo. No se puede dar más fluidez a las importaciones porque no tenemos con qué pagarlas.[56]

Si bien su gestión se extendió poco más de un mes, articuló un nuevo *set* de políticas de ajuste denominado "Plan de Emergencia Económica", en donde retomaba varios de los puntos que había intentado llevar adelante Rodrigo. En un marco de resistencias obreras y empresarias al plan (Brunetto, 2011), tuvo lugar no solo el final de la gestión Mondelli, sino también del gobierno de Isabel Perón.

Algunas reflexiones finales

El presente capítulo tuvo como objetivo principal el estudio del impacto sobre la Argentina del cambio de etapa de la acumulación global de capital, aportando evidencias respecto de la forma concreta de la articulación entre dicho plano general y el de la política económica de un espacio nacional particular.

Por fuera de la mencionada articulación, estos planos exhibieron temporalidades y dinámicas propias. Mientras que los elementos que fueron dando cuerpo a la NDIT se remontan, cuanto menos, a fines de los sesenta, el impacto pleno sobre la Argentina se hizo manifiesto en 1973/4. Así, el primer canal de transmisión de relevancia de los efectos de la NDIT no vino dado por la deslocalización, sino por el *shock* energético. No obstante, dichos impactos no tuvieron lugar en el vacío, sino que estuvieron mediados por la especificidad de la acumulación local de capital.

---

56 Citado en Martínez de Hoz (2014, pp. 25-27).

Dado que nuestro país estaba inmerso en una política antiinflacionaria y redistributiva rígidamente planteada, y que, como parte del descalabro monetario, los precios de nuestros productos de exportación aumentaron significativamente en un primer momento, la gestión económica de Gelbard no consideró necesario realizar ajustes. Una vez que las condiciones externas empeoraron, la reacción de Gómez Morales no fue la esperada. Ante una situación ya límite, y sin el apoyo político necesario, la estrategia de *shock* posterior no solo no fue efectiva, sino que profundizó la totalidad de los aspectos críticos (Rodrigo). De allí en más, hasta la posterior llegada de José Alfredo Martínez de Hoz al Ministerio de Economía en marzo de 1976, los ministros que accedieron al cargo solo tuvieron relativa potestad sobre una coyuntura en la que los plazos eran cada vez más cortos y la situación política crecientemente compleja.

Así, si bien para países como la Argentina era de por sí complejo llevar a cabo una transición acorde a la nueva etapa global, la propia gestión local de la crisis determinó una dinámica particular. Habida cuenta de esto es que en la introducción postulamos la hipótesis de que la mala resolución de la coyuntura generada por el *shock* petrolero determinó una larga crisis sobre la cual, posteriormente, se montaron otras. Erróneamente podríamos creer, entonces, que la responsabilidad recae únicamente sobre los hacedores de política. Por ello es que adentrarse en los debates y preocupaciones de la época habilita evidencias que matizan esa conclusión. Solo para tomar un caso, dimos cuenta de las tensiones en torno a la modificación de la paridad cambiaria a comienzos de 1975. Los industriales, en vista del rezago sectorial, necesitaban que el nivel del tipo de cambio hiciera competitivas a sus producciones. Por su parte, el gobierno, embarcado en una estrategia de reducción de la inflación y de redistribución del ingreso, consideraba que el salto devaluatorio atentaba contra ello. Situarse en ese escenario, aun reconociendo los errores cometidos, evita caer en críticas anacrónicas.

De igual forma, lo previo no debe hacernos perder de vista que, sin duda, esas malas gestiones degeneraron en una crisis que, primero, quebró el sendero de crecimiento económico y, segundo y más relevante, dificultó enormemente (por no decir que imposibilitó) realizar una transición ordenada del sector industrial argentino desde el esquema ISI a uno más acorde a la nueva etapa de la acumulación de capital. Esto no implica, desde ya, que entre 1973 y comienzos de 1976 haya tenido lugar un cambio drástico en un entramado industrial caracterizado por establecimientos crecientemente complejos y competitivos, aunque con algunas tensiones y desafíos latentes. Pero sí que el marco de crisis determinó la ausencia de una planificación que, dadas las nuevas condiciones de la acumulación global de capital, era imprescindible. Justamente, la creciente atención que las gestiones económicas debieron brindar a la coyuntura fue en detrimento de la consideración de los cambios que estaban teniendo lugar a escala mundial, lo que de por sí era una tarea sumamente compleja. Incluso suponiendo que fuera posible realizar dicha transición, el caótico devenir interno acaparó la atención, imposibilitando el abordaje de una transición ordenada. Para peor, luego se sumaría la pésima gestión económica (industrial) de la dictadura, añadiendo años de crisis sectorial.

Fuentes y bibliografía

Fuentes

Banco Central de la República Argentina, *Memoria Anual*, 1971-1976.

Banco Interamericano de Desarrollo, *Informe Anual*, 1975.

Gelbard, J. B., *Informe de gestión* (1/5/1974).

Gómez Morales, Alfredo, *Discurso en la 100° Apertura de Sesiones de la Asamblea Legislativa* (1/5/1975).

Ministerio de Economía y Trabajo (1968), *Información Económica de la Argentina*.
Poder Ejecutivo Nacional (1973). *Plan Trienal para la Reconstrucción y la Liberación Nacional (1974-1977)*. Buenos Aires.
Revista *Mercado*, 1973-1976.

Bibliografía

Ábalo, C. (1976). "El derrumbe del peronismo y la política económica del gobierno militar". *Nueva Sociedad*, n.° 27, pp. 85-98.
Ablín, E. R. y Katz, J. (1976). "Tecnología y exportaciones industriales: un análisis microeconómico de la experiencia argentina reciente". *Monografía de Trabajo* n.° 2, CEPAL/BID.
Aglietta, M. (1976): *Regulación y crisis del capitalismo*, México, Siglo XXI editores.
Azpiazu, D. *et al.* (1976). "Acerca del desarrollo industrial argentino. Un comentario crítico". *Desarrollo Económico*, Vol. 15, n.° 60, pp. 581-612.
Basualdo, E. M. (2006). *Estudios de historia económica argentina*. Buenos Aires, Siglo XXI Editores Argentina.
Belini, C. (2017). *Historia de la industria en la Argentina: de la Independencia a la crisis de 2001*, Buenos Aires, Sudamericana.
Braun, O. y Joy, L. (1968). "A model of economic stagnation—a case study of the Argentine economy". *The Economic Journal*, Vol. 78, n.° 312, pp. 868-887.
Brenta, N. (2006). *El rol del Fondo Monetario Internacional en el financiamiento externo de la Argentina y su influencia sobre la política de ajuste del balance de pagos entre 1956 y 2003*. Buenos Aires: Universidad de Buenos Aires. Facultad de Ciencias Económicas.
Brenta, N. *et al.* (2009). "Argentina, México y el FMI en la crisis de los setenta". *Ciclos*, Vol. 18, n.° 35-36, pp. 11-48.
Brunetto, L. (2011). "Las luchas obreras contra el Plan Mondelli". *XIII Jornadas Interescuelas/Departamentos de Historia*.

Departamento de Historia de la Facultad de Humanidades, Universidad Nacional de Catamarca.

Canitrot, A. (1975). "La experiencia populista de redistribución de ingresos". *Desarrollo Económico,* Vol. 15, n.° 59, pp. 331-351.

Cleaver, H. (1989). "Close the IMF, abolish debt and end development: a class analysis of the international debt crisis". *Capital & Class,* Vol. 13, n.° 3, pp. 17-50.

Coriat, B. (1992): *El taller y el robot. Ensayos sobre el fordismo y la producción en masa en la era de la electrónica,* Madrid, Siglo XXI.

Criado, R. (2018). "Política Económica y Conflicto Social. El Plan Rodrigo de 1975". *Entramados y Perspectivas,* Vol. 8, n.° 8, pp. 230-264.

D'Amato, L. y Katz, S. (2018). "Una constante en la evolución macroeconómica argentina: dinero, deuda y crisis (1945-2015)". En Cortés Conde, R y Della Paolera, G. (comp.), *Nueva historia económica de la Argentina,* Buenos Aires, Edhasa, pp. 141-176.

De Pablo, J. C. (1986). *La economía que yo hice, Volumen II,* Buenos Aires, Ediciones El Cronista Comercial.

Ferrer, A. (1977). *Crisis y alternativas de la política económica argentina,* Buenos Aires, Fondo de Cultura Económica.

Ferreres, O. (2010). *Dos siglos de economía argentina, edición Bicentenario,* Buenos Aires, El Ateneo.

Fröbel, F., Heinrichs, J. y Kreye, O. (1980). *La nueva división internacional del trabajo. Paro estructural en los países industrializados e industrialización de los países en desarrollo,* Madrid, Siglo XXI de España Editores.

García Heras, R. (2021). "Finanzas internacionales entre dos eras: la experiencia del peronismo en Argentina, 1973-1976". *América Latina en la Historia Económica,* Vol. 28, n.° 2, pp. 1-23.

Gerchunoff, P. y Llach, J. J. (1975). "Capitalismo industrial, desarrollo asociado y distribución del ingreso entre los dos gobiernos peronistas: 1950-1972". *Desarrollo Económico,* Vol. 15, n.° 57, pp. 3-54.

Graña, J. M. (2012). *Las condiciones productivas de las empresas como causa de la evolución de las condiciones de empleo, la industria manufacturera en Argentina desde mediados del siglo pasado*. Buenos Aires: Universidad de Buenos Aires. Facultad de Ciencias Económicas.

Graña, J. M. y Terranova, L. (2020). "Distribución funcional del ingreso en el sector industrial argentino, 1935-2019: valor agregado, remuneración al trabajo, ocupación y salarios". *Documento de Trabajo n.° 26*, CEPED-FCE-UBA.

Graña, J. M. y Terranova, L. (2022). "Neither mechanical nor premature: deindustrialization and the New International Division of Labour (1970-2019)". *Revista de Historia Industrial—Industrial History Review*, Vol. 31, n.° 86, pp. 11-46.

Iñigo Carrera, J. (2013). *El Capital: razón histórica, sujeto revolucionario y conciencia*, Buenos Aires, Imago Mundi.

Issawi, C. (1978). "The 1973 oil crisis and after". *Journal of Post Keynesian Economics, 1*(2), 3-26.

Kacef. O., Robbio, J. y Vitto, C. (2022). "Conflictividad política e inestabilidad macroeconómica: la economía argentina entre 1973 y 1976". En Heymann, D., Jáuregui, A. y Gerchunoff, P. (comps.), *Medio siglo entre tormentas: fluctuaciones, crisis y políticas macroeconómicas en la Argentina*, Buenos Aires, EUDEBA, pp. 261-302.

Katz, J. y Kosacoff, B. (1989). *El proceso de industrialización en la Argentina: evolución, retroceso y prospectiva*, Buenos Aires, Centro Editor de América Latina.

Mac Donell, C. (2014). *Perón: el hombre que fue un pueblo*. Editorial Dunken.

Marongiu, F. (2006). "Políticas de shock en la agonía del estado peronista: el Rodrigazo y el Mondelliazo", Centro de Estudios para el Desarrollo Argentino (CENDA)-Universidad de Buenos Aires.

Martínez de Hoz, J. A. (2014). *Más allá de los mitos. Memorias y revelaciones del ministro más polémico de la historia argentina*, Buenos Aires, Sudamericana.

Muchnik, D. (1978). *El tobogán económico. De Martínez de Hoz a Gelbard*, Buenos Aires, Ariel.

Odisio, J. (2019). "El árbol está maduro, no lo dejen pudrir. La exportación industrial de la sustitución de importaciones". *Voces en el Fénix*, Año 9, n.° 76, pp. 20-27.

Odisio, J. y Rougier, M. (2020). "La industrialización dirigida por el Estado (1953-1975)". En Marcelo Rougier (coord.), *La industria argentina en su tercer siglo. Una historia multidisciplinar (1810-2020)*, Buenos Aires, Ministerio de Desarrollo Productivo de la Nación, pp. 197-262.

Rougier, M. y Fiszbein, M. (2006). *La frustración de un proyecto económico: el gobierno peronista de 1973-1976*, Buenos Aires, Ediciones Manantial.

Rougier, M. y Odisio, J. (2019). "El 'canto de cisne' de la industrialización argentina. Desempeño y alternativas en la etapa final de la ISI". *Revista de Estudios Sociales*, n.° 68, pp. 51-67.

Rougier, M. y Sember, F. (2018). *Historia necesaria del Banco Central de la República Argentina*, Buenos Aires, Ciccus-Lenguaje Claro.

Schorr, M. (2006). *Cambios en la estructura y el funcionamiento de la industria argentina entre 1976 y 2004: análisis socio histórico y de economía política de la evolución de las distintas clases sociales y fracciones de clase durante un período de profundos cambios estructurales*. Facultad Latinoamericana de Ciencias Sociales (FLACSO).

Seoane, M. (2003). *El burgués maldito. Los secretos de Gelbard, el último líder del capitalismo nacional*, Buenos Aires, Sudamericana.

Sourrouille, J. (1976). "El impacto de las empresas multinacionales sobre el empleo y los ingresos: el caso argentino", *Documentos de Trabajo de la OIT*.

Vitto, C. N. (2010). "El comercio internacional en el tercer gobierno peronista y en la posconvertibilidad". *Realidad Económica*, n.° 254, pp. 82-109.

Este libro se terminó de imprimir en noviembre de 2024 en Imprenta Dorrego (Dorrego 1102, CABA).

Made in the USA
Monee, IL
18 October 2026

66035238R20155